CLÁSSICOS DO PENSAMENTO RADICAL

O POVO DO ABISMO

Foto utilizada na capa da primeira edição de *O povo do Abismo*, em 1903: mulheres dormindo em bancos no East End, Londres, Inglaterra.

JACK LONDON

O POVO DO ABISMO

Fome e miséria no coração
do império britânico:
uma reportagem do início do século XX

INTRODUÇÃO E REVISÃO DA TRADUÇÃO
Maria Sílvia Betti
Professora de literatura norte-americana da Universidade de São Paulo

TRADUÇÃO
Hélio Guimarães
Flávio Moura

Fundação Perseu Abramo
Instituída pelo Diretório Nacional do Partido dos Trabalhadores em maio de 1996

Diretoria
Presidente: Aloizio Mercadante
Vice-presidenta: Vívian Farias
Elen Coutinho
Jéssica Italoema
Artur Henrique
Alberto Cantalice
Carlos Henrique Árabe
Lindbergh Farias
Márcio Jardim
Valter Pomar

Fundação Perseu Abramo
Coordenação editorial: Rogério Chaves
Assistente editorial: Raquel Maria da Costa

Editoração eletrônica: Caco Bisol
Capa e projeto gráfico: Hélio de Almeida

Foto da capa: Stock Photos
Fotos do East End e de Jack London: The Huntington Library

Fundação Perseu Abramo
Rua Francisco Cruz, 234 Vila Mariana
04117-091 São Paulo – SP
www.fpabramo.org.br
f: 11 5571 4299

Editora Expressão Popular
Rua Abolição, 201 – Bela Vista
CEP 01319-010 – São Paulo – SP
Tel: (11) 3112-0941 / 3105-9500
livraria@expressaopopular.com.br
www.expressaopopular.com.br

1ª edição: julho de 2004
Copyright © 2004 by Editora Fundação Perseu Abramo
2ª edição: novembro de 2020
Copyright © 2004 by Editora Fundação Perseu Abramo e Editora Expressão Popular

---

Dados Internacionais de Catalogação na Publicação (CIP)

L847p London, Jack.
  O povo do abismo : fome e miséria no coração do império britânico : uma reportagem do início do século XX / Jack London ; introdução e revisão da tradução Maria Sílvia Betti ; tradução Hélio Guimarães, Flávio Moura. – São Paulo : Fundação Perseu Abramo : Expressão popular, 2020.
  400 p. ; 21 cm. – (Clássicos do pensamento radical)

  Inclui bibliografia.
  ISBN 978-65-5626-010-5
  ISBN 978-65-5891-002-2

  1. Pobreza - Inglaterra - Londres. I. Betti, Maria Sílvia. II. Guimarães, Hélio. III. Moura, Flávio. IV. Título. V. Série.

CDU 308(410.1)

(Bibliotecária responsável: Sabrina Leal Araujo – CRB 8/10213)

SUMÁRIO

JACK LONDON, UM HOMEM DE SEU TEMPO – *Maria Sílvia Betti*   9

CRONOLOGIA   71

PREFÁCIO   77

CAPÍTULO 1 – A DESCIDA   81

CAPÍTULO 2 – JOHNNY UPRIGHT   93

CAPÍTULO 3 – MINHAS ACOMODAÇÕES E ALGUMAS OUTRAS   101

CAPÍTULO 4 – O HOMEM E O ABISMO   107

CAPÍTULO 5 – OS QUE ESTÃO À MARGEM   119

CAPÍTULO 6 – UM RELANCE DO INFERNO NA FRYING-PAN ALLEY   129

CAPÍTULO 7 – UM GANHADOR DA CRUZ VITÓRIA   139

CAPÍTULO 8 – O CARROCEIRO E O CARPINTEIRO   149

CAPÍTULO 9 – O ALBERGUE NOTURNO   165

CAPÍTULO 10 – CARREGANDO A BANDEIRA   183

CAPÍTULO 11 – A SOPA DOS POBRES   191

CAPÍTULO 12 – O DIA DA COROAÇÃO   205

CAPÍTULO 13 – DAN CULLEN, O ESTIVADOR   223

CAPÍTULO 14 – A COLHEITA E OS COLHEDORES   231

CAPÍTULO 15 – A NINFA DO MAR   243

CAPÍTULO 16 – PROPRIEDADE *VERSUS* PESSOA   251

CAPÍTULO 17 – INEFICIÊNCIA   259

CAPÍTULO 18 – SALÁRIOS   269

CAPÍTULO 19 – O GUETO   279

CAPÍTULO 20 – CAFÉS E PENSÕES BARATAS   297

CAPÍTULO 21 – A PRECARIEDADE DA VIDA   311
CAPÍTULO 22 – SUICÍDIO   325
CAPÍTULO 23 – AS CRIANÇAS   337
CAPÍTULO 24 – UMA VISÃO DA NOITE   347
CAPÍTULO 25 – O CLAMOR DA FOME   353
CAPÍTULO 26 – BEBIDA, TEMPERANÇA E PARCIMÔNIA   365
CAPÍTULO 27 – A ADMINISTRAÇÃO   375
POSFÁCIO – JACK LONDON EM LÍNGUA PORTUGUESA   385
LISTA CRONOLÓGICA DOS TRABALHOS DE JACK LONDON   397

Os rejeitados e os inúteis! Os miseráveis, os humilhados, os esquecidos, todos morrendo no matadouro social. Os frutos da prostituição – prostituição de homens e mulheres e crianças, de carne e osso, e fulgor e espírito; enfim, os frutos da prostituição do trabalho. Se isso é o melhor que a civilização pode fazer pelos humanos, então nos deem a selvageria nua e crua. Bem melhor ser um povo das vastidões e do deserto, das tocas e cavernas, do que ser um povo da máquina e do Abismo.

Jack London

Jack London em 1902, vestido como um dos moradores do East End londrino para realizar a reportagem que deu origem a O povo do Abismo.

JACK LONDON (John Griffith Chaney) nasceu em São Francisco, Estados Unidos, em 12 de janeiro de 1876, filho único de Flora Wellman e William Henry Chaney. Sua infância e adolescência foram marcadas por grandes dificuldades econômicas. Durante vários anos, ainda menino, ele desempenharia tarefas as mais diversas (entrega de jornais, pesca de lagostas, patrulha marítima e marinha mercante, operário fabril, entre outras) para tentar suprir as necessidades básicas da família. Em consequência disso, apenas aos 19 anos conseguiria retomar os estudos.
Seu primeiro livro, O filho do lobo, é publicado em 1900. Em 1903 escreve O povo do Abismo e O chamado da selva. Torna-se um dos mais populares escritores de seu tempo e passa a viver profissionalmente do que escreve, tornando-se um homem rico. Desenvolve também intensa militância política no Partido Socialista. Em fevereiro de 1916, meses antes de sua morte, desligou-se do partido apontando a perda de combatividade da classe trabalhadora.
Morreu com uma overdose de morfina durante uma crise renal em seu rancho em 22 de novembro de 1916.

JACK LONDON, UM HOMEM DE SEU TEMPO

Maria Sílvia Betti

I

Jack London viveu e escreveu num período marcado por grandes crises de ordem econômica e política e teve uma carreira mais representativa de seu tempo que qualquer outro de seus contemporâneos.

A literatura norte-americana do início do século XX, de modo geral, debruçou-se com pouca frequência sobre as condições de vida dos trabalhadores de baixa renda e sobre as turbulências do confronto entre capital e trabalho.

Exceção feita a alguns esporádicos precursores, foi apenas na década de 1890 que autores como Frank Norris[1] e Stephen Crane[2] passaram a demonstrar preocupação mais constante em registrar o cotidiano e as lutas do proletariado, sua exploração e sua miséria. Poucos outros autores haviam revelado igual interesse nas décadas anteriores: Rebecca Harding Davis[3]

---

1. 1870-1902. Autor de *Blix*, *McTeague* e *A Man's Woman* (*Mulher de um homem*), além dos dois romances mencionados.

2. 1871-1900. Autor de *The Red Badge of Courage* (*O distintivo vermelho da coragem*), *The Little Regiment* (*O pequeno regimento*) e *Active Service* (*Na ativa*), além de *Maggie, a Girl of the Streets* (*Maggie, uma garota das ruas*).

3. 1831-1910. Autora de *Margareth Howth* e *Bits of Gossip* (*Trechos de fofocas*), além do título mencionado.

(*Life in the Iron Mills*), Edward Bellamy[4] (*Looking Backwards*), Elizabeth Stuart Phelps[5] (*The Silent Partner*) e William Dean Howells[6] (*A Traveler from Altruria*) são os nomes a serem lembrados a esse respeito no período que se estende entre o fim da Guerra de Secessão (1865) e o final do século XIX.

Autores europeus como Tolstói, Turgueniev, Flaubert, Zola, Ibsen e Hauptmann, decisivos para o desenvolvimento do realismo e de uma literatura atenta às questões sociais, não haviam ainda sido traduzidos para o inglês até esse período. Via de regra, a literatura realista era considerada pessimista e indecente para os padrões norte-americanos dominantes.

Em 1893, Stephen Crane dá um passo adiante na direção de um naturalismo literário com o romance *Maggie, a Girl of the Streets*. Três anos depois, Frank Norris, admirador do escritor francês Émile Zola, inicia uma trilogia de romances sobre a vida de lavradores em uma plantação de trigo. Apenas dois dos títulos projetados chegaram a ser escritos (*The Octopus* [*O polvo*] e *The Pit* [*O fosso*]), pois Norris veio a falecer antes de escrever o terceiro.

Historicamente falando, o momento era particularmente propício à discussão das questões do proletariado: desde 1873 as perspectivas de sobrevivência dos trabalhadores vinham se tornando cada vez mais difíceis. Tratava-se de um período de instabilidade econômica, e centenas de bancos e empresas

---

4. 1850-1898. Autor de *Equality* (*Igualdade*) e *The Duke of Stockbridge* (*O duque de Stockbridge*).
5. 1844-1911. Ganhou notoriedade ao escrever sobre a vida de meninas trabalhadoras de Lawrence, Massachusetts. Autora também de *The Lady of Shallot* (*A senhora de Shallot*) e de histórias ambientadas nos tempos do rei Artur.
6. 1837-1920. Autor de *The Rise of Silas Lapham* (*A ascensão de Silas Lapham*), *The Day of Their Wedding* (*O dia em que se casaram*) e *An Imperative Duty* (*Um dever crucial*), entre outros.

haviam fechado as portas. O número de desempregados crescia a cada dia. Não era melhor a situação dos que ainda mantinham seus empregos, pois com o número cada vez maior de demissões, as reduções de salários passavam a ser impostas como condição *sine qua non* e o trabalho infantil tornava-se cada vez mais comum no setor industrial e no campo.

Nesse contexto Jack London nasceu, em 1876, e desenvolveu-se como escritor, tendo atingido em um curto espaço de tempo a condição de celebridade do mundo literário e político.

Embora realista, como Crane e Norris, London diferencia-se de seus antecessores por dois aspectos fundamentais: em primeiro lugar, pelo fato de ter experimentado na carne a realidade da miséria tanto do trabalhador explorado como do morador de rua e do migrante e, em segundo, pelo fato de ter sido, durante grande parte de sua vida, um militante fervoroso da causa socialista, que abraçou ainda adolescente e defendeu até pouco antes de sua morte prematura, aos 40 anos de idade.

Ao contrário do que ocorreu com tantos outros escritores, a opção de Jack London pelo socialismo não proveio dos contatos literários ou intelectuais, e sim de sua vivência da condição proletária, da fome e da falta de perspectivas de subsistência. Foi isto que lhe deu elementos para encontrar no socialismo um importante instrumento de análise e de crítica das condições vividas e documentadas em seus escritos.

II

Desde seu nascimento, a vida de Jack London foi marcada pela instabilidade material e afetiva: seus pais, Flora Wellman e William Chaney, não eram legalmente casados e não tinham vida em comum. Chaney, jornalista que se notabilizara pela introdução da astrologia nos Estados Unidos, contestou inicialmente a paternidade do menino, mas acabou por registrá-lo com o nome de John Griffith Chaney.

No mesmo ano do nascimento do menino, Flora veio a casar-se legalmente com John London, veterano da Guerra Civil, parcialmente incapacitado devido a ferimentos recebidos no campo de batalha. Alguns meses após seu nascimento, John Chaney viria a receber oficialmente o nome de Jack e o sobrenome London do padrasto. Devido à saúde delicada de sua mãe, seria sob os cuidados de sua ama de leite, a ex--escrava Virginia Prentiss (Mommy Jenny), que ele viria a passar a maior parte de sua infância.

As crescentes dificuldades econômicas pelas quais passou a família impuseram, ao longo dos anos, sucessivas mudanças de residência e de cidade. Tentativas fracassadas de estabelecer um negócio próprio foram pouco a pouco exaurindo os recursos já antes escassos de Flora e John, levando Jack a interromper os estudos para trabalhar e assegurar à família condições mínimas de sobrevivência.

Durante vários anos, ainda menino, ele desempenharia tarefas as mais diversas (entrega de jornais, pesca de lagostas, patrulha marítima e marinha mercante, entre outras) para tentar suprir as necessidades básicas da família. Em consequência disso, apenas aos 19 anos conseguiria retomar os estudos.

Apesar de tantas incertezas, Jack London descobriu muito cedo os prazeres da leitura: aos 8 anos, a leitura de *The Alham-*

bra, de Washington Irving[7], num volume emprestado por uma professora, havia feito dele um grande aficionado das histórias de aventuras. Jack passou, a partir daí, a ler ávida e compulsivamente, ocupando com a leitura todo o seu seu tempo livre.

Por ocasião de seus 13 anos, as dificuldades materiais da família chegaram ao ápice: o padrasto, John London, atropelado por um trem, viu-se definitivamente impossibilitado de trabalhar. A família mudou-se para a região do Estuário e Jack conseguiu empregar-se numa fábrica de produtos enlatados, mas nem mesmo os turnos de dez e até mais horas diárias que cumpria conseguiam ajudá-lo a dar conta do sustento da família, tão baixa era a sua remuneração.

A vida na região costeira acabou por familiarizá-lo com as atividades de pilhagem praticadas por pescadores na orla marítima: criações de ostras de propriedade de algumas empresas locais eram sistematicamente invadidas e saqueadas pelos chamados "piratas", sendo o produto do saque vendido posteriormente a preços mais altos.

Por meio de um empréstimo contraído com sua ex-ama de leite, Virginia Prentiss, Jack conseguiu comprar o Razzle-Dazzle, barco de propriedade de um dos saqueadores para o qual havia passado a trabalhar, e em pouco tempo saldou a dívida contraída.

Durante cerca de um ano sua rotina passou a consistir em percorrer a baía de São Francisco saqueando as criações de ostras e revendendo o produto dos saques, atividade que

---

7. Washington Irving (1783-1859). Ensaísta e contista norte-americano, autor de *The Sketch Book* (*O livro de esboços*) (1819), onde se encontram contos notáveis da literatura norte--americana como "Rip Van Winkle" e "The legend of the Sleepy Hollow" ("A lenda do Vale Sonolento"). A obra lida por Jack London, "The Alhambra", foi escrita em 1832 durante seu período de trabalho como diplomata na Espanha, país pelo qual tinha grande admiração.

se revelou muito mais compensadora do que as que exercera até então. Paralelamente, todo o seu tempo livre era dedicado à leitura dos livros que regularmente tomava emprestados à biblioteca pública de São Francisco.

Aos 15 anos, um episódio de embriaguez quase o levou a dar fim à própria vida: atirando-se ao mar, Jack tinha a intenção de se deixar morrer arrastado pela correnteza. Após uma noite inteira debatendo-se nas águas em estado de semiconsciência, foi salvo por um pescador, que o entregou à Patrulha Marítima e, por uma grande ironia, acabou sendo convidado a integrar o corpo de patrulheiros na perseguição dos saqueadores.

Conhecedor profundo das táticas que utilizavam, Jack passou a atuar na costa de São Francisco, ajudando a combater a atividade que até pouco antes havia exercido, mas em pouco menos de um ano, desestimulado pela prática arraigada da corrupção entre os oficiais, decidiu tomar outros rumos.

A procura de novos horizontes levou-o a juntar-se à tripulação do ss Sophie Sutherland, zarpando com destino à Coreia, Japão e Sibéria. A presença de um novato recebendo remuneração igual à dos companheiros mais antigos e experientes gerou entre eles uma atmosfera de ressentimento, ainda que Jack simulasse um grau de conhecimento do trabalho muito maior do que o que tinha na realidade.

O retorno para os Estados Unidos ao completar a viagem não acenou com perspectivas mais animadoras: o país passava por uma das mais intensas crises econômicas de sua história. As ofertas de trabalho eram pouquíssimo promissoras e as condições, em geral, eram as mais precárias.

A família London passara a morar em Oakland, onde Jack conseguiu empregar-se em uma fiação de juta, executando trabalhos braçais em turnos de dez horas com a remuneração de um dólar por dia trabalhado. A mesma fiação empregava, para tarefas e turnos semelhantes, crianças na faixa de 8 anos de idade, que recebiam a quantia de 30 centavos por jornada de trabalho.

III

Jack já havia, a essa altura, enveredado pela senda da criação literária e, nesse mesmo ano, 1893, um texto seu, intitulado *Story of a Typhoon at the Coast of Japan* (*História de um vendaval na costa do Japão*), veio a render-lhe um prêmio no valor de 25 dólares num concurso promovido pelo jornal *San Francisco Call*. O sucesso da iniciativa o levou a encaminhar vários outros textos para outros jornais e concursos semelhantes, mas nenhum deles conseguiu, nesse momento, repetir o feito do primeiro.

A procura de um melhor salário o levou a empregar-se numa usina de força da estrada de ferro em Oakland, onde passou a trabalhar alimentando as fornalhas com carvão. Tal foi a eficiência demonstrada por ele na execução da tarefa, que dois outros operários do período diurno e um do noturno foram imediatamente demitidos após sua contratação, sendo que um deles veio a cometer suicídio em decorrência da depressão pela perda do emprego.

Esse acontecimento levou Jack London a repensar seriamente sua relação com o trabalho e a desenvolver o mais absoluto horror pelas condições de exploração e de miséria vigentes. Sua análise da situação o fez concluir que dispunha de duas únicas alternativas diante do sistema: matar-se ou tornar-se um vagabundo. E sua escolha recaiu sobre a segunda.

O número de desempregados atingia, nesse momento, índices sem precedentes. Massas de trabalhadores sem condições de subsistência começavam a organizar-se, demonstrando uma determinação concreta de luta.

Na primavera desse ano, 1894, cerca de 10 mil deles haviam organizado uma marcha até Washington liderados por Jacob Sechler Coxley, um abastado industrial de Massillon, Ohio. Coxley era o autor de um plano segundo o qual o problema que o país atravessava seria sanado mediante uma emissão federal de dinheiro no valor de 500 milhões de dólares, com o fim de gerar fundos para o combate ao desemprego.

Milhares de trabalhadores haviam começado a formar milícias por todo o país. A maior delas havia surgido justamente em São Francisco, liderada a princípio pelo coronel William Baker e logo a seguir por Charles T. Kelly, que tinha negócios no ramo da tipografia.

Jack alistou-se no chamado "exército de Kelly", mas teve muita dificuldade em aceitar a disciplina necessária à organização. Seu senso de liberdade encontrava-se, ao que tudo indica, fortemente associado a um grande individualismo, o que lhe permitiu chegar a angariar suprimentos em nome das tropas para o resto dos companheiros e de usufruir deles sozinho e sem maiores preocupações[8].

A punição que se seguiu a este episódio levou-o a desertar. Iniciou-se assim um período de peregrinação sem rumo no qual Jack tornou-se um morador das ruas, estradas e campos, que passou a percorrer pedindo comida e abrigo.

---

8. FONER, Philip. *Jack London, an American Rebel*. Nova York, Citadel Press, 1964, p. 19.

Sua perambulação estendeu-se por outros estados, nos quais viviam parentes por parte de mãe. Esse percurso colocou-o em contato com uma massa considerável de pessoas na mesma situação: idosos, mulheres, crianças, trabalhadores incapacitados após acidentes de trabalho, deficientes físicos, imigrantes, ciganos e pessoas de diferentes procedências e faixas etárias, todas elas vivenciando a mesma terrível situação.

Preso por vadiagem em Niagara Falls, Jack foi enviado para Erie County, onde cumpriu uma pena de 30 dias. Dentre seus 15 companheiros de cela na prisão, não havia um único que tivesse sido ouvido previamente por um juiz, mesmo dentro dos procedimentos mínimos da rotina judiciária.

Esta experiência deu a Jack um conhecimento real da forma como funcionava o sistema penal norte-americano. O término da pena e a decisão de retornar para a Califórnia constituíram um marco em sua vida, assinalando o início de um período em que a experiência de trabalho e de vida acumulada iria combinar-se à prática do socialismo, tanto sob o ponto de vista da militância como sob o das leituras teóricas.

O socialismo introduzido e praticado nos Estados Unidos antes da década de 1890 apoiava-se fortemente em experimentos de caráter utópico ligados às teorias de Robert Owen[9] e de Charles Fourier[10].

---

9. Robert Owen (1771-1858). Socialista britânico, criou programas sociais inovadores nas áreas de moradia e educação para trabalhadores da área industrial. Escreveu *A New View of Society* (1813), em que defende a ideia de que o caráter é forjado pelo meio. Patrocinou comunidades utópicas de seguidores na Inglaterra e nos Estados Unidos. Foi grande entusiasta dos primeiros sindicatos, rapidamente dissolvidos pela repressão.

10. François Marie Charles Fourier (1772-1837). Teórico francês, autor de *Théorie des quatre mouvements et des destinées générales* (1808) e *Le Nouveau monde industriel*, defendeu a reconstrução da sociedade com base em associações comunitárias independentes de produtores que vieram a ser conhecidas como "falanges", compostas por cerca de 1.500 pessoas cada uma. Era partidário da ideia de que o casamento convencional devia ser abandonado. O sistema de reformas proposto por ele veio a ser conhecido por "fourierismo".

O socialismo de base marxiana, por sua vez, fora introduzido pelos imigrantes alemães nas décadas de 1840 e 1850. A fundação do Communist Club de New York havia ocorrido em 1857. Pouco a pouco, a partir daí, os escritos de Marx passaram a ter uma divulgação crescente, principalmente por intermédio do *New York Tribune*, um dos jornais de maior circulação no país, para o qual Marx enviou inúmeras contribuições.

Os marxistas ligados ao Communist Club haviam lutado para abolir a escravidão e para fortalecer os sindicatos, mas seu poder de atuação nesse período (final do século XIX) encontrava-se ainda circunscrito ao âmbito dos associados. Engels chegou a criticar, nessa época, os socialistas norte-americanos de origem alemã, em virtude da falta de integração que demonstravam com o movimento crescente das massas de trabalhadores no país. O desejo de transformação desse quadro passou a representar uma meta cada vez mais importante diante das condições históricas que se apresentavam.

Muitos antigos nacionalistas filiaram-se ao Socialist Labor Party nesse período. O mais importante deles, Daniel De Leon, veio a tornar-se o editor do *The People*, órgão oficial do partido socialista, passando a atuar também como conferencista nacional na sua representação.

Uma nova fase parecia estar se abrindo e em todo país passou-se a articular um período de luta para o crescimento do socialismo. Esse é precisamente o momento em que Jack London veio a ter o seu primeiro contato com as ideias socialistas.

Desejoso de tornar-se um escritor profissional, ele havia se decidido a terminar os estudos interrompidos, passo que considerava fundamental para a carreira. Contava então com 19 anos e passou a trabalhar em ocupações que iam desde aparar a grama de jardins, bater tapetes e entregar recados, até executar trabalhos de faxina na Universidade da Califórnia, onde estudava, a fim de pagar a mensalidade.

Uma cópia do *Manifesto Comunista*, mencionado com frequência por um de seus conhecidos, veio ter às suas mãos nessa época. A leitura do documento inspirou-lhe três convicções que passariam a orientar seu pensamento a partir daí: a crença na luta de classes, a ideia de que a propriedade privada dos meios de produção era contrária aos interesses da maioria e a confiança na vitória futura do socialismo.

O Partido Socialista havia sido fundado em Oakland em 1892 por intelectuais de classe média, entre os quais se alinhavam antigos abolicionistas, ministros de diversas denominações religiosas que acreditavam que o socialismo ajudaria a reviver o espírito dos primórdios do cristianismo, socialistas alemães exilados e um ou dois membros do Partido Trabalhista Britânico. As discussões teóricas predominavam, assim como o desejo de ganhar novos quadros.

Jack entrara na Universidade da Califórnia nesse período (1894), mas em pouco tempo decepcionou-se com a falta de profundidade política do pensamento acadêmico.

A dispensa honrosa que obteve da Universidade, em 1897, foi oportuna diante do agravamento dos problemas financeiros da família London nessa etapa: na lavanderia em que trabalhava, sua condição era praticamente a de um escravo e não havia, até aquele momento, nenhuma outra alternativa concreta.

A notícia da descoberta de ouro na região do Klondike, no Alasca, animou-o a aventurar-se, juntamente com seu cunhado, à procura de uma jazida, ainda que isto demandasse mais dinheiro do que eles tinham de imediato. Eliza, irmã de Jack, financiou a viagem hipotecando a casa onde moravam, mas a sorte não os beneficiou durante o período de um ano em que lá permaneceram.

Em 1898, Jack desenvolveu um quadro de escorbuto e foi obrigado a retornar à Califórnia, descendo o rio Yukon de barco de Dawson até Saint Michael, no mar de Behring, em situação pior que aquela em que havia partido.

Apesar do insucesso, a longa viagem havia lhe trazido importantes dividendos para o campo da criação literária: as histórias que ouvira dos mineiros e aventureiros no Klondike haveriam de constituir a matéria ficcional de grande parte de suas histórias e romances.

Durante sua ausência, o padrasto, John London, falecera, e as responsabilidades de família aumentaram consideravelmente. Apesar de ter recebido uma oferta de emprego no correio, onde viria a ganhar 65 dólares, Jack optou por voltar a insistir no campo da literatura: após muitas recusas, um editor oferecera 40 dólares pela publicação de uma de suas histórias, com a única condição de que sua extensão fosse reduzida.

A possibilidade de repetir o feito e de estabelecer-se como escritor profissional parecia cada vez mais animadora. Conforme o próprio Jack explicaria posteriormente em seus escritos autobiográficos, ele acreditava que alguém que desejasse tornar-se escritor precisava basicamente de três coisas: boa saúde, sinceridade e uma filosofia de vida.

E foi a procura desta última que o levou a mergulhar avidamente numa série de obras de estudiosos, filósofos e pensadores de várias áreas: Boas e Frazer (antropologia); Darwin, Huxley e Wallace (biologia); Adam Smith, Malthus,

Bastiat, Ricardo e John Stuart Mill (economia); Aristóteles, Gibbon, Hobbes, Locke, Hume, Hegel, Kant, Berkeley, Leibniz, Nietzsche, Spencer, Haeckel e Kidd (história e filosofia).

A voracidade dos hábitos de leitura de Jack levou-o a uma amálgama bastante heterogênea de conceitos extraídos de Marx, de Nietzsche e de Spencer, que se encontram presentes em grande parte de sua obra. Uma perigosa simbiose, resultante dessa conjunção de ideias e pensadores, produziu uma imagem perturbadoramente presente no trabalho de Jack: a da combinação entre o super-homem nietzschiano que se superpõe à maioria de seus semelhantes e o líder socialista que se empenha na luta pelo fim da exploração.

Na raiz desse entroncamento de ideias, Jack procurava, ao mesmo tempo, compatibilizar seu desejo de fortalecer a luta pelo socialismo e sua convicção spenceriana na existência de raças e homens de natureza superior e portanto dotados de responsabilidades maiores no combate à miséria e à exploração. Aos mais aptos cabia, dentro dessa perspectiva, uma posição de liderança e uma carga de deveres e de exigências infinitamente maior.

Para Philip Foner[11], biógrafo de London e historiador do socialismo nos Estados Unidos, Jack nunca teria aceitado as ideias de Nietzsche irrestritamente, embora a maioria de seus livros apresente, em certo grau, alguns personagens muito próximos do super-homem nietzschiano. Foner apoia sua observação em trechos extraídos de obras como *Class Struggle* (*Luta de classes*) e *The Iron Heel* (*O tacão de ferro*), em que London não apenas critica, mas dá um caráter burlesco à

---
11. FONER, *op. cit.*, p. 35.

imagem fetichizada do "animal loiro" (*blonde beast*) de raça supostamente superior:

> Encontrei por lá todo tipo de homens, muitos dos quais tinham um dia sido tão bons e tão dotados de características do chamado 'animal loiro' quanto eu próprio; marinheiros, soldados, operários, todos com algum tipo de deformidade devida ao trabalho, seja pela carga, seja por acidente, e todos lançados à sua própria sorte pelos patrões, como tantos cavalos velhos[12].

É ainda Foner que ressalta, em *Martin Eden* e *The Sea Wolf* (*O lobo do mar*), o aspecto de advertência com relação ao significado da filosofia nietzschiana, que teria, segundo o próprio Jack, passado despercebido aos socialistas na crítica feita à obra: "Os ataques de *Martin Eden* e *O lobo do mar* à filosofia de Nietzsche, de que nem os socialistas se deram conta"[13].

Paralelamente, Foner não deixa de reconhecer e de comentar a presença de ideias de Spencer nos trabalhos de London, sobretudo no que se refere ao suposto dever dos mais fortes e superiores na luta por uma sociedade mais justa. Ao pronunciar-se contra o trabalho de mulheres e crianças nas linhas de montagem das fábricas, o argumento de London parece evocar a ideia de Spencer de uma "desigualdade natural" dos seres, aspecto que Foner observa e ressalta[14].

---

12. Foner, op. cit., p. 34 ["I found there all sorts of men, many of whom had once been as good as myself and just as blond-beastly; sailor-men, soldier-men, labor-men, all wrenched and distorted and twisted out of shape by toil and hardship and accident, and cast adrift by their masters like so many old horses."].

13. Foner, op. cit., p 35 ["*Martin Eden* and *Sea Wolf* attacks on Nitzsche's philosophy, which even the socialists missed the point of."].

14. Foner, op. cit.

Essa fase de busca de aprofundamento filosófico é também aquela em que Jack começou a ter as primeiras evidências do sucesso literário que tanto perseguira. A história intitulada *An Odyssey in the North* (*Uma odisseia no Norte*) foi aceita pelo jornal *The Atlantic Monthly*, que pagou pelo texto a quantia de 120 dólares, e paralelamente a Houghton Mifflin and Company, editora tradicional de Boston, ofereceu-lhe um contrato para a publicação de um volume de histórias. Também a revista *McClure* comprou dois de seus contos e concordou em aceitar tantos outros quantos ele conseguisse produzir.

Em abril de 1900, *The Son of the Wolf* (*O filho do lobo*), seu primeiro livro de contos, foi publicado e tornou-se sucesso de público, o que levou o editor a adiantar-lhe 125 dólares mensais para a elaboração de um romance no mesmo gênero.

O romance, *The Daughter of the Snows* (*A filha das neves*), ficou abaixo da expectativa, mas mesmo assim Jack conseguiu vendê-lo para outra casa editorial que veio a publicá-lo.

Grandes mudanças haviam se processado na transição para o novo século: tendo se filiado ao Partido Socialista, ele passara a viajar apresentando conferências em prol do socialismo e divulgando as atividades do partido em várias partes do país.

Apesar da grande afinidade de ideias que o aproximara de Anna Strunsky, uma bela moça de família judia que ele conhecera no partido, Jack optou por casar-se com Bessie Mae Maddern, com quem tivera aulas particulares de preparação para a universidade. Sua decisão foi motivada pela ideia de que a união entre um homem e uma mulher não devia apoiar-se sobre questões de ordem afetiva, e sim sobre o desejo de gerar e criar uma prole. Mais velha e dotada de um temperamento pacato, Bessie também partilhava dessa convicção, e a relação entre os dois era de tranquila compatibilidade.

Em 1901, um ano após o casamento, nasceu Joan, sua primeira filha, à qual dedicou o romance *The Daughter of the Snow*, que havia acabado de concluir.

A publicação desse livro assinala, para Philip Foner, o final da primeira fase da carreira de Jack como escritor. A grande novidade do enredo, na época, foi a caracterização da protagonista, Frona Welse, que retorna a sua cidade natal no Alasca após uma ausência de anos. Frona era o protótipo da heroína norte-americana dos novos tempos, ou seja, uma mulher dotada de iniciativa e capaz de se sentir à vontade entre marinheiros e homens do povo, ouvindo blasfêmias e pragas sem se escandalizar. Seu pai, Jacob Welse, encarnava o perfeito representante daquilo que se passara a considerar o espírito da fronteira: batalhador incansável, mas capaz de solidarizar-se com o próximo e de compartilhar o que tinha, fosse muito ou pouco.

IV

Durante todos esses anos, transformações importantes ocorriam também no movimento socialista nos Estados Unidos. Dissidentes da Social-democracia da América, descontentes com a posição que a instituição adotara no tocante à colonização, decidiram fundar um novo partido (o Partido Social-democrata da América) e cogitaram, depois, uni-lo ao Partido Socialista do Trabalho.

Apenas em 1901 a união foi aprovada, quando uma convenção realizada em Nova York com a presença de delegados dos dois partidos proclamou o surgimento do novo Partido

Socialista, sob a liderança de Eugene Debbs[15], Victor Berger e Morris Hilquit. E é dentro dessa nova estrutura partidária que Jack viria a ter um papel cada vez mais importante no âmbito do debate e da difusão do socialismo.

Os socialistas haviam se mostrado, desde os primeiros contatos, impressionados com a capacidade de Jack em defender ideias e em argumentar e indicaram-no para a chapa socialista nas eleições para a prefeitura de Oakland. Ele contava, na época, 25 anos.

Os convites para proferir palestras começaram a se multiplicar, conferindo a Jack, num curto espaço de tempo, *status* de celebridade política.

Isso não significa que as lacunas de sua formação de autodidata não se fizessem sentir. Prova disso foram as críticas feitas a *The Tramp* (*O vagabundo*), artigo em que discutia a existência do pária social como uma necessidade imposta pelo sistema econômico capitalista. Inúmeros companheiros socialistas criticaram o fato de Jack enfatizar não a importância da luta de classes, mas o caráter indefeso do pária diante da sociedade.

As atividades de militância dentro do partido continuaram nesse período, paralelamente ao processo de criação e de expansão de contatos editoriais. Em 1902, Jack foi convidado a

---

15. Eugene Victor Debs (1855-1926). Líder trabalhista e socialista, organizou o Partido Social-democrata em 1897. Foi fundador e primeiro presidente do American Railway Union em 1893. Foi preso por seis meses em Chicago em 1894 por haver liderado a greve do Pullman Palace Car Co., motivada por um corte de 25% nas remunerações; o movimento deu origem a um boicote nacional que foi observado em 27 estados. Em 1898 participou da fundação do Partido Socialista e concorreu à presidência dos Estados Unidos cinco vezes nos anos seguintes. Em 1905 participou da fundação dos Industrial Workers of the World. Defendeu a campanha contra a intervenção americana na Primeira Guerra Mundial. Foi acusado de traição em 1918 após denunciar, em 1917, o Espionage Act e permaneceu na prisão entre 1918 e 1921. Conduziu da penitenciária em Atlanta, na Geórgia, sua última campanha ao cargo de presidente, tendo obtido 915 mil votos (o maior total de votos jamais obtido por um socialista nos Estados Unidos).

cobrir a Guerra dos Bôeres[16] na África do Sul como repórter e aproveitou a passagem por Nova York para tentar ser recebido pelo presidente da Macmillan Company. Como resultado da conversa que tiveram, o editor aceitou publicar uma série de cartas filosóficas que Jack e Anna Strunsky vinham elaborando sobre o amor.

O trabalho de cobertura assumido acabou não se realizando: ao chegar a Londres, de onde embarcaria para a África do Sul, Jack recebeu um telegrama cancelando o compromisso. Era sua intenção, mesmo antes de viajar, aproveitar a passagem por Londres para investigar e documentar a vida das massas miseráveis que habitavam o East End londrino, assim como realizar a cobertura da coroação do rei Eduardo II, que estava para acontecer, sob a perspectiva dos excluídos.

Fazendo-se passar por um marinheiro americano desempregado, Jack comprou roupas usadas e alugou um quarto na região. Essa foi a origem da experiência relatada por ele em *The People of the Abyss* (*O povo do Abismo*), que viria a publicar em 1903 pela Macmillan. "Nenhum outro livro meu hauriu tanto meu jovem coração e minhas lágrimas como esse estudo da degradação econômica dos pobres", ele próprio viria a relatar mais tarde[17].

O livro teve uma recepção apenas parcialmente favorável por parte da crítica, que apontou como defeito principal a falta de "dignidade literária" no tratamento do assunto escolhido. Mesmo assim, a publicação deu a Jack uma posição de ainda maior destaque dentro do movimento socialista nos Estados

---

16. Guerra dos Bôeres: travada entre a Grã-Bretanha de um lado e a República Sul-Africana (Transvaal) e Estado Livre de Orange de outro, estendeu-se de 1898 a 1902.
17. FONER, *op. cit.*, p. 48.

Unidos e, entre março de 1903 e março de 1904, o relato viria a ser publicado em forma seriada em Wilshire.

A essa altura o nome de Jack havia se tornado um símbolo da luta socialista dentro do partido. Ele ganhara uma considerável visibilidade como figura pública, sua segunda filha nascera (em 1902) e ele havia escrito *Batard*, a história sobre um cão diabolicamente inteligente, sobre seu dono e sobre os planos que ambos secretamente tinham de matar um ao outro, ainda que respeitando as qualidades do adversário até o final.

Jack concebera, na mesma época, uma história paralela que deveria servir de acompanhamento a *Batard*, mas o enredo estendeu-se além do que ele previa. A história, que recebeu o título de *The Call of the Wild* (*O chamado da selva*), foi completada em 30 dias e prontamente aceita para publicação pelo *Saturday Evening Post*.

Apesar da receptividade diante do manuscrito, o editor mostrou-se temeroso com relação ao padrão de gosto literário predominante na época: uma geração de leitores familiarizados com enredos como os de *Black Beauty* e *Uncle Remus Stories*, de Joel Chandler Harris, iria presumivelmente sentir-se chocada diante do caráter selvagem e violento de *The Call of the Wild*.

O fato é que esse padrão estava mudando, e havia agora um crescente interesse pelo realismo, estimulado pela leitura de autores como Muir[18] e Burroughs[19]. Em outras palavras, havia

---

18. John Muir (1838-1914). Naturalista e ecologista nascido na Escócia, empenhou-se na criação e manutenção de reservas florestais federais. Seus escritos influenciaram os projetos de reservas florestais do presidente Grover Cleveland e contribuíram para angariar-lhe a simpatia popular. Escreveu *The Mountains of California* (*Montanhas da Califórnia*, 1894), *The Cruise of the Corwin* (*O cruzeiro do Corwin*, 1917), *My First Summer in the Sierra* (*Meu primeiro verão na Sierra*, 1911), entre outros. Seus livros são compostos por relatos de viagens e de expedições na Califórnia, no Alasca, no Ártico e na região do golfo.

19. Edgar Rice Burroughs (1875-1950). Romancista nascido em Chicago, autor de *Tarzan of the*

um novo tipo de público, e Jack London era um autor capaz de atender às expectativas dele.

A crítica respondeu favoravelmente ao livro e, a partir daí, Jack London passou a desfrutar a condição de autor bem pago. O jornal oficial do partido, *The Comrade* (*O camarada*), estava nessa época publicando uma série de artigos de membros ilustres relatando o percurso de vida que os levara ao socialismo, e Jack foi convidado a enviar a sua contribuição. O artigo resultante lhe trouxe uma onda enorme de convites e encomendas por parte da imprensa socialista.

Em 1903, a publicação de *Class Struggle* (*Luta de classes*) levou-o mais uma vez a público, procurando desmontar os mitos do capitalismo americano e a apresentar indícios da manifestação da luta de classes, que tantos insistiam em negar.

Philip Foner ressalta, entre os indícios apresentados por London, o fato de o desaparecimento da Fronteira[20] ter contribuído para manter os trabalhadores mais bem qualificados no interior de sua própria classe: diante da dificuldade de ascensão por meio do esforço individual, esses trabalhadores começavam a exercer papel de liderança dentro dos sindicatos, mostrando assim a necessidade de uma renovação das antigas linhas políticas no campo da luta sindical.

Apes (*Tarzan dos Macacos*, 1914), personagem do qual tratou em nada menos do que 26 livros. Foi também autor de obras de ficção científica e histórias policiais. Foi oficial e comandante instrutor na Academia Militar de Orchar Lake, em Michigan. Serviu durante a Primeira Guerra Mundial. Desempenhou uma série de ocupações até atingir a grande guinada de sua carreira, que ocorreu quando contava 35 anos, época em que começou a publicar livros de *"pulp fiction"* com enorme sucesso de público. Burroughs escreveu um total de 43 livros.

20. Fronteira: hipótese de interpretação da história dos Estados Unidos defendida por Frederick Jackson Turner (1861-1932), historiador e professor da Universidade de Harvard, segundo o qual a história dos Estados Unidos havia consistido, em larga medida, da história da colonização do Oeste. Para Turner, a existência de uma área de terra livre em contínuo processo de recessão e o avanço das áreas ocupadas na direção do Oeste eram fatores que haviam moldado o caráter nacional dos Estados Unidos.

Na mesma época, Jack escreve *The Scab* (*O fura-greves*), um conto sobre o tema da fidelidade sindical, em que apresentava a ideia da inevitabilidade do fura-greves dentro das condições impostas ao movimento de luta.

Foner observa que Jack deixou de mencionar, no ensaio, a frequência com que os fura-greves eram remunerados num valor superior ao de um mês de trabalho para desempenharem o seu papel de desarticuladores da luta. Com isso, inevitavelmente, seu texto acaba deixando de ressaltar o caráter astronômico do lucro dos patrões, passando a ideia de que o objetivo destes era apenas manter o nível baixo dos salários[21].

Outra crítica apontada por Foner refere-se ao fato de Jack não mencionar a renitência dos sindicatos em organizar negros e mulheres, criando assim condições para o aparecimento de fura-greves[22].

A condição estável que Jack havia atingido como escritor profissional nunca teve correspondência em sua vida particular e afetiva: pouco tempo depois do nascimento da segunda filha, em 1902, apaixonou-se por Charmian Kittredge, com quem passou a viver. Apesar do convívio agradável com sua primeira mulher, Jack ressentia-se da falta de espírito de aventura e de interesse intelectual que ela parecia-lhe demonstrar. Os cuidados requeridos pelas duas filhas pequenas e nascidas com pouca diferença de idade e a rotina pesada de trabalhos domésticos eram fatores de grande sobrecarga de afazeres para ela, mas Jack parecia pouco sensível às condições do trabalho feminino dentro do lar.

---

21. FONER, *op. cit.*, p. 57.
22. FONER, *op. cit.*

Após o divórcio, Charmian tornou-se sua companheira inseparável em viagens, cavalgadas e pescarias, passando a acompanhar também a criação e o desenvolvimento de seus originais.

Em 1904, pouco antes de completar 28 anos, Jack partiu com Charmian para Yokohama no ss Sibéria, com a finalidade de cobrir a Guerra Russo-Japonesa para os jornais do cartel Hearst. A viagem foi malsucedida ao extremo: Jack contraiu gripe epidêmica, torceu gravemente o tornozelo, foi impedido de fazer a cobertura devido a restrições impostas aos correspondentes pelas autoridades japonesas e acabou sendo preso por tirar fotografias sem permissão.

Para evitar mais problemas, ele resolveu contratar um guia para acompanhá-los até Chemulpo, na Coreia. O barco em que viajaram era pequeno e precário, além de desprovido de alimentos que não os da população local, e os seis dias de viagem num frio rigoroso deixaram-no fisicamente combalido.

Apesar de determinado a avançar para as linhas de batalha em Yalu, Jack foi novamente obrigado a retroceder devido a uma ordem de prisão. Apesar de saber que a guerra estava sendo conduzida por motivos imperialistas, ele tinha dificuldade em aceitar a derrota dos russos pelos japoneses pelo fato de considerá-los membros de uma raça inferior.

Em um despacho enviado ao *New York American and Journal* em 12 de junho de 1904, ele registrou suas impressões ao avistar um grupo de prisioneiros russos, e o relato é bastante ilustrativo de sua dificuldade em admitir que uma raça que considerava menos apta pudesse aprisionar e derrotar russos, um povo branco e, em sua concepção, superior:

a visão que tive foi como um tapa em meu rosto. Em minha mente o efeito dela foi o do golpe repentino do punho de um homem. Havia um homem, um homem branco, de olhos azuis, olhando para mim. Estava sujo e maltrapilho. Tinha enfrentado a selvageria do campo de batalha. Mas seus olhos eram mais azuis do que os meus, e a pele era tão branca quanto a minha. E havia outros homens lá onde ele estava, homens brancos. Eu me vi engolindo em seco. Tive a sensação de estar sufocando. Esses homens eram da minha espécie. Subitamente eu tive certeza de ser um alienígena entre os homens de cor parda que espiavam pelas janelas e senti que o meu lugar era lá dentro com os outros no cativeiro, e não entre os demais estrangeiros[23].

O aspecto preconceituoso dos comentários não passou despercebido na época: criticado por seu chauvinismo racial, Jack teria respondido: "Que diabo, primeiro sou branco e só depois é que sou socialista!"[24].

Em 1904, jornais e revistas começaram a publicar artigos e ensaios discutindo a razão para a mais do que expressiva votação recebida pelo Partido Socialista, que havia apontado Debbs e Ben Harnford para a chapa de presidente e vice-presidente. O meio milhão de votos obtidos era um resultado

---

23. FONER, *op. cit.*, p. 58-59 ["... the sight I saw was a blow in the face to me. On my mind it had all the stunning effect of the sharp impact of a man's fist. There was a man, a white man, with blue eyes, looking at me. He was dirty and unkempt. He had been through fierce battle. But his eyes were bluer than mine, and his skin was as white. And there were other white men in there with him, many white men.
I caught myself gasping. A choking sensation was in my throat. These men were my kind. I found myself suddenly and sharply aware that I was an alien among the brown men who peered in through the windows, felt that my place was there inside with them in their captivity rather than outside among the aliens."].
24. FONER, *op. cit.*, p. 59.

surpreendente, e só na Califórnia os votos haviam subido de 7.572 para mais de 35 mil.

London também escreveu a respeito, defendendo a ideia de que, da mesma forma como os capitalistas haviam derrotado os senhores feudais no final da Idade Média, assim também os socialistas haveriam de derrotá-los na fase que então atravessavam. Procurando ressaltar o componente socialista do pensamento de Jack, Foner observa que, quando escrevia sobre a causa socialista, Jack deixava que Marx e Engels falassem mais alto do que Nietzsche e Spencer[25].

O *status* de escritor famoso que havia passado a desfrutar permitia que agora o simples anúncio do lançamento de *The Sea Wolf* (*O lobo do mar*) levasse à venda antecipada de 40 mil exemplares, num fenômeno editorial típico de best-sellers.

Ambrose Bierce[26] escreveu sobre o livro apontando falhas e inconsistências no enredo, mas ressaltando a característica magistral que dava vida ao personagem Wolf Larsen e fazia dele uma criatura tridimensional movimentando-se diante do leitor.

Os anos de 1905 e 1906 marcam o período de mais intensa atividade socialista de Jack: sucedem-se conferências, campanhas para arrecadação de fundos, ensaios e histórias, além da publicação de *The Iron Heel* (*O tacão de ferro*), seu mais expressivo trabalho relacionado ao pensamento socialista que professava.

---

25. FONER, *op. cit.*, p. 60.
26. Ambrose Bierce (1842-1914). Escritor de histórias sobrenaturais e de horror psicológico, gênero no qual é considerado um mestre. Escreveu *Tales of Soldiers and Civilians* (*Histórias de soldados e civis*, 1891) e *Can Such Things Be?* (*Tais coisas têm razão de ser?*, 1893). Foi autor também de *The Devil's Dictionary* (*O dicionário do diabo*, 1906), uma coletânea de definições irônicas. Desapareceu em missão secreta no México em 1914.

Para muitos, a militância socialista de Jack tinha um caráter predominante de divulgação, apresentando o mérito de iniciar milhares de pessoas no debate sobre a causa socialista. Para outros, sua conduta, com frequência arrogante e destemperada, incorria no risco de sugerir uma ideia equivocada do socialismo.

Esse era um período decisivo, no qual o socialismo havia passado a atrair também os trabalhadores da área rural, onde o carisma de Eugene Debbs atuava como um fator importante de arregimentação. Além disso, o movimento estava crescendo para além do âmbito dos setores de imigrantes e de operários, tendo passado a atrair dentistas, médicos, advogados, pregadores religiosos, educadores, pequenos empresários e até mesmo um ou outro milionário. Jack temia que o movimento passasse a ser orientado por uma classe média intelectualizada, sendo levado assim para longe da classe trabalhadora.

Nessa época, convidado a falar para os estudantes da Universidade da Califórnia, dirigiu-se a uma plateia de 3.500 pessoas proferindo a palestra intitulada *"The Revolutionary Spirit of the American Proletariat"* ("O espírito revolucionário do proletariado americano"). Seu horror pelo clima de torre de marfim e de claustro dentro do qual os estudantes eram preparados para a vida levou-o a falar duramente e sem meias-tintas, a fim de fazê-los parar e refletir.

Poucos dias após sua palestra, os jornais publicaram as notícias sobre o Domingo Sangrento em São Petersburgo, início do processo de repressão do movimento revolucionário na Rússia. London imediatamente iniciou uma campanha de arrecadação de fundos para auxílio da revolução, gesto que mereceu relativamente pouca atenção da imprensa socialista.

Paralelamente, o fato de ele haver chamado de irmãos e irmãs os russos revolucionários ao falar para uma plateia de empresários em Stockton causou furor na imprensa em geral. Um dia após a conferência, os jornais estamparam manchetes ostensivas dizendo que Jack havia chamado "assassinos" de irmãos.

No mesmo período e contexto, outra expressão empregada por ele causou polêmica ao ser noticiada: evocando a frase originalmente proferida pelo líder abolicionista William Lloyd Garrison[27] ("ao inferno com a Constituição"), num período em que a Constituição estava sendo usada para defender o regime escravocrata, Jack lembrou que também o general Sherman Bell havia dito o mesmo, em 1904, ao ajudar a sufocar uma greve de mineiros em Cripple Creek, no Colorado.

A visibilidade de Jack diante da opinião pública era um fator que o distinguia dentro do partido. Nesse mesmo ano de 1905 ele foi novamente apontado como candidato da chapa socialista nas eleições municipais e concorreu ao cargo de prefeito, vindo a obter apenas 981 votos.

O período era de grande arregimentação de esforços para o crescimento do partido, e Jack foi novamente convidado a percorrer o país em uma série de turnês apresentando conferências nas quais debatia diversos temas à luz do enfoque socialista.

---

27. William Lloyd Garrison (1805-1879). Jornalista e editor do *National Philanthropist*, de Boston, e do *Journal of the Times*, de Bennington (Vermont). Em 1831 funda o *The Liberator*, o mais radical dos jornais abolicionistas, e em 1833 organiza a American Anti-Slavery Society. A partir de 1837 adota a ideia da fusão entre Estado e Igreja, encampando assim não apenas a luta pela abolição, mas também pelos direitos femininos e pela desobediência civil de leis que davam respaldo a instituições corruptas. Denuncia inúmeros atos governamentais de usurpação de direitos políticos e apoia a luta de John Brown, mártir do movimento abolicionista que lutou pela criação de uma área para abrigo de escravos fugidos. Em 1865 retira-se do ativismo militante, mas continua a manifestar seu apoio ao sufrágio feminino, à abstenção de bebidas alcoólicas e ao livre comércio.

Upton Sinclair[28], escritor de Baltimore radicado em Nova York, e George Stroebel, ambos ligados por afinidade de ideias ao socialismo, estavam, nessa época, organizando uma série de encontros com escritores e intelectuais com o fim de difundir as ideias socialistas entre os estudantes universitários. Jack London foi o primeiro convidado da série, e da iniciativa resultou a fundação do Intercollegiate Socialist Society, do qual Jack veio a ser eleito presidente, tendo o próprio Sinclair e J. Phelps Stokes como vice-presidentes.

Durante todo o decorrer da turnê, Jack foi tratado como figura altamente romantizada, dotada de uma aura lendária associada às aventuras no Klondike.

V

O apogeu de sua popularidade e visibilidade como figura pública acabou desencadeando, em plena turnê, a articulação de uma campanha destinada a denegrir seu nome e diminuir seus méritos pessoais. Levantou-se a hipótese de seu recente casamento com Charmian Kittredge não ter sido válido em virtude de a tramitação dos papéis de seu divórcio não ter sido concluída. Declarações de London a esse respeito foram usadas de forma sensacionalista pela imprensa, e clubes femininos que estavam inscritos para recebê-lo na turnê cancelaram o compromisso, deixando os membros do partido preocupados

---

28. Upton Sinclair (1878-1968). Jornalista e autor do romance-reportagem *The Jungle*, em que denuncia as péssimas condições de trabalho da indústria da carne enlatada em Chicago. O livro torna-se um marco da literatura naturalista e proletária e desencadeia a aprovação do u.s. Pure Food and Drug Act, além de ter sido um enorme sucesso de público. Sinclair escreveu inúmeros outros romances tópicos e uma série de 11 romances históricos, entre os quais *World's End*, de 1940 e *Dragon's Teeth*, de 1942.

com a possibilidade de o clima de escândalo afetar a imagem do socialismo diante da opinião pública.

Outros acontecimentos de impacto foram registrados durante a turnê, em decorrência do poder de Jack de desencadear debates acalorados: ao falar para uma plateia de 2 mil pessoas em Harvard, ele voltou a chamar de irmãos os russos revolucionários, reavivando a polêmica pouco antes desencadeada na imprensa.

Em Nova York, um de seus discursos causou celeuma quando ele se dirigiu a uma plateia da alta burguesia chamando-a de incompetente e provando a ela a superioridade do homem das cavernas, que, com ferramentas e condições rudimentares, havia conseguido alimentar o clã e dar prosseguimento à raça, ao passo que os capitalistas, providos de todos os confortos da civilização, estavam disseminando a miséria de tal forma que milhões de homens e mulheres se viam privados dos mais elementares meios de subsistência.

Em Yale, sua conferência sobre a revolução havia tido uma recepção entusiástica pelo público e uma extraordinária repercussão na imprensa. Jack não era o único a difundir o socialismo entre os estudantes, mas tinha, entre eles, o *status* de ídolo literário e político.

As palestras tinham efeitos positivos de grande interesse para o partido, principalmente no sentido de chamar a atenção dos repórteres e da opinião pública para os fatos discutidos (miséria, exploração do trabalho, brutalização dos trabalhadores etc.).

Apesar desse saldo positivo, continuavam, paralelamente, as distorções de opiniões expressas por ele em artigos e palestras: a polêmica acerca da frase "ao inferno com a Constituição" foi retomada, levando Upton Sinclair a tomar a iniciativa de corrigir a impressão "errada" causada por London e a responder ele próprio ao *Times*, já que London não se dispunha a fazê-lo.

A carta de Sinclair acabou desagradando a ambas as partes envolvidas na questão, e os jornais continuaram a atribuir a intenção ofensiva a London da mesma forma.

Em 1906 Jack cai seriamente doente e se vê obrigado a interromper a turnê. As palestras não seriam mais retomadas após essa data.

Pouco a pouco, na esteira das difamações e polêmicas, começava a se registrar uma queda na venda de seus livros. Ao mesmo tempo, os líderes socialistas passaram a se preocupar que as falas e opiniões que ele veiculava não fossem tomadas como expressão única do pensamento do partido, deixando assim visível o início de um processo de dissensão entre ambos.

Diante dessas ocorrências, Jack não se deixava intimidar. A série de entrevistas com tecelões italianos motivadas por palestras que ele dera eram para ele muito mais importantes. Ele se orgulhava também da farta documentação (recortes de jornal, relatórios, livros etc.) que embasava todos os seus escritos, e mesmo depois de ter se afastado da presidência do Intercollegiate Socialist Society, continuou sendo de grande ajuda na expansão da entidade. Seu texto, *What Life Means to Me* (*O que a vida significa para mim*), no qual discute a forma como resolveu passar a vender o cérebro, e não os músculos, tornou-se o primeiro panfleto posto por ele em circulação.

Outra prova cabal da força da popularidade de Jack nesse período foi o apoio que obteve para a publicação de *The Jungle* (*A selva*), romance de Upton Sinclair. Jack lera o livro com grande entusiasmo e, ao saber que Sinclair estava encontrando dificuldades em publicá-lo, manifestou-se publicamente a respeito exortando os leitores do jornal *Appeal to Reason* a enviarem pedidos antecipados ao editor a fim de possibilitar a publicação.

Pouco tempo depois, 5 mil encomendas adiantadas com os respectivos fundos anexados possibilitaram a publicação pela Jungle Publishing Company, e a Doubleday, Page and Co., apesar das ameaças de ação judicial, decidiu colocá-lo também no seu catálogo.

Satisfeito com a publicação, Jack escreve uma resenha elogiosa para um dos jornais do cartel Hearst. Pouco tempo depois, uma versão com cortes do texto de sua resenha é publicada no *New York Journal* de 8 de agosto de 1906, deixando Jack enfurecido com a censura.

VI

Ao longo de todo esse tempo, Jack London passara a se ocupar, paralelamente, com os planos de uma viagem aos Mares do Sul. A construção do Snark[29], barco no qual ele e Charmian fariam a viagem, representava uma despesa considerável, e ele passou a escrever o mais que podia, a fim de reunir fundos para a empreitada.

Inúmeras histórias foram criadas nesse período: *Moon Face and Other Stories* (*Cara de Lua e outras histórias*), importante coletânea que saiu em setembro de 1906, meses após a partida de Jack. Outro lançamento importante foi *White Fang*

---

29. Snark designa um animal fantástico, criação de Lewis Carroll na série de oito poemas intitulada *The Hunting of the Snark*. Lewis Carroll é o pseudônimo do Reverendo Charles Dodgson (1832-1898), autor dos famosos *Alice in the Wonderland* e *Through the Looking Glass*. *The Hunting of the Snark* é seu terceiro trabalho mais famoso.

(*Caninos brancos*), romance sobre um cão que era metade lobo e que se tornara feroz devido aos maus-tratos, voltando a tornar-se dócil ao voltar a receber cuidados e carinho.

Pouco depois, em fevereiro de 1907, foi lançado *Before Adam* (*Antes de Adão*), romance de ação sobre a vida primitiva que utilizava o recurso do sonho como estratégia literária. E os lançamentos não pararam por aí: numerosas histórias curtas e artigos, incluindo a série sobre suas aventuras de andarilho, saem publicados na *Cosmopolitan Magazine* em novembro de 1907 sob o título *My Life in the Underworld* (*Minha vida no submundo*), sendo também lançada nesse mesmo ano pela Macmillan.

Os preparativos para a viagem e as preocupações com detalhes como produção de eletricidade e de gelo a bordo, estocagem de mil galões de gasolina num espaço onde mal caberiam 500 e a aprendizagem de rudimentos de navegação acabaram fazendo que a partida viesse a acontecer mais tarde do que ele desejava.

Ao mesmo tempo, a necessidade de arrecadar os 30 mil dólares necessários à construção do barco havia diminuído, aparentemente, o seu interesse pelas lutas da classe trabalhadora.

Na opinião de Philip Foner, as três melhores contribuições de Jack London à literatura do movimento radical foram produzidas, ironicamente, durante esse período: *Something Rotten in Idaho* (*Algo de podre em Idaho*), *The Iron Heel* (*O tacão de ferro*) e *The Apostate* (*O apóstata*), que tratava da exploração do trabalho infantil.

Jack fora convidado pela revista *Women's Home Companion* a investigar e escrever a respeito das condições de trabalho infantil nas plantações de algodão do Sul. Tratava-se de uma revista de prestígio e ele se encontrava premido por dívidas relacionadas à construção do Snark. Embora já estivesse, naquele momento, envolvido na elaboração de *The Iron Heel* (*O tacão de ferro*), conhecia profundamente o assunto em razão de sua experiência na fiação de juta, na fábrica de enlatados e na lavanderia, e isso o levou a aceitar.

A história resultante foi *The Apostate* (*O apóstata*), cujo protagonista é um garoto de 17 anos, empregado em uma fiação de juta. Desde os 7 anos ele executa trabalho escravo, assim como o próprio Jack no passado e outros tantos milhares de crianças naquele momento. A história se inicia quando o garoto, acordado pela mãe de manhã, fica sabendo que foi demitido do trabalho que os sustentava. Todos os quadros de descrição da rotina de trabalho relacionada à atividade retratada foram baseados na experiência real de Jack em sua infância e adolescência.

The Iron Heel (*O tacão de ferro*) foi escrito no verão de 1906 e constituiu-se num livro profético, produto de vários anos de estudo e de reflexão. Desde seu primeiro ensaio sobre o socialismo, *A questão do máximo*, Jack advertia que a classe dominante, diante da crise econômica e da crescente força do socialismo, poderia passar a adotar uma política repressiva sobre as massas até que qualquer movimento revolucionário houvesse sido suprimido. Ele chamava a atenção para o fato de isso já ter acontecido em outros momentos da história do socialismo, o que significava que poderia acontecer novamente. Em 1871 as forças do poder econômico haviam massacrado toda uma geração de militantes socialistas.

Em 1901 Jack havia lido *Our Benevolent Feudalism* (*Nosso feudalismo benevolente*), de W. J. Ghent, que alertava para o perigo presente na afirmação de muitos militantes que julgavam que o socialismo estava em via de tomar o poder. O ensaio previa inclusive a ascensão de um novo tipo de feudalismo dominado pelos capitalistas no qual a exploração estaria ligada às máquinas da mesma forma que antes havia estado ligada ao solo.

Numa resenha que fez do livro nesse período para a *International Socialist Review*, London incitava os camaradas a ler e estudar a tese que o livro apresentava, na esperança de estimulá-los a rever a avaliação que tinham da conjuntura, que apontava para os capitalistas como acuados e indefesos diante do avanço do socialismo em processo de ascensão.

Alguns anos depois, em 1904, o próprio Jack viria a se esquecer de sua recomendação e escreveria para o *San Francisco Examiner* declarando que, quando o Partido Socialista tivesse ganho o controle da máquina política do país por meio do voto, as propriedades seriam confiscadas com ou sem remuneração, fosse qual fosse a sua natureza.

Ao retomar a perspectiva de discussão de Ghent, durante a elaboração do livro, Jack veio a dar o nome de "tacão de ferro" à oligarquia de capitalistas americanos que haviam tomado o poder diante do "perigo" de uma vitória socialista nas eleições. O enredo tratava do processo de constituição de um poder autoritário de esmagamento do trabalho durante os anos de 1912 a 1932, o que o colocava numa categoria intermediária entre a alegoria política e a ficção científica, se é que cabe o termo.

O enredo se apresenta como desenvolvido a partir do manuscrito descoberto no século IV da era da irmandade, que assinala o triunfo final do socialismo democrático. O relato é escrito por Avis, esposa do líder Ernest Everhard, e é repleto de notas explicativas e observações destinadas a prestar esclarecimentos aos seus leitores da era socialista. O recurso dá um tom de distanciamento que quebra a familiaridade do leitor da era capitalista com as instituições do capitalismo, produzindo uma "desfamiliarização" de dados familiares, num procedimento bastante próximo ao utilizado por William Morris[30] em *Notícias de Lugar Nenhum*.

Em 1932, quando o relato se interrompe, a oligarquia conseguiu minar as forças dos socialistas, e eles se preparam secretamente para articular uma segunda revolução.

Jack utilizou no livro não apenas o material extraído de seu vasto acervo de recortes de jornal e anotações, mas toda a sua crítica aos líderes socialistas que, em sua opinião, deixavam de constituir uma força de luta e de preparar formas de impedir a destruição da liberdade pelos poderes oligárquicos organizados.

Muitos críticos consideram *O tacão de ferro* a obra mais oportuna e bem estruturada de discussão do pensamento político de Jack.

Something Rotten in Idaho (*Algo de podre em Idaho*) foi escrita a partir do famoso caso Moyer-Haywood-Pettibone, ápice do enfrentamento de classes em Idaho entre a Western Federation of Miners e as corporações, em dezembro de 1905. O antigo governador Steunenberg, responsável por inúmeros atos de repressão a manifestações de trabalhadores em sua

---

30. William Morris (1834-1896). Socialista, designer, poeta e fundador do movimento de Artes e Ofícios (Arts and Crafts), teve também proximidade com artistas ligados ao movimento Pré-Rafaelita (Pré-Raphaelite Movement). Publicou várias sagas em verso, inspiradas na viagem que fez à Islândia em 1871. Ingressou na Liga Socialista em 1884. Escreveu *Signs of Change* (*Sinais de mudança*) em 1888 e *Hope and Fears for Art* (*Esperança e temor para a arte*) em 1892. Seu romance *Notícias de lugar nenhum* foi publicado há poucos anos no Brasil (Morris, William. *Notícias de lugar nenhum. Ou uma época de tranquilidade: Romance utópico*. São Paulo, Editora Fundação Perseu Abramo, 2002), reeditado recentemente pela Expressão Popular em coedição com a Editora da Fundação Perseu Abramo.

gestão, foi assassinado durante a explosão de uma bomba instalada no portão de seu rancho. Harry Orchard, o responsável pelo atentado, tinha longa ficha criminal, mas, preso e mantido incomunicável, foi entregue à Pinkerton, uma agência especializada em agenciar fura-greves e seguranças para a repressão de manifestações.

Após um trato entre Orchard, a Pinkerton e Moyers (então governador), a responsabilidade pelo atentado foi imputada a William "Big Bill" Haywood e George Pettibone, membros da Western Federation of Miners. Sequestrados pela polícia em Denver, eles foram encarcerados na penitenciária de Boise e acusados de conspirar para o assassinato do ex-governador Steunenberg.

Como o tempo veio a revelar, tudo havia sido previamente acertado entre os governadores do Colorado e de Idaho em conluio com as corporações de mineração.

Something Rotten in Idaho apareceu pela primeira vez no *Chicago Daily Socialist* em novembro de 1906. Em dezembro desse mesmo ano, a Corte Suprema negou o apelo feito em prol da inocência dos acusados por oito votos a um. Jack compareceu a um encontro no partido em apoio a Haywood e Pettibone e incitou todos a lutarem e clamarem por justiça.

O texto registra o clímax do envolvimento de Jack com a militância e é um importante exemplo das diversas formas de violência praticadas contra o trabalhador nesse período.

VII

A sonhada viagem aos Mares do Sul durou 28 dias, repletos de problemas de todos os tipos, agravados pela necessidade que Jack tinha de escrever histórias, artigos e ensaios para editoras, jornais e revistas com os quais se comprometera. Além desses, outros compromissos foram sendo assumidos ao longo da viagem, como o de escrever um artigo a partir do material que compilara na ilha Molocai, onde eram numerosos os casos de lepra (o artigo fora encomendado por leprosos que Jack e Charmian haviam conhecido numa colônia de leprosos na ilha).

Durante todo o período de ausência de Jack, seu patrimônio e propriedade foram literalmente consumidos pelos amigos e parentes. Seus recursos foram reduzidos, em um curto espaço de tempo, a 66 dólares.

Tomando conhecimento da situação na primeira semana de 1908, de passagem pelo Taiti, Jack decidiu voltar para pagar as dívidas e resolver as pendências antes de seguir viagem. Imediatamente ao chegar a São Francisco, telegrafou à editora Macmillan pedindo um adiantamento para o trabalho de elaboração do romance *Martin Eden*, que estava na fase final. A quantia adiantada permitiu-lhe pagar as dívidas e em uma semana retornar ao Taiti para retomar a viagem.

Martin Eden é considerado um romance de inspiração autobiográfica, dada a semelhança entre as circunstâncias de vida do protagonista e as do próprio Jack na primeira fase de sua juventude. Martin Eden, um marinheiro pobre e iletrado, salva a vida de Arthur Morse, um homem de razoáveis posses. Levado à casa de Morse, ambiente de cultura e riquezas, Martin apaixona-se por Ruth, e ela por ele, atraída por sua vitalidade e espontaneidade. Seu amor pela moça o leva a procurar instruir-se e adquirir cultura para entrosar-se no ambiente em que ela vivia. Com tenacidade de autodidata, Martin passa a ler e estudar Spencer, Darwin, Huxley, Marx e Hegel, entre outros, sonhando tornar-se escritor, e pouco a pouco vai se dando conta de que a família Morse e todo o seu contexto social eram de uma insuportável arrogância e estreiteza de pensamento. A própria Ruth não reconhece a beleza literária de seus escritos, que considera de um realismo degradante e obsceno.

A recusa de Martin em abrir mão de seus sonhos literários para procurar um trabalho de outro tipo levam a moça a romper o noivado com ele, o que acaba acontecendo, ironicamente, às vésperas de suas primeiras conquistas no campo do sucesso literário. Brissenden, um jovem poeta tuberculoso, aconselha-o a ingressar no movimento socialista, pois prevê que Martin vai decepcionar-se com a carreira, mas o rapaz não lhe dá ouvidos, declarando-se um individualista. Brissenden morre e sua previsão se concretiza: um ensaio escrito por Martin conquista grande popularidade e ele passa a receber dezenas de convites para escrever. Obcecado com a ideia de sair-se bem no território do inimigo, Martin torna-se indiferente com Ruth mesmo após ela manifestar o desejo de reatar o noivado. Ressentido com a ideia de estar sendo reconhecido pela fama que se associou a seu nome, e não pelo mérito de seu trabalho, ele se atira ao mar da escotilha de um navio, comprovando na prática as palavras do amigo poeta, que lhe dizia que o sucesso era mais decepcionante que o fracasso.

VIII

Uma grande e perturbadora contradição da vida e do pensamento de Jack London se apresenta justamente no contexto de sua passagem pelo Taiti, por intermédio de sua participação nas chamadas *blackbirding expeditions*, que capturavam nativos para trabalhar como escravos nas plantações de coco (*copra plantations*) destinadas à extração do óleo. Apesar de sua participação estar ligada ao espírito de investigação e de aventura que o caracterizava, e não a qualquer lucro relacionado à atividade, Jack nunca expressou, em nenhum de seus artigos e histórias, qualquer traço de crítica à prática nefasta e aos efeitos perniciosos da "civilização" sobre os nativos, muito embora não perdesse oportunidade, durante todo o período da viagem, de dar continuidade à divulgação fiel e convicta das ideias socialistas e da revolução.

Em setembro de 1908 Jack adoeceu gravemente sem que ninguém conseguisse diagnosticar a doença que o acometia: tratava-se de um inchaço misterioso que fazia suas mãos quase dobrarem de tamanho, seguindo-se intensa descamação da pele. Procurando um capitão que pudesse cuidar do Snark e lhe permitisse se ausentar, Jack embarcou com Charmian e os empregados para Sydney, ficando cerca de cinco meses hospitalizado e em observação.

Apesar de sua complicada condição de saúde, conseguiu escrever, nesse período, "Will Industrial Peace ever Come?" ("A paz industrial virá um dia?") para um jornal local. Tratava-se de uma vigorosa afirmação da luta de classes, de uma acusação contundente do mau gerenciamento da sociedade por parte do capitalismo e de uma previsão de que "o futuro pertence ao trabalho".

Ao receber alta, Jack decidiu retornar para a Califórnia. O Snark, que ele mandou vir das Ilhas Salomão, onde se encontrava, foi levado a Sydney e vendido por 3 mil dólares para um *blackbirder* local.

A situação de Jack complicou-se ao extremo a partir desse momento: doente e endividado, ele tinha o compromisso e a necessidade de manter um ritmo intenso de trabalho e uma produtividade constante. Os 25 meses da viagem haviam tido como saldo *The Cruise of the Snark* (*O cruzeiro do Snark*), *South Sea Tales* (*Histórias dos Mares do Sul*) – ambas coletâneas de artigos – e *Adventure* (*Aventura*) – romance –, livros que abalavam sua estatura de escritor socialista por meio de uma escritura repleta de chauvinismo racial e de crença na supremacia da raça anglo-saxã.

Para Philip Foner, apenas "The Lepers of Molokai" ("Os leprosos de Molokai"), artigo de *The Cruise of the Snark*, e algumas das histórias de *South Sea Tales* têm valor literário igual ao do restante da produção de Jack[31].

Foner observa que apenas em quatro das histórias a população local foi tratada com alguma simpatia: "The House of Mapuhi", "Mauki", "Samuel" e "The Seed of McCoy". Via de regra o nativo foi retratado como servil e submisso ao homem branco e ao patrão.

Também *Martin Eden*, mais ambicioso como realização literária, foi escrito durante a viagem. Jack irritou-se profundamente tanto com a reação dos críticos como com a dos próprios membros do partido, que a seu ver não teriam sabido enxergar os aspectos ali presentes de crítica (e não de apologia, segundo ele) à filosofia nietzschiana.

A volta de Jack à Califórnia lhe permitiu finalmente ter o diagnóstico do mal que o acometera: uma hipersensibilidade aos raios ultravioleta do sol tropical. Superadas as complicações de saúde, iniciou-se um período de atividade febril.

---

31. Foner, *op. cit.*, p. 100.

Numa carta dirigida a Sinclair nesse período, Jack lamentou ter enveredado por esse caminho de trabalho de escritor profissional e afirmou que, se pudesse voltar atrás, jamais teria escrito nada que não fosse diretamente ligado ao socialismo. A necessidade de ganhar dinheiro havia se tornado determinante do ritmo de produção de seus escritos, e ele não podia mais deixar nada sem concluir, fosse o resultado bom ou ruim. Ele havia passado, assim, a ter aquilo que recomendava aos jovens escritores que evitassem: ter pressa em escrever e priorizar a quantidade (e não a qualidade) dos escritos.

A necessidade de manter esse ritmo ininterrupto de trabalho levou Jack, em 1910, a comprar vários enredos de histórias de Sinclair, aproveitando os que julgou interessantes e rejeitando os que lhe dariam mais trabalho para contextualizar e documentar.

Dentro desse sistema de vida e de trabalho, o seu grau de envolvimento com o movimento socialista diminuiu sensivelmente. Ele era agora proprietário de um pequeno rancho em Moon Valley, na Califórnia, tinha empregados e imaginava constituir com eles uma espécie de comunidade utópica, proporcionando-lhes chalés para morar e escola para os filhos. Todos esses projetos implicavam gastos crescentes e consequentemente mais compromissos editoriais para poder pagar as dívidas.

Em agosto de 1913 foram concluídas as obras de construção da Wolf House, uma magnífica casa que ele mandara construir e que lhe custara 70 mil dólares.

Por uma grande infelicidade, logo que concluída, assim que os pedreiros e pintores retiraram dela suas ferramentas, deixando-a pronta para ser habitada, um incêndio a destruiu por completo na calada da noite, restando apenas a camada de pedras do revestimento externo.

Muitos companheiros de Jack, na época, viram no acidente um "julgamento do céu" pelo fato de ele, um socialista, ter mandado construir "um verdadeiro palácio". No partido, muitos membros acreditavam que o luxo da casa seria um fator de propaganda negativa para a causa socialista.

Jack, por sua vez, acreditava que a posse de riquezas não fazia dele um capitalista, uma vez que elas haviam sido o resultado do que ele ganhara com seu próprio trabalho. Durante o longo período de construção, ele dera ordens para que nenhum trabalhador procurando emprego fosse deixado de fora das obras. Até mesmo *Wobblies*[32] que estivessem de passagem pelo Oeste paravam para uma jornada de trabalho na mansão de Jack, o que fez dela, durante o período de construção, uma espécie de refúgio para os desabrigados.

Todo esse conjunto de circunstâncias foi, pouco a pouco, contribuindo para disseminar a ideia de que ele se transformara em um traidor da causa.

Em agosto de 1913 Jack publicou a história intitulada "The Mexican" ("O mexicano"), no *Saturday Evening Post*, expressando sua simpatia pela causa da Revolução Mexicana. Já antes, em fevereiro de 1911, escrevera uma carta de apoio aos revolucionários mexicanos que haviam se mobilizado contra o governo do general Porfírio Diaz e, pouco depois, veio a público expressar sua opinião sobre o imperialismo americano no México.

"The Mexican" trata dos trabalhos da Junta que operava nos Estados Unidos em apoio à Revolução Mexicana que se

---

32. Termo de origem incerta. Um *Wobbly* é um membro da Industrial Workers of the World (IWW), sindicato libertário de princípios do século XX que conduziu greves em São Francisco, ativo no movimento dos desempregados.

preparava, e em particular de um dos membros da organização, Felipe Rivera, rapaz de 18 anos que se torna lutador de boxe para levantar fundos de apoio para a revolução. O desenrolar da luta no plano da narrativa é entremeado de momentos de *flash-back* nos quais Jack faz um retrospecto do movimento revolucionário no México.

Em abril de 1914 o *Collier Weekly* mandou-lhe um telegrama com a oferta de 1.100 dólares por semana e total cobertura de despesas para que ele fosse como repórter cobrir a revolução, então em processo.

Jack partiu para Galveston, onde deveria receber as credenciais, mas elas ainda não estavam disponíveis quando de sua chegada. O general Funston[33], ao que parece, não estava muito desejoso de ter entre os correspondentes de guerra um homem que, segundo se dizia, dois anos antes havia exortado a todos em um artigo a não entrar para o exército e a se manter distantes dele. O artigo, intitulado "The Good Soldier" ("O bom soldado"), havia sido amplamente distribuído pela IWW, causando furor.

Ao descobrir a razão do atraso de suas credenciais, Jack negou publicamente ter sido o autor do artigo, alegando que ele teria sido indevidamente atribuído a seu nome.

Segundo Foner, há indícios de que outros artigos teriam sido publicados sob o nome de Jack sem que ele os tivesse escrito. Embora seja difícil saber se ele realmente não é o autor de "The Good Soldier", Foner considera pouco provável que a

---

33. Frederick N. Funston (1865-1917). General norte-americano que lutou em diversas campanhas imperialistas e intervencionistas dos Estados Unidos na América Central. Foi responsável pela captura do presidente Emílio Aguinaldo, das Filipinas, em 1901, episódio que levou Mark Twain a escrever um de seus mais famosos textos anti-imperialistas, "Uma defesa do general Funston".

International Socialist Review tenha publicado um artigo sob o nome de Jack a menos que o texto expressasse suas convicções. Ainda segundo Foner, não consta que Jack tenha protestado na época da publicação. Ele também aponta semelhanças de estilo entre o texto e vários trechos de *O povo do Abismo*[34].

A posição que Jack assume nesse período com relação à Revolução Mexicana constitui-se em outro episódio de desconcertante contradição em relação a sua posição de socialista: saudar a intervenção norte-americana no México era algo inusitado para quem, como ele, lutava pela expansão do socialismo.

A intervenção havia sido engendrada depois de uma série de operações controladas pelo setor petrolífero e pelos interesses financeiros norte-americanos, dispostos a inserir-se no México para controlar sua economia. Uma suposta afronta a um oficial americano em Tampico havia servido de pretexto, desencadeando a exigência formal dos Estados Unidos de que sua bandeira fosse saudada para redimir a ofensa. A recusa de Huerta, então presidente do México, teria sido o argumento com o qual as tropas americanas invadiram e tomaram Vera Cruz.

Como observa Foner, pouco tempo antes, em 1911, Jack teria tido uma posição muito diferente, consoante com a do congressista Meyer London[35], de Nova York, o único a dar voto contrário à invasão do México pelas tropas enviadas pelo presidente Woodrow Wilson[36].

---

34. FONER, *op. cit.*, p. 115.
35. Meyer London (1871-1926). Russo de nascimento e socialista, tornou-se cidadão norte-americano e foi deputado por Nova York. Participou de campanhas trabalhistas e foi militante socialista ativo por mais de 30 anos, tendo sido particularmente atuante na greve do setor de vestuário em Nova York em 1910. Foi o único deputado a dar voto contrário à invasão do México pelas tropas do presidente Wilson.
36. FONER, *op. cit.*, p. 114.

Quando Jack finalmente chegou ao México, o conflito propriamente dito fora sufocado: os Estados Unidos haviam resolvido estrategicamente aceitar a intervenção dos chamados "poderes ABC" (Argentina, Brasil e Chile) e o governo de Huerta havia aceitado apresentar seu pedido de desculpas ao governo americano.

A justificativa de Jack diante da invasão americana apoiava-se na ideia de que "homens racionais não podiam resolver seus problemas de forma racional se os demais insistiam em fazê-lo por meios violentos"[37]. Para ele, a Revolução Mexicana expressava meramente o desejo de pilhar, matar e lesar os interesses petrolíferos norte-americanos. Sua posição apresentava-se, assim, em perfeita consonância com a ideologia oficial do governo norte-americano, que justificava sua política externa imperialista por meio da suposta defesa prestada aos países cujas instituições democráticas estivessem sendo ameaçadas.

Essa foi, precisamente, a posição que Jack expressou ao defender a ideia de que os Estados Unidos tinham diante de si a tarefa de salvar o México de um "insignificante bando de mestiços que estão causando toda a confusão"[38].

Ainda se considerando que ele efetivamente acreditasse que a invasão norte-americana beneficiaria o México, sua posição era absolutamente incoerente em relação a todo o seu próprio percurso de militante da causa socialista.

Alguém que antes apontara no capitalismo a causa da exploração e da miséria não poderia, agora, defender a ideia de que interesses capitalistas poderiam trazer melhores perspectivas para o povo mexicano.

---

37. FONER, *op. cit.*, p. 116.

38. FONER, *op. cit.*

A posição de Jack contradizia a posição do próprio Partido Socialista, que nessa mesma época havia publicado um artigo em seu jornal oficial expressando oposição à guerra e apoio aos trabalhadores mexicanos.

Também John Reed[39], que passara quatro meses com os revolucionários de Pancho Villa[40], escrevera um artigo para o *The Masses* (importante publicação socialista da época) em que mostrava que a guerra anularia os ganhos da Revolução Mexicana, e, ao final, incitava os mexicanos a se posicionarem contra ela.

A onda de fúria que a série de artigos mexicanos de Jack suscitou na imprensa radical levaria Sinclair a evocá-los um ano após a morte do autor na tentativa de redimi-lo. Para Sinclair, os artigos não significavam que Jack havia abandonado suas convicções, mas que havia "caído sob o sortilégio dos engenheiros do petróleo, perdido o contato com o povo e esquecido, em consequência, suas lições de socialismo". Cansado e confuso como estava, Jack não estaria mais, segundo ele, se dando ao trabalho de olhar a aparência dos fatos à procura das causas reais[41].

Ao voltar do México, falando a um repórter do *Western Comrade*, declarou-se cansado de tudo. Sua saúde havia volta-

---

39. John Reed (1887-1920). Jornalista, escritor revolucionário e poeta norte-americano, autor de *Os dez dias que abalaram o mundo*, em que relata sua experiência de cobertura jornalística da Revolução Russa. Tornou-se amigo de Lenin e foi enterrado entre os heróis bolcheviques ao lado do Kremlin.
40. Pancho Villa (1878-1923). Francisco Villa, nome usado por Doroteo Arango. Herói revolucionário mexicano que ao lado de Francisco Madero e Emiliano Zapata liderou exércitos camponeses e lutou pela reforma agrária. Obteve algumas das principais vitórias da revolução, vencendo as tropas do regime repressivo e corrupto do ditador Porfírio Diaz. Liderou ação de invasão do território norte-americano e, apesar de ter sido perseguido incansavelmente pelas tropas norte-americanas, conseguiu evadir-se sempre com sucesso.
41. Foner, *op. cit.*, p. 118.

do a requerer cuidados e, em 1915, ele decidiu voltar ao Havaí na expectativa de que o sol tropical pudesse revigorá-lo.

Recebido em Honolulu como grande celebridade, foi lá que Jack produziu seu último escrito de caráter socialista, *The Cry for Justice* (*O clamor por justiça*). Sinclair, que enviara a ele o manuscrito de sua coleção de textos sobre justiça social, pediu-lhe que escrevesse o prefácio para o volume. Jack respondeu prontamente com um de seus escritos de caráter mais poético, segundo opinião do próprio Sinclair.

Ainda em Honolulu, em fevereiro de 1916, Jack enviou ao partido uma carta com seu pedido de desligamento, atribuindo sua decisão ao que chamou de perda de combatividade da classe trabalhadora.

Sua atitude não causou surpresa ao partido, uma vez que havia muito tempo ele começara a se afastar. Um mês após seu desligamento, o *International Socialist Review* apontou a hegemonia dos líderes de classe média dentro do partido, que implicava retirar da luta de classes a ênfase que ela até então tivera.

Se o desligamento de Jack havia sido acarretado por sua crença no socialismo revolucionário, conforme ele próprio apontou na época, sua posição com relação à Primeira Guerra Mundial, deflagrada em 1914, colocava-o na contramão das posições dos outros setores da esquerda a respeito.

Os socialistas inicialmente haviam condenado a guerra como um conflito imperialista e se prontificado a atravessar o oceano para ir lutar com seus camaradas na Europa. Em dezembro de 1914, porém, o National Executive Committee propôs a organização do *Socialist-War Manifesto*, que declarava que as causas imediatas da guerra eram rivalidades imperialistas e comerciais e intrigas secretas, e que a causa fundamental em questão era o sistema capitalista, e não a luta dos trabalhadores. E esta posição foi endossada num plebiscito em 1915 por uma esmagadora maioria.

Jack irritou-se profundamente com esta interpretação: desde o início manifestara seu apoio aos aliados, recusando-se a aceitar que se tratava de um conflito capitalista. Pouco tempo depois, outros socialistas começaram a fazer eco a suas convicções: ironicamente tratava-se das mesmas facções que, algum tempo antes, ele próprio atacara, acusando-as de fazerem concessões e de estarem abandonando o programa revolucionário. A ala esquerda dos socialistas manteve sua posição, apontando que a guerra era um conflito de imperialistas rivais à procura de mercados para explorar.

A resposta do partido à carta de demissão de Jack foi dada a público por meio do artigo "How You Can Get Socialism" ("Como se pode chegar ao socialismo"), publicado no *New York Call* em 27 de março de 1916. Era uma resposta indignada e contundente, que desencadeou uma onda de críticas e ataques que se arrastaram por vários meses.

Ao voltar para a Califórnia, Jack atirou-se de volta ao trabalho, vindo a produzir, entre fevereiro e abril de 1916, *The Acorn Planter* (*O plantador de milho*) e *The Little Lady of the Big House* (*A pequena senhora da casa grande*).

Combalido fisicamente pelo trabalho e pela bebida, veio a falecer em novembro desse mesmo ano, em seu rancho, após ter entrado em um coma acarretado por morfina durante o agravamento de uma crise de uremia.

A partir de sua morte, a discussão das circunstâncias que a precederam e que nunca foram completamente esclarecidas deu origem à hipótese de que Jack teria cometido suicídio. Inúmeros estudos biográficos arrolam documentação copiosa a este respeito, procurando sondar retrospectivamente intenções secretas e predisposições esboçadas em sua correspondência e em sua obra.

Pesquisas mais recentes e baseadas em fontes primárias parecem ter posto por terra essa hipótese, ainda que ela continue servindo para alimentar o interesse de muitos pelo lado obscuro do mito.

Seis volumes de escritos apareceram após sua morte: *The Human Drift* (*O desvio humano*), *Jerry of the Islands* (*Jerry das ilhas*), *Brother of Jerry* (*Irmão de Jerry*), *The Red One* (*O vermelho*), *On the Makaloa Mat* (*Na esteira de Makaloa*) e *Hearts of Three* (*Corações de três*), sendo este último um *script* cinematográfico escrito para o *Hearst Cosmopolitan*, que lhe pagou 25 mil dólares, embora o filme nunca tenha sido realizado.

SOBRE O TRABALHO DE JACK LONDON

Se a figura do *self-made man* é um dos ícones ideológicos norte-americanos por excelência, Jack London é uma das figuras do mundo literário que mais de perto correspondeu a ela: talentoso, autodidata, enfrentou dificuldades de toda ordem para sobreviver, abraçou apaixonadamente uma causa e viveu-a plenamente, tanto no campo das ideias como no da prática. De garoto pobre e sem perspectivas, conseguiu tornar-se homem de letras e de fortuna, proprietário de terras e de cavalos.

Tendo vivido uma infância e adolescência cheias de privações, conseguiu, antes mesmo de completar 30 anos, a notoriedade de uma figura pública nacional. Tendo percorrido o país como pária social sem rumo, voltou a percorrê-lo, anos depois, fazendo conferências nas universidades que formavam a elite intelectual de então.

Fenômeno editorial de vendas, foi um autêntico autor de best-sellers e um formador de opiniões. Conheceu de perto a miséria, a exploração, o trabalho servil, viveu aventuras, correu riscos, constituiu fortuna e dissipou parte dela para reavê-la em seguida. Debateu questões polêmicas sob a forma falada e escrita, mergulhou no debate político de sua época e expôs seu pensamento e suas contradições. Militou fervorosamente pelo Partido Socialista desde o final de sua adolescência (fato que lhe valeu a alcunha de "o socialista garoto"), vindo a desligar-se dele na fase imediatamente anterior a sua morte.

No âmbito da vida privada, viveu altos e baixos de caráter material e afetivo, e enfrentou a opinião pública da época para legitimar sua segunda união, mesmo sabendo que poderia ser impedido de manter contato com as filhas do primeiro casamento.

Morreu jovem, num momento particularmente crítico, e em circunstâncias que levaram biógrafos e curiosos a aventa-rem a hipótese de suicídio.

Que outro perfil literário poderia se parecer mais de perto com o dos heróis de livros de aventuras ou de filmes de ação que o de Jack London? Vivendo numa época de rápidas transformações e grandes conflitos políticos nacionais e internacionais, Jack desenvolveu sua atividade de criação dentro de uma total compatibilidade com o mercado editorial florescente que caracterizava o país. Sua história de vida e sua disposição pessoal em lançar-se por terra e por mar em todo tipo de aventura deram-lhe material bruto para um tipo de narrativa que ao mesmo tempo atendia um público preexistente, afeito a histórias exóticas e romanescas, e abria perspectivas para a captação de novos leitores, atraídos pelos aspectos de denúncia social e pelo realismo de expressão.

Jack London surgiu como escritor precisamente no período em que nascia o processo de florescimento das vanguardas modernistas do início do século. Tratava-se de uma fase marcada pela crise das estruturas formais da arte burguesa e pela busca de outros parâmetros artísticos. Tratava-se de uma época, enfim, de grande multiplicação das revistas literárias e de forte expansão da indústria cultural em todas as suas acepções. Com livros como *White Fang, The Call of the Wild, South Sea Tales* e *The Sea Wolf*, Jack passou a corresponder às expectativas tanto de leitores desejosos de entretenimento puro e simples como de outros, desejosos de encontrar na literatura relatos de viagens e de contatos com outras experiências de vida, tanto na sociedade como na natureza.

Com o passar do tempo, seu nome passou a ser cada vez mais associado a uma literatura que se poderia chamar de infanto-juvenil, apoiada em enredos de ação nos quais a vida selvagem e as intempéries tinham papel tão importante quanto o dos heróis protagonistas.

O segmento de literatura de ação tendeu a ser absorvido, dentro da indústria da cultura, pelos setores voltados ao leitor adolescente, ainda não afeito a abstrações e desejoso de encontrar uma narrativa que o conduzisse por um percurso de acontecimentos emocionantes ou inusitados. Isso explica, em grande parte, o destino da obra de Jack no campo dos estudos literários e do mundo editorial, uma vez que seus enredos e personagens foram de tal forma, e continuam sendo ainda, identificados com esse gênero.

Se essa é a recepção de sua obra no que diz respeito aos aspectos mais gerais, na seara do pensamento político tem sido bastante diferente: a feição proletária de seu trabalho é consideravelmente menos discutida no debate crítico de seus escritos e as obras diretamente relacionadas a questões como a luta de classes e a desigualdade social e econômica tendem a ser reeditadas com menor frequência do que as dos livros de aventuras e viagens.

A experiência de militância socialista de Jack London e a forma como ele a exerceu e expressou literariamente colocam-no indiscutivelmente como um marco da literatura proletária nos Estados Unidos. Seus registros e discussões dos conflitos vividos pelo proletariado merecem ser levados em consideração não apenas pelo impacto que possam ter provocado, mas pelos elementos que apresentam para se entender a construção de um pensamento socialista nos Estados Unidos.

Esse aspecto tende a ser obscurecido e relativizado não apenas pela constituição híbrida do pensamento de Jack, que alinha Nietzsche, Spencer e Marx numa mesma direção de raciocínio, mas também pelo rumo que seus próprios compromissos com o mercado editorial lhe impuseram, tirando-o progressivamente da polêmica numa fase em que o partido passava por grandes transformações e em que a visibilidade que ele adquirira o colocava como alvo de expectativas consideráveis.

Sua posição diante da Revolução Mexicana, sua presença em *blackbirding operations* e suas afirmações de crença na superioridade da raça branca são, sem dúvida, elementos que autorizam que se questionem a coerência e, até certo ponto, a convicção com que ele militou e escreveu sob a perspectiva do proletariado e do socialismo.

Isso requer que se retomem trabalhos como *O povo do Abismo*, *O tacão de ferro* e *Luta de classes*, geralmente pouco conhecidos mesmo na área de estudos literários. É importante também que as próprias "contradições" ou "incoerências" sejam analisadas dentro do conjunto de fatores históricos a que se ligam, complexo de fatores que transcende, obviamente, o âmbito estrito da individualidade de Jack London.

SOBRE *O POVO DO ABISMO*

Após embarcar rumo à Inglaterra no SS Majestic, em 1902, Jack London escreve a Anna Strunsky dizendo que sua viagem ao Leste o havia convencido de que a ignorância dos homens que conhecera nos vagões Pullman, nos clubes nova-iorquinos e nas salas de fumo dos navios de linha o havia deixado ainda mais otimista com relação à revolução:

> Fiquei mais esperançoso com relação à Causa devido à total ignorância deles e sua falta de compreensão das forças do trabalho. São bem-aventuradamente ignorantes do turbilhão que está por vir e ao mesmo tempo ficam cada vez mais céticos com relação aos trabalhadores. Você vê que o poder crescente dos trabalhadores os está machucando e deixando ainda mais céticos, ainda que isso não transpareça nos olhos deles.

Suas observações são bastante representativas do intuito que o levou à experiência de reportagem social registrada no texto de *O povo do Abismo*, ou seja, do desejo de aproveitar a circunstância de sua passagem por Londres para mergulhar no submundo social dos excluídos e dos miseráveis.

A ideia de apresentar-se ele próprio como um dos milhares de desabrigados e desempregados do East End londrino foi o recurso central do trabalho. Embora a realidade da exploração e da miséria não fosse novidade na história de sua vida, vivenciá-la nesse contexto representava uma experiência muito diferente, tanto pela dimensão física e política de Londres na época como pela forma como o seu sistema administrativo se organizara, a fim de banir de suas áreas urbanizadas e centrais a população miserável que sobrevivia em condições subumanas no East End.

Em termos gerais, o texto de Jack deixa bem clara sua preocupação em dirigir-se a um público leitor não apenas não familiarizado com as condições descritas, mas também presumivelmente imbuído de uma visão preconceituosa, na qual os desabrigados tendem a ser vistos frequentemente como preguiçosos: "E assim, meu querido e bondoso povo, quando visitarem a cidade de Londres e virem esses homens dormindo nos bancos e na grama, por favor não pensem que são criaturas preguiçosas, que preferem dormir a trabalhar" (p. 160).

Ao mesmo tempo que procura antever a reação do leitor alheio ao mundo descrito no texto, Jack preocupa-se em dar legitimidade ao relato por meio de um total envolvimento com as circunstâncias descritas. Momento particularmente representativo desse procedimento é aquele em que descreve a imensa concentração popular durante os festejos da coroação do rei:

> Agora a cavalaria de guarda, com seus belos pôneis cor de creme e panóplias douradas, um furacão de vivas e o estrondo das fanfarras – "O rei! o rei! Deus salve o rei!". Todos enlouquecem.

Sou contaminado pela epidemia, que me toma a partir dos pés. Também quero gritar: "O rei! Deus salve o rei!". Ao meu lado, homens esfarrapados, lágrimas nos olhos, atiram os chapéus e gritam extasiados: "Bendito seja! Bendito seja!". Vejam, ali está ele, numa maravilhosa carruagem dourada, a coroa enorme reluzindo sobre a cabeça, a mulher a seu lado, vestida de branco, também coroada (p. 180).

A descrição do frenesi popular de que ele próprio é tomado contrasta com a visão crítica que tem da ideologia dominante representada simbolicamente nos festejos oficiais. Dessa forma, ao se declarar contagiado, Jack acaba dando um testemunho indireto do poder ideológico da estrutura social que critica em seu texto:

Paro e faço esforço para me convencer de que aquilo é real e racional, e não uma visão de conto de fadas. Mas não consigo me convencer, e é melhor assim. Prefiro acreditar que toda pompa, futilidade, ostentação e mistificação tola pertencem ao reino dos contos de fada a acreditar que sejam produzidas por pessoas sãs e sensíveis, que conseguiram dominar a matéria e resolver os mistérios do cosmos (p. 180).

O recurso do envolvimento com o contexto local não obscurece em nenhum momento a intensidade de um indisfarçável norte-americanismo de Jack. Não se trata de meramente reconhecer a existência de um sistema geográfico, nacional e político diverso: trata-se de deixar sempre subentendida e ideia da superioridade dele: "Os *cockney* [42] têm um xingamento, e

---

42. Londrino caracterizado por seu modo popular de falar.

apenas um, o mais indecente da língua, que usam em toda e qualquer ocasião. Muito diferente dos xingamentos variados e luminosos do Oeste, que se aproximam mais da blasfêmia do que da indecência" (p. 166).

A crença em um vigor natural do Novo Mundo, por outro lado, não se deve apenas ao fato de ele acreditar no declínio do Império Britânico como sistema político; deve-se também à sua crença na existência de um sistema menos injusto associado a um vigor natural que julga inerente ao contexto do Novo Mundo:

> Hoje em dia, a força da raça de língua inglesa não está na ilha pequena e apertada, mas no Novo Mundo, onde estão os filhos e filhas da senhora Thomas Mugridge. A Ninfa do Mar próxima ao Portão no Norte já cumpriu seu papel no mundo, embora não se dê conta disso. É hora de sentar e esticar as pernas cansadas por um tempo; e se o albergue noturno e o asilo de pobres não esperam por ela, é por causa dos filhos e filhas que criou e que a protegerão na época do seu esmorecimento e decadência (p. 210).

Os trechos de comparação pontual entre Inglaterra e Estados Unidos são relativamente frequentes e bastante explícitos em apontar a superioridade do padrão americano: "Há uma comparação que os marinheiros gostam de fazer entre a marinha mercante inglesa e a americana. Num navio inglês, dizem, o grude é ruim, a grana é ruim e o trabalho é fácil. Num navio americano, o grude é bom, a grana é boa e o trabalho é duro" (p. 252).

A comparação estabelecida serve de parâmetro, ao mesmo tempo, para a contextualização da situação de miséria do proletariado inglês em geral:

> Os navios transatlânticos têm de pagar por velocidade e vapor, e o mesmo se dá com o trabalhador. Se ele não for capaz de corresponder a isso, não terá nem velocidade nem vapor, e isso é tudo. A prova pode ser tirada quando um trabalhador inglês vai para a América. Ele vai assentar mais tijolos em Nova York do que em Londres, ainda mais em St. Louis, e mais ainda quando chegar a São Francisco. (Um pedreiro em São Francisco recebe 20 xelins por dia, e no momento está em greve por 24 xelins.) Seu padrão de vida não pára de melhorar (p. 252).

O que Jack acaba ressaltando aqui é que, ainda que para o atendimento estrito de seus interesses, a classe dominante deve munir-se de algum grau de percepção humanitária, sem o qual sua própria estabilidade está ameaçada:

> De manhã cedo, nas ruas por onde passam os trabalhadores a caminho do serviço, diversas mulheres ficam sentadas na calçada com sacos de pão. Quase todos compram pão para comer no caminho. Nem chegam a molhar o pão no chá que se compra por um pêni nos cafés. É incontestável que um homem não está preparado para um dia inteiro de trabalho com uma refeição dessas. E é igualmente incontestável que o prejuízo recairá sobre o empregador e sobre a nação. Há algum tempo, os governantes começaram a bradar: "Acorda, Inglaterra!". Seria mais sensato se mudassem o bordão para: "Alimenta-te, Inglaterra!" (p. 253).

Ironicamente, esse raciocínio é o mesmo que orienta, nos Estados Unidos, o programa dos políticos progressistas, responsáveis por uma série de reformas destinadas a assegurar a estabilidade do poder político dominante e a desmobilizar a articulação de um movimento revolucionário.

Ao considerar que a miséria é onerosa para a nação, Jack London está adotando um ponto de vista diferente daquele que o levou tantas vezes a relatar, com base em sua própria experiência, que esse ônus recaía, na verdade, sobre a classe trabalhadora, submetida a condições de semiescravidão e, portanto, roubada de seus direitos mais básicos.

Isto não invalida, obviamente, a contundência de seu relato, vigorosamente voltado para a defesa de pontos fundamentais da causa socialista:

> Como disse alguém, fazem tudo pelos pobres, menos descer de suas costas. Mesmo os trocados que pingam para o bem das crianças pobres foram sugados das próprias famílias pobres. Essas pessoas vêm de uma raça de bípedes bem-sucedidos e predatórios que se metem entre o trabalhador e seus ganhos, e tentam dizer a ele o que fazer com a ínfima quantia que lhe sobra. Qual a utilidade, meu santo Cristo, de criar creches para ajudar as mulheres que trabalham? Qual a vantagem de se criar um lugar para que as crianças sejam deixadas enquanto a mãe confecciona violetas artificiais em Islington por três quartos de pêni a grosa, se enquanto isso mais e mais crianças e fazedoras de violetas do que seria possível ajudar continuam a nascer? A flor passa quatro vezes por sua mão, 576 vezes por três quartos de pêni, e durante o dia inteiro 6.912 vezes por nove pence. Ela está sendo roubada. Alguém a está explorando. E um desejo pelo Belo, Bom e Verdadeiro não vai aliviar seu fardo. Essas pessoas mesquinhas não fazem nada por ela; e o que elas não fazem pela mãe, quando a criança chega em casa, à noite, desfaz o trabalho que fizeram durante o dia (p. 313).

Se o grande valor do pensamento socialista de Jack é desenvolver a crítica ao sistema econômico a partir da perspectiva do trabalhador explorado, o ponto fraco é justamente apoiar sua análise em ideias ligadas à eugenia e à superioridade racial de determinadas etnias sobre as demais.

A eugenia teve, no final do século XIX e começo do século XX, um *status* científico que muito contribuiu para a sua difusão e credibilidade. Seus pressupostos coincidiam, em muitos aspectos, com os do chamado darwinismo social, conjunto de formulações que postulava a ideia de que na sociedade, como na natureza, a sobrevivência dos mais aptos encontrava-se determinada e legitimada. Nada mais oportuno numa fase de crise e de disputa de poderes dentro e fora dos grandes impérios coloniais, principalmente no britânico.

Embora Jack não enverede por essa linha de raciocínio, não deixa de aproximar-se consideravelmente dela ao enxergar nos despossuídos do East End características de uma "raça":

> Cria-se assim um povo debilitado e de baixa estatura – uma raça notavelmente diferenciada em relação à raça de seus superiores, um povo das sarjetas, sem força ou energia. Os homens tornam-se caricaturas daquilo que homens com vigor físico deveriam ser, e suas mulheres e crianças, pálidas e anêmicas, cheias de olheiras, vão ficando vergadas e encurvadas, até que forma física e beleza viram uma impossibilidade (p. 243).

Ainda que o objetivo seja indiscutivelmente clamar contra as injustiças sociais perpetradas pelo sistema, a aceitação da ideia da existência de "superiores" fica implicitamente legitimada em seu pensamento.

O desejo de expor com crueza o caráter inaceitável da miséria e da exploração leva Jack, algumas vezes, a lançar mão de expedientes descritivos que deixam momentaneamente em segundo plano a análise dos fatores causadores da situação observada: "Numa soleira estreita, tão estreita que tivemos de entrar de lado, uma mulher amamentava um bebê em seus peitos grosseiramente nus, formando um quadro que difamava tudo o que há de sagrado na maternidade" (p. 112).

Passagens como essa evidenciam a presença indisfarçável de certa dose de preconceito internalizado por ele próprio e desviam a atenção para fora da discussão dos fatores envolvidos.

Se estas ressalvas devem ser feitas quanto à abordagem do mundo dos explorados, é importante dizer, por outro lado, que Jack London se mostra particularmente sensível e atento à situação de potência imperialista da Inglaterra e que em inúmeras passagens extremamente expressivas de *O povo do Abismo* ele se pronuncia vigorosamente a respeito:

> Mas ali vinham eles, com toda a pompa e convicção do poder, e vinham tranquilos esses homens de aço, senhores da guerra e do mundo. Novo tumulto: vinham nobres e plebeus, príncipes e marajás, escudeiros do rei e guardas do Paço. Ali os colonos, homens ágeis e robustos; todas as raças do mundo inteiro – soldados do Canadá, Austrália, Nova Zelândia; das Bermudas, Bornéu, ilhas Fiji e da Costa Dourada da Austrália; da Rodésia, da Colônia do Cabo, Natal, Serra Leoa e Gâmbia, Nigéria e Uganda; do Ceilão, Chipre, Hong Kong, Jamaica e Wei Hai Wei; de Lagos, Malta e Santa Lúcia, Cingapura, Trinidad. Os homens conquistados da Índia, cavaleiros de pele trigueira e manejadores de espadas, ferozmente bárbaros, resplandecentes em carmesim e escarlate, siques, rajputs, burmeses, província por província, e casta por casta (p. 179).

Com todas as marcas das eventuais contradições que possa ter no sentido estrito da coerência política do pensamento, *O povo do Abismo* é sem sombra de dúvida um livro que coloca de forma muito clara a necessidade de se realizar a crítica do sistema capitalista dominante e de fazê-lo a partir do olhar dos explorados. Ainda que este fosse seu único mérito, ele já justificaria plenamente o convite que o livro faz ao leitor contemporâneo de mergulhar no abismo social do East End e de flagrar alguns aspectos alarmantes da exclusão social que continuam sendo dolorosamente atuais.

No momento presente, caracterizado pela drástica e irreversível retração do mundo do trabalho e pela virtualização da economia, a contundência do relato de Jack London sobre os abismos sociais do East End suscita questões ainda irresolvidas acerca das perspectivas de sobrevivência numa sociedade capaz de gerar tantos horrores. Para quem o lê ou discute em um contexto social como o brasileiro, onde os bolsões de miséria crescem em proporções alarmantes, *O povo do Abismo* constitui-se não apenas em forma de denúncia, mas também e principalmente em apelo à luta pela transformação.

A crescente e irreversível desagregação do mundo do trabalho, a virtualização da economia, o crescimento do capital especulativo e o desmonte do Estado são apenas alguns dos fatores diretamente ligados à crescente exclusão social e marginalização. No espaço urbano da megalópole, bolsões de miséria estabelecem-se ou deslocam-se entre as áreas habitáveis, seja no centro velho, seja nos bairros e na periferia, de acordo com os interesses dos empreendimentos imobiliários e as determinações das políticas públicas. Constatar o elevadíssimo contingente de pessoas desprovidas de habitação e emprego só não é mais assustador ou alarmante do que verificar que uma parcela absolutamente majoritária dessas pessoas não voltará a reintegrar-se ao mercado de trabalho, se é que alguma vez o integrou.

BIBLIOGRAFIA

FLOWER, B. O. *Progressive Men, Women, and Movements of the Past Twenty-Five Years*. Boston, The New Arena, 1914; enl. BoondocksNet Edition, 2000. (http://www.boondocksnet.com/editions/progressive/)

FONER, Philip Sheldon. *Jack London, an American Rebel*. [Rev. ed.] Nova York, Citadel Press, 1964.

LONDON, Jack. *The Letters of Jack London*. vol. 1: 1896-1905. Edited by Earle Labor, Robert C. Leitz, III, e Milo Shepard. Stanford/Califórnia, Stanford University Press, 1988.

LONDON, Jack. *Jack London, an American Rebel: a collection of his social writings, together with an extensive study of the man and his times*. Edited by Philip S. Foner. Berlim, Seven Seas Publishers, 1958.

STONE, Irving. *Sailor on Horseback; the biography of Jack London*. Cambridge Mass, Houghton Mifflin, c.1938.

CRONOLOGIA

12 de janeiro de 1876
Nasce em São Francisco e é registrado com o nome de John Griffith Chaney, único filho de Flora Wellman e William Henry Chaney.

1881
A família muda-se para uma fazenda em Alameda.

1882
Entra para a escola primária em Alameda.

1885
Descobre os prazeres da leitura ao ler *The Alhambra*, de Washington Irving.

1886
A família muda-se para Oakland, depois de morar em San Mateo County e Livermore. Jack passa a frequentar a biblioteca pública.

1887
Compra um velho barco e aprende sozinho os rudimentos da navegação.

1890
Passa a trabalhar em uma fábrica de enlatados, cumprindo turnos de até 18 ou 20 horas diárias para sustentar a família.

1891
Conclui a Cole Grammar School. Desgostoso com as condições de trabalho na fábrica, passa a trabalhar com os saqueadores das criações de ostras, ficando conhecido como o Príncipe dos Piratas de Ostras.

1892
Passa por um episódio de embriaguez que quase resulta em sua morte em alto-mar, e é convidado a trabalhar para a Patrulha Marítima, em Benicia.

1893
Janeiro a agosto: engaja-se como marinheiro no Sophie Sutherland e parte para uma viagem de sete meses pelo mar de Behring e pela costa do Japão, sendo apelidado de Garoto Marinheiro (Sailor Kid). Em fins de agosto, ao retornar para Oakland, emprega-se numa fiação de juta, onde recebe o pagamento de dez centavos por hora. Em novembro, inscreve sua história "Story of a Typhoon of the Coast of Japan" em um concurso literário e ganha o primeiro prêmio.

1894
Emprega-se na usina de força da estrada de ferro. Em abril demite-se ao constatar o grau de exploração a que ele e os demais trabalhadores estavam sendo submetidos. Adere ao exército de Kelly, ligado ao Exército Coxley de Desempregados, a caminho de Washington. Em maio deserta e torna-se um andarilho, perambulando por várias partes do país. Visita a Feira Mundial em Chicago. É preso por vadiagem e passa 30 dias na cadeia, de 29 de junho a 29 de julho. Percorre toda a costa Leste e volta pela costa Oeste, cruzando o Canadá em um vagão carvoeiro e ganhando a passagem de Vancouver a bordo do navio ss Umatilla como

carvoeiro.

1895
Volta a Oakland determinado a terminar a escola média e ingressar na Universidade da Califórnia. Escreve artigos para o jornal da escola e trabalha como faxineiro para pagar os estudos. Passa por um intenso período de autodidatismo. Começa a frequentar a biblioteca pública de Oakland. Trava os primeiros contatos com os socialistas.

1896
Ingressa no Partido Socialista. Prepara-se para entrar na Universidade da Califórnia e faz estudos intensivos para tanto, tomando aulas particulares com Bessie Maddern, entre outros. É aprovado e inicia o curso superior. Escreve suas primeiras histórias sobre a viagem à Sibéria.

1897
Desilude-se com a vida universitária e a falta de convicção política de seus colegas. Deixa a universidade após um semestre. Trabalha exaustivamente em uma lavanderia e dedica-se tanto quanto consegue à elaboração de novas histórias. Parte para Juneau, no Alasca, com seu cunhado, dirigindo-se depois para a região do Klondike a fim de procurar ouro, sem sucesso. Contrai escorbuto e volta debilitado, mas com muito material de interesse para novas histórias.

1898
Começa a escrever sobre a Fronteira Branca, ou seja, sobre suas experiências no Klondike. Começa um período de intenso autodidatismo para tornar-se escritor profissional.

1899

Recusa emprego no correio, decidido a tornar-se um escritor profissional. Recebe oferta de publicação de uma de suas histórias no *Atlantic Monthly*. Conhece Anna Strunsky, com quem tem uma relação de afeto e troca de ideias.

1900
Seu primeiro livro, *The Son of the Wolf*, é publicado. Casa-se com Bessie Maddern.

1901
Nasce sua primeira filha, Joan. Ingressa no Partido Socialista. Concorre ao cargo de prefeito pela chapa socialista em Oakland. Sua segunda coletânea de histórias é publicada.

1902
Muda-se para Piedmont Hills. Publica *The Cruise of the Dazzler*, *Children of the Frost* e *The Daughter of the Snow*.

1903
É convidado a cobrir a revolução dos bôeres. Viaja para Londres, mas o compromisso é cancelado. Escreve *O povo do Abismo*. Publica as cartas que escreveu em coautoria com Anna Strunsky. Escreve *The Call of the Wild*. Conhece Charmian Kittredge e resolve separar-se de Bess. Publica *O povo do Abismo*.

1904
É convidado a cobrir a Guerra Russo-Japonesa. Publica *Faith of Men & Other Stories*. Publica *The Sea Wolf*, que se torna o livro do ano em 1905.

1905

Concorre novamente ao cargo de prefeito pela chapa socialista. Publica *War of the Classes*, coletânea de estudos revolucionários. Publica *The Game*, que tem o boxe como tema, e *Tales of the Fish Patrol*. Compra 129 acres de terra em Glen Ellen para estabelecer ali um rancho. Começa a planejar uma longa viagem marítima. Dá início a uma turnê de quatro meses apresentando conferências de divulgação do socialismo. Escreve o ensaio "Revolution". Seu processo de divórcio chega ao final e ele se casa com Charmian Kittredge em Chicago, partindo depois para uma lua-de-mel na Jamaica e em Cuba.

1906
Dá início à construção do barco Snark. Escreve relatos acerca do terremoto que abalou São Francisco. Publica *Moon-Face and Other Stories, White Fang, Scorn of Women* e *The Iron Heel*.

1907
Parte com Charmian a bordo do Snark para uma viagem planejada para durar sete anos. Visita o Havaí e a colônia de leprosos de Molocai. Publica *The Road*, relato de seus tempos de andarilho.

1908
Viaja pelos Mares do Sul e pelo Havaí.

1909
Volta à Califórnia devido a problemas de saúde. Escreve *Martin Eden*, romance autobiográfico.

1910
Paga as dívidas e começa a implantar uma série de transformações em seu rancho para dar-lhe característica de rancho-modelo.

1911
Escreve *The South Sea Tales*.

1912
Escreve *Smoke Bellew*, retomando o tema do ciclo de histórias do Alasca. Viaja até Cape Horn, reunindo assim material para sua história *The Mutiny of Elsinore*.

1913
Atravessa uma série de problemas de ordem particular relacionados ao divórcio litigioso com Bess, à morte da criança à qual Charmian acabara de dar à luz, a dificuldades relacionadas à agricultura em seu rancho e ao incêndio que destruiu a Wolf House, magnífica casa que acabara de ser concluída em sua propriedade. Escreve *John Barleycorn*, que se torna a bíblia do movimento antialcoolismo nos Estados Unidos.

1914
Escreve *Valley of the Moon*.

1915
Viaja ao México como correspondente de guerra. Escreve *The Star Rover*.

1916
Morre durante uma crise renal em seu rancho em 22 de novembro.

PREFÁCIO

As experiências relatadas neste livro assaltaram-me durante o verão de 1902. Foi quando desci ao submundo de Londres com uma disposição mental melhor comparável à de um explorador. Queria ser convencido pela evidência dos meus olhos, e não pelos ensinamentos de quem não havia visto, ou pelas palavras dos que tinham visto e ido até lá anteriormente. Também levei comigo alguns critérios simples para avaliar a vida no submundo: o que resultava em mais vida, saúde física e espiritual, era bom; o que significava menos vida, o que feria, apequenava e deformava a vida, era ruim.

Logo ficará claro para o leitor que vi muita coisa ruim. E, no entanto, não se deve esquecer que o tempo sobre o qual escrevo era considerado como os "bons tempos" na Inglaterra. A fome e a falta de abrigo com que me deparei faziam parte de uma condição crônica de miséria nunca eliminada, nem mesmo nos períodos de máxima prosperidade.

Em seguida ao mencionado verão, veio um inverno rigoroso. Legiões de desempregados formavam procissões, às vezes até uma dúzia delas simultaneamente, e diariamente marchavam pelas ruas de Londres implorando pão. O senhor Justin McCarthy, ao escrever no mês de janeiro de 1903 para o *Independent*, de Nova York, resumiu a situação sucintamente, da seguinte maneira:

Os asilos não têm mais espaço para amontoar as multidões famintas que dia e noite suplicam às suas portas por comida e abrigo. Todas as instituições de caridade esgotaram os meios para tentar obter provisões de alimentos para os esfomeados residentes das águas-furtadas e porões espalhados pelas vielas e pelos becos de Londres. Os alojamentos do Exército da Salvação nas várias regiões de Londres são assediados todas as noites por hostes de desempregados e famintos para os quais não se pode oferecer nem abrigo nem meios de sustento.

Já disseram que sou demasiado pessimista em minhas críticas à Inglaterra. Para justificar-me, devo dizer que sou o mais otimista entre os otimistas. Mas avalio a humanidade menos pelas associações políticas do que pelos indivíduos. A sociedade se desenvolve, enquanto as máquinas políticas se arruínam e transformam-se em "sucata". No que diz respeito aos valores humanos, à saúde e à felicidade, vejo um futuro longo e promissor para os ingleses. Mas, para grande parte da máquina política que atualmente administra muito mal suas vidas, não prevejo mais que um monte de sucata.

Jack London
Piedmont, Califórnia

Os sumos sacerdotes e governantes declaram:

"Oh, nosso Mestre e Senhor, não é nossa falta,
Construímos como construíam nossos pais antes de nós;
Vê tua imagem como a conservamos
soberana e única por todos os recantos de nosso país.

Nossa tarefa é árdua – com espada e fogo,
Defender tua terra para todo o sempre,
E com nossos cajados de aço apascentar,
conforme nos confiaste, o teu rebanho".

Cristo buscou um artesão,
Um homem simples, abatido e franzino,
E uma órfã cujos dedos descarnavam-se
Torturados de pobreza e de pecados.

E colocou a ambos no meio deles,
Que imediatamente recuaram,
Temerosos de manchar seus belos trajes,
"Eis aí", disse ele, "a imagem que fizeram de mim"[1].

James Russell Lowell

---

1. The chief priests and rulers cry:
"O Lord and Master, not ours the guilt,/ We build but as our fathers built;/ Behold thine images how they stand/ Sovereign and sole through all our land.
"Our task is hard – with sword and flame,/ To hold thine earth forever the same,/ And with sharp crooks of steel to keep,/ Still as thou leftest them, thy sheep."
Then Christ sought out an artisan,/ A low-browed, stunted, haggard man,/ And a motherless girl whose fingers thin/ Crushed from her faintly want and sin.
These set he in the midst of them,/ And as they drew back their garment hem/ For fear of defilement, "Lo, here", said he,/ "The images ye have made of me".

Capítulo 1

A DESCIDA

"Você sabe que não pode fazer isso", disseram amigos aos quais pedi ajuda antes de mergulhar no East End de Londres. "Devia pedir ajuda à polícia", emendavam depois de refletir um pouco, num doloroso esforço para se acostumarem com os processos psicológicos de um louco que os procurara com mais credenciais que cérebro.

"Mas não quero procurar a polícia", objetava. "Desejo descer ao East End e ver tudo com meus próprios olhos. Quero saber como o povo vive lá, por que vive lá e para que está vivendo. Em suma, quero ir lá viver com eles."

"Você não está dizendo que quer *viver* lá!", diziam com um ar de desaprovação estampado em seus rostos. "Para quê? Ora, dizem que lá há lugares onde a vida de um homem não vale dois *pence*[1]!"

"São exatamente esses os lugares que quero ver", interrompi.

"Mas sabe que não pode", era a resposta infalível.

"Mas não foi sobre isso que vim me informar", respondi bruscamente, um pouco irritado com a incompreensão. "Sou um estranho aqui e quero que me falem sobre o East End, de modo que tenha por onde começar."

"Mas não sabemos nada sobre o East End. Sabemos que fica para lá." E sinalizavam com as mãos, indicando vagamente a direção onde, em raras ocasiões, pode-se ver o sol nascer.

---

1. Equivalências da moeda inglesa: um pêni equivale a 1/20 do xelim. Um xelim é 1/20 da libra esterlina. Uma coroa são cinco xelins e um guinéu, 21 xelins. Um soberano equivale a uma libra.

"Então vou à agência Cook's", anunciei.

"Mas claro", disseram, aliviados. "A Cook's certamente saberá."

Ah, Cook! Ah, Thomas Cook & Son, desbravadores, abridores de caminhos, cicerones do mundo todo, provedores dos primeiros socorros a viajantes desnorteados... Sem hesitação e num instante, com muita facilidade e rapidez, poderiam me enviar para a parte mais obscura da África e para o coração do Tibete, mas não conhecem o caminho até o East End de Londres, que pode ser alcançado por uma pedra lançada do Ludgate Circus!

"Você sabe que não pode fazer isso", disseram-me naquele grande empório de rotas e passagens, a filial da Cook's em Cheapside. "É tão – hã-hãm –, tão fora da rotina."

"Procure a polícia", concluiu autoritariamente, diante de minha insistência. "Não costumamos levar viajantes ao East End; nunca recebemos pedidos para levá-los lá e não sabemos absolutamente nada sobre o lugar."

"Não se incomode", interrompi, evitando ser arrastado pela enxurrada de negativas. "Eis algo que pode fazer por mim: quero que você entenda o que pretendo fazer lá, para que possa me identificar caso haja algum problema."

"Compreendo! Se for assassinado, poderemos identificar o cadáver."

Disse isso com tanta satisfação e frieza que no mesmo instante vi meu cadáver rígido e mutilado estirado numa bancada sobre a qual gotejava água fria, e eu o via recurvado, triste e pacientemente identificando o corpo do americano insano que *iria* visitar o East End.

"Não, não", respondi, "simplesmente para me identificar caso eu me meta nalguma enrascada com os 'tiras'".
Disse esta última palavra com um arrepio; realmente eu estava ganhando domínio do vernáculo.

"Este é um assunto", disse ele, "para ser examinado pelo Escritório Central".

"É algo sem precedente", acrescentou, desculpando-se.

O homem no Escritório Central mostrou-se hesitante. "Temos como regra", explicou, "não fornecer informação sobre nossos clientes".

"Mas neste caso", insisti, "é o cliente que lhe pede para fornecer informações a respeito dele mesmo".

O chefe mostrou-se novamente hesitante.

"É claro", antecipei-me, "que sei que isso não tem precedente, mas..."

"Como estava prestes a dizer", prosseguiu com firmeza, "é algo sem precedente e acho que não podemos ajudá-lo".

No entanto acabei saindo de lá com o endereço de um detetive que morava no East End e me dirigi ao consulado norte-americano. Ali, finalmente, encontrei um homem com quem podia "negociar". Não houve hesitação, nem sobrancelhas arqueadas, nem franca incredulidade, nem espanto absoluto. Num minuto me apresentei e expliquei meu projeto, que ele aceitou com naturalidade. No segundo minuto, perguntou minha idade, minha altura, meu peso e me examinou. No terceiro minuto, ao nos despedirmos com um aperto de mãos, ele disse: "Tudo bem, Jack. Vou me lembrar de você e ficarei atento".

Dei um suspiro de alívio. Agora não havia mais volta, eu estava livre para mergulhar naquela imensidão humana, sobre a qual ninguém parecia saber nada. Mas logo encontrei uma nova dificuldade, que tinha a silhueta exata do meu cocheiro, personagem excepcionalmente decoroso e de suíças grisalhas, que durante horas me conduzira, imperturbável, pela City.

"Leve-me até o East End", ordenei, tomando assento.

"Para onde, senhor?", ele perguntou com franca surpresa.

"Para qualquer lugar do East End. Vamos!"

Por vários minutos o fiacre seguiu a esmo, até parar, desorientado. A capota sobre minha cabeça abriu-se e o cocheiro examinou-me de cima a baixo, perplexo.

"Pergunto", disse, "aonde o senhor deseja ir?".

"Ao East End", repeti. "Nenhum lugar específico. Apenas me leve até lá."

"Mas qual seria o endereço, senhor?"

"Olhe aqui!", bradei. "Leve-me até o East End, e imediatamente!"

Era evidente que não compreendia, mas recolheu a cabeça e, grunhindo, pôs o cavalo em movimento.

Nas ruas de Londres nunca se escapa da visão da pobreza abjeta; basta caminhar cinco minutos em qualquer direção para se chegar a um bairro miserável. Mas a região que meu fiacre adentrava naquele instante era uma favela sem fim. As ruas estavam tomadas por uma raça nova e diferente de pessoas, de baixa estatura, aparência infeliz e na maior parte encharcada de cerveja. Rodamos milhas e milhas, passando por prédios de tijolo aparente e muita sujeira, e a cada rua ou alameda transversal víamos fachadas de tijolos e miséria a perder de vista. Aqui e ali cambaleavam um homem ou uma mulher bêbados, e o ar tornava-se obsceno com o vozerio e as altercações. Num mercado, velhos e velhas trêmulos procuravam restos de verdura, feijão e batatas podres em meio ao lixo lançado na lama, enquanto crianças, como moscas que rodeiam um monturo de frutas apodrecidas, mergulhavam os braços até a altura dos ombros num líquido putrefato de onde retiravam nacos deteriorados, que eram devorados ali mesmo.

    Durante toda a viagem não cruzamos com nenhum outro fiacre e, pelo modo como as crianças corriam atrás e ao lado, o nosso era como uma aparição de outro mundo, de um mundo melhor. Até onde a vista alcançava, havia sólidas paredes de tijolos, calçadas viscosas e ruas barulhentas; e ali, pela primeira vez na vida, fui assombrado pelo temor da multidão. Era como o temor do mar – as turbas miseráveis, rua após rua, assemelhavam-se às ondas de um mar imenso e fétido, que me envolvia e ameaçava me arrebatar.

    "Stepney, senhor. Stepney Station", anunciou o cocheiro.

    Olhei em volta. De fato era uma estação de trem, para onde, em desespero, ele se dirigira, talvez por ser em toda aquela vastidão o único lugar familiar, do qual ele pelo menos ouvira falar em meio a toda aquela confusão.

    "E daí?", perguntei.

    Ele gaguejou algo incompreensível balançando a cabeça e parecendo muito aflito. "Sou um estrangeiro aqui", foi o que conseguiu pronunciar. "Se não quiser ficar aqui em Stepney, ficaria grato por saber o que o senhor quer."

    "Vou lhe dizer o que quero", falei. "Dirija e fique de olho numa loja de roupas usadas. Quando encontrar, continue em frente até dobrar a esquina, então pare para eu descer."

    Notei que ele ficava cada vez mais preocupado com o pagamento da corrida, mas logo depois aproximou o carro do meio-fio e informou que havia passado por uma loja de roupas usadas.

"O senhor não vai me pagar?", suplicou. "Sete xelins e seis *pence* é o que me deve."

"Claro", eu disse, achando graça, "é só isso, não quero mais nada de você".

"Deus me perdoe, mas eu também não quero mais nada do senhor", ele retorquiu.

Uma multidão de espectadores maltrapilhos se juntara em torno do cabriolé. Ri mais uma vez e caminhei na direção da loja de roupas usadas.

Lá, a principal dificuldade foi fazer o lojista entender que eu de fato queria roupas usadas. Após tentativas frustradas de me empurrar casacos e calças novos e inviáveis, começou a trazer pequenas pilhas de roupas usadas, sempre com um ar misterioso e lançando insinuações. Fazia isso com a clara intenção de dizer que "estava ciente do meu ramo de atividades", para me intimidar, por medo de expor-se, a pagar caro pelas compras. Achava que eu era um homem em dificuldades ou um criminoso da alta classe vindo do outro lado do oceano – de qualquer modo, alguém ansioso por evitar a polícia.

Discuti com ele sobre a diferença abusiva entre os preços pedidos por ele e os valores dos produtos, e quase consegui convencê-lo, mas ele se empenhou bastante em conduzir aquele negócio difícil com um cliente difícil. No final, escolhi uma calça resistente, mas bem usada, uma jaqueta puída com apenas um botão restante, um par de borzeguins que certamente havia sido usado numa carvoaria, um cinto de couro bem fino e um boné de tecido muito sujo. As roupas de baixo e as meias, no entanto, eram novas e quentes, do tipo que qualquer mendigo norte-americano, mesmo numa maré de azar, poderia adquirir com facilidade.

"Devo admitir que o senhor é esperto", ele disse, com falsa admiração, enquanto eu lhe dava os dez xelins finalmente acertados pelo traje. "Tenho certeza de que o senhor já frequentou muito a Petticoat Lane[2]. Qualquer um daria cinco xelins pela sua calça, um estivador pagaria dois xelins e seis *pence* pelos sapatos, isso pra não falar do casaco, do boné e da camiseta de foguista, entre outras coisas."

"Quanto me dá por tudo isto?", perguntei à queima-roupa.

"Paguei dez xelins, mas vendo tudo de volta para você por oito! Combinado?"

Ele deu um largo sorriso e balançou a cabeça afirmativamente. Embora eu tivesse feito um bom negócio, tinha a desagradável consciência de que ele fizera um negócio muito melhor.

Encontrei o condutor discutindo com um policial, mas este, depois de me examinar com um olhar cortante e de olhar particularmente o volume que eu trazia sob o braço, virou-se e deixou o condutor brigando sozinho. E ele não ia arredar pé dali até que eu lhe pagasse os sete xelins e seis *pence*. Depois disso me levaria aos confins da terra, e desculpou-se muito pela insistência, alegando que há muitos clientes esquisitos em Londres.

Mas acabou me levando apenas até Highbury Vale, no norte de Londres, onde estava minha bagagem. No dia seguinte deixei os sapatos (não sem lamentar a perda da leveza e do conforto que me proporcionavam), o terno cinza de tecido macio com que viajara até então – na realidade, deixei ali toda a minha roupa; comecei a me vestir com as roupas de outros homens, inimagináveis, que de fato deviam ser uns desafortunados para terem de vender aqueles trapos pelas quantias mesquinhas oferecidas pelas lojas de roupas usadas.

---

2. Lugar em Londres onde há um tradicional mercado de rua especializado em roupas usadas.

No avesso da camiseta de foguista, debaixo da axila, costurei um soberano[3] de ouro (quantia certamente modesta para alguma emergência); e me enfiei dentro da camiseta. Aí sentei-me e lancei-me a reflexões morais sobre os bons tempos de sorte, que tinham tornado minha pele macia e deixado os nervos quase à flor da pele. A camiseta era áspera e grosseira como um desses cilícios usados em penitência, e tenho certeza de que nem o mais austero dos ascetas sofreu mais do que sofri nas 24 horas que se seguiram.

Foi fácil vestir o restante do traje, embora os borzeguins, ou melhor, as chancas, constituíssem um problema. Duros e inflexíveis como se fossem de madeira, só consegui meter os pés dentro deles depois de sovar prolongadamente as partes de cima com os punhos por um bom tempo. Então, munido de alguns xelins, uma faca, um lenço, tabaco e algumas folhas de papel pardo escondidas no bolso, desci lentamente as escadas e despedi-me dos amigos agourentos. Ao cruzar a porta, a "criada", uma mulher de meia-idade, não conseguiu controlar um riso que, num ato involuntário de simpatia, irrompeu dos seus lábios, abrindo-os até ser possível avistar a garganta que, por sua vez, emitia os sons animalescos que costumamos chamar de "gargalhada".

Assim que saí às ruas fiquei impressionado com a diferença de *status* produzida pelas roupas. Toda a servilidade desapareceu do comportamento da gente com que travei contato. *Presto*! Num piscar de olhos, por assim dizer, eu me tornara um deles. A jaqueta rasgada e de cotovelos puídos era o emblema e o anúncio da minha classe, que era a classe deles. Ela fazia de mim um igual e, em vez da bajulação e da atenção excessivamente respeitosa que recebera até então, eu agora dividia com eles o companheirismo. O homem de calças caneladas e lenços sujos já não se dirigia a

---

3. Moeda britânica de ouro no valor de 20 xelins ou uma libra (fora de circulação).

mim como "senhor" ou "chefe". Eu agora era um "companheiro" – palavra agradável e cordial, que tem uma vibração, um calor e uma alegria que o outro termo não possui. Chefe! O termo cheira a controle, poder e autoridade – o tributo que os de baixo pagam aos de cima, na esperança de que um dia estes sejam um pouco mais tolerantes com aqueles, o que é outro modo de dizer que se trata de um pedido de esmola.

Isso tudo contribuiu para o prazer que experimentei vestido com trapos e farrapos, prazer negado à média dos norte-americanos em viagem. O viajante que sai dos Estados Unidos para a Europa, e que não é rico como Creso[4], rapidamente é submetido a um estado crônico de sordidez pelas hordas de ladrões e bajuladores que atravancam seu caminho de manhã até a noite e que depenam sua carteira de um modo que faria corar até mesmo os usurários que trabalham com juros compostos.

Com meus trapos e farrapos, escapei da peste das gorjetas e encontrei os homens em pé de igualdade. Antes do final do dia, tinha mudado de posição e, muito agradecido, disse "Obrigado, senhor" a um cavalheiro que deixara cair um pêni na palma da minha mão por eu ter tomado conta do seu cavalo.

Descobri outras mudanças que o novo traje imprimira à minha condição: ao atravessar ruas de muito tráfego, notei que precisava ser mais esperto para fugir dos veículos, e fiquei muito impressionado com o fato de minha vida ter sido depreciada em proporção direta às roupas que usava. Antes, quando pedia informações a um policial, ele geralmente perguntava: "Ônibus ou fiacre, senhor?". Agora perguntavam: "A pé ou de carona?". Do mesmo modo, nas estações de trem me empurravam um bilhete de terceira classe sem maiores questionamentos.

---
4. Rei da Lídia (560-547 a.C.), famoso por sua riqueza.

Mas tudo isso tinha suas compensações. Pela primeira vez fiquei cara a cara com as classes baixas inglesas e as conheci de perto. Quando vagabundos e trabalhadores, nas esquinas e botequins, conversavam comigo, conversavam como um homem conversa com outro, e conversavam como homens comuns deveriam conversar, sem a menor intenção de obter alguma coisa em função do que falassem ou do modo como falassem.

Quando finalmente cheguei ao East End, percebi satisfeito que o temor da multidão já não me assombrava. Tornara-me parte dela. Aquele mar imenso e fétido havia me arrebatado, ou talvez eu tivesse mergulhado nele de mansinho, percebendo que não havia nada a temer ali – a não ser a áspera camiseta de foguista.

Capítulo 2

JOHNNY UPRIGHT

Não vou lhe dizer o endereço de Johnny Upright. Basta dizer que ele mora na rua mais respeitável do East End – uma rua que, na América, seria considerada muito miserável, mas que no deserto do leste de Londres é um verdadeiro oásis. Cercada de todos os lados pela imundície e por vielas apinhadas por uma geração de gente jovem, desprezível e suja, suas calçadas estão relativamente desimpedidas de crianças que não têm outro lugar para brincar, o que contribui para o ar de abandono, tão poucas são as pessoas que circulam por ali.

Cada casa dessa rua, assim como de todas as ruas, é encostada na do vizinho. Para cada uma há apenas uma entrada, pela porta da frente; e cada casa tem cerca de seis metros de frente, com um quintalzinho cercado por um muro de tijolos, de onde, quando não está chovendo, pode-se ver o céu cinza-azulado. Mas é preciso entender que aqui, para os padrões do East End, estamos falando de opulência. Algumas pessoas desta rua estão tão bem de vida que têm até "criada". Johnny Upright tem uma, eu bem sei, e foi ela a primeira pessoa que conheci naquele lugar *sui generis*.

Fui até a casa de Johnny Upright, e a "besta de carga" veio abrir a porta. Agora, preste atenção: sua posição era lamentável e desprezível, mas ela me olhava com ar de lamento e desprezo. Demonstrava claramente o desejo de que nossa conversa fosse a mais breve possível. Era domingo, e Johnny Upright não estava em casa – e era tudo. Mas eu me alonguei, querendo saber se aquilo era mesmo verdade, até que a senhora Johnny Upright fosse atraída até a porta, onde repreendeu a garota por não tê-la fechado na minha cara antes de ter me dado atenção.

Não, o senhor Johnny Upright não estava em casa e, além disso, não recebia ninguém aos domingos. É uma pena, eu disse. Estava procurando trabalho? Não, pelo contrário; na verdade, vim ver Johnny Upright para tratar de um negócio que pode ser lucrativo para ele.

Imediatamente tudo mudou de figura. O senhor em questão estava na igreja, mas estaria em casa em mais ou menos uma hora, quando sem dúvida poderia me receber.

Gostaria de entrar? – Não, a senhora não perguntou isso, embora eu tenha tentado cavar um convite dizendo que iria até a esquina e esperaria na taberna. Desci até a esquina, mas, por ser hora da igreja, o *pub* estava fechado. Caía um chuvisco miserável e, na falta de algo melhor, sentei-me na soleira de uma porta vizinha e esperei.

A "besta de carga" veio até a soleira da porta e, muito desgrenhada e sem jeito, disse que a patroa me convidava para esperar na cozinha.

"Vem tanta gente aqui procurar trabalho", explicou a senhora Johnny Upright, desculpando-se. "Espero que não tenha se ofendido com minha pergunta."

"De jeito nenhum", respondi com o meu gesto mais nobre, recobrindo os trapos com uma dignidade especial. "Entendo bem, posso lhe assegurar. Suponho que essa gente procurando trabalho deve quase matá-los de aborrecimento."

"Isso eles fazem", ela respondeu, com um olhar eloquente e expressivo; e aí me levou não para a cozinha, mas para a sala de jantar – uma concessão, pensei, em recompensa ao meu nobre gesto.

A sala de jantar, no mesmo andar da cozinha, ficava cerca de um metro abaixo do nível do solo e era tão escura (era meio-dia) que tive de esperar alguns instantes até meus olhos se acostumarem à escuridão. A luz turva era filtrada por uma janela, cuja parte superior ficava no nível da calçada, e descobri que aquela luz era suficiente para ler o jornal.

Enquanto espero a chegada de Johnny Upright, deixe-me explicar o objetivo da minha viagem. Enquanto estivesse vivendo, comendo e dormindo com o povo do East End, minha intenção era manter um porto seguro, não muito distante dali, ao qual pudesse correr de vez em quando para me assegurar de que limpeza e boas roupas ainda existiam no mundo. Nesse porto também poderia receber minha correspondência, trabalhar em minhas anotações e eventualmente mudar os trajes para sair à civilização.

Mas isso representava um dilema. Um alojamento onde meus pertences estivessem seguros implicava a existência de uma senhoria, que poderia levantar suspeitas a respeito de um senhor que levava vida dupla; ao passo que uma senhoria que não se incomodasse com a vida dupla dos seus hóspedes significaria acomodações onde os pertences não estariam seguros. A resolução desse dilema foi o que me levou até Johnny Upright. Um detetive com 30 e tantos anos de serviços no East End, amplamente conhecido por um apelido que lhe fora dado por um criminoso das docas, era o homem certo para me indicar uma senhoria honesta e tranquilizá-la em relação às estranhas idas e vindas, pelas quais eu poderia ser incriminado.

As duas filhas chegaram da igreja antes dele – eram duas meninas bonitas com suas roupas de domingo; ademais, era aquela beleza frágil e delicada que caracteriza as moças *cockney*, uma beleza que não é mais do que uma promessa atemporal, fadada a desaparecer rapidamente como as cores do céu no entardecer.

Elas me examinaram com franca curiosidade, como se fosse algum tipo de animal estranho, e passaram a me ignorar completamente durante toda a espera. Logo em seguida, Johnny Upright chegou, e fui chamado a conferenciar com ele no andar de cima.

"Fale mais alto", disse, interrompendo minhas palavras iniciais. "Peguei um resfriado forte e não estou ouvindo muito bem."

Um truque do velho detetive Sherlock Holmes! Fiquei me perguntando onde estava escondido o assistente encarregado de anotar as informações que eu lhe desse em voz alta. Até hoje, por mais que conheça Johnny Upright e por mais que tenha quebrado a cabeça em torno do incidente, nunca consegui saber se ele estava mesmo resfriado ou se tinha algum assistente de plantão na sala ao lado. Mas de uma coisa tenho certeza: embora tenha apresentado a Johnny Upright os fatos referentes a mim e ao meu projeto, ele guardou seu julgamento para o dia seguinte, quando furtivamente fui até sua casa vestido convencionalmente e num fiacre. Nessa ocasião, cumprimentou-me cordialmente e me levou à sala de jantar para tomar chá com a família.

"Aqui somos humildes", disse, "não somos dados a exterioridades, e deve nos ver pelo que somos, na nossa maneira humilde".

As garotas ficaram enrubescidas e constrangidas ao me cumprimentar, e ele não facilitou nada para elas.

"Ha! Ha!", vociferou, batendo a mão aberta na mesa e fazendo a louça tilintar. "Ontem as meninas pensaram que você tinha vindo pedir um pedaço de pão! Ha! Ha! Ho! Ho! Ho!"

Elas negaram indignadas, com os olhos arregalados e as bochechas vermelhas de culpa, como se fosse essencial ao verdadeiro refinamento a capacidade de distinguir sob trapos um homem que não tinha nenhuma necessidade de andar maltrapilho.

Enquanto comia pão com geleia de laranja, seguiu-se uma cena desencontrada, as filhas julgando como um insulto à minha pessoa o fato de me confundirem com um mendigo e o pai considerando o mais alto elogio à minha inteligência conseguir me fazer passar por um.

Apreciei tudo aquilo – o pão, a geleia e o chá – até chegar a hora de Johnny Upright me arranjar um alojamento, o que ele fez, num lugar a poucos metros dali, naquela mesma rua respeitável e opulenta, numa casa parecidíssima com a dele.

Capítulo 3

MINHAS ACOMODAÇÕES E ALGUMAS OUTRAS

Para os padrões da região leste de Londres, o quarto que aluguei por seis xelins, ou um dólar e meio, semanais, era a coisa mais confortável do mundo. Para os padrões americanos, ele era grosseiramente mobiliado, desconfortável e pequeno.

Quando acrescentei uma ordinária mesinha de máquina de escrever ao escasso mobiliário, ficou difícil me mover lá dentro; na melhor das hipóteses, conseguia me movimentar numa espécie de progressão vermicular que requeria grande destreza e presença de espírito.

Depois de me acomodar, ou melhor, de acomodar os meus bens, vesti as roupas de guerra e saí para um passeio. Com a imagem das acomodações ainda frescas na memória, comecei a observá-las, imaginando ser eu um jovem com mulher e família numerosa.

Minha primeira descoberta foi que as casas desocupadas eram poucas e distantes entre si – na realidade tão raras e distantes que, embora andasse quilômetros descrevendo círculos irregulares por uma área extensa, não avançava muito. Não conseguia achar sequer uma casa vazia – prova conclusiva de que o distrito estava "saturado".

Quando cheguei à conclusão de que um jovem pobre com família não poderia alugar nenhuma casa naquela região tão inóspita, comecei a procurar quartos, quartos não mobiliados, nos quais pudesse alojar minha mulher, os bebês e os móveis.

Não havia muitos, mas encontrei alguns, geralmente no singular, pois um quarto parecia ser considerado suficiente para uma família pobre cozinhar, comer e dormir. Quando pedia dois quartos, as sublocatárias me olhavam de um modo muito parecido, imagino, com que um certo personagem olhava para Oliver Twist quando ele pedia mais comida.

Um quarto não só era considerado suficiente para uma família pobre, mas soube que muitas famílias, ocupando um quarto, tinham espaço de sobra para receberem um ou dois hóspedes. Se tais quartos podem ser alugados por algo entre três e seis xelins semanais, a conclusão lógica é que um hóspede com referências deveria conseguir um espaço no chão por, digamos, algo entre oito *pence* e um xelim. Por alguns xelins a mais, ele pode hospedar-se até mesmo na casa das sublocatárias. Mas isso não consegui averiguar – o que foi um erro da minha parte, considerando-se que trabalhava com a ideia de uma família hipotética.

Fiquei sabendo que não eram apenas as casas que visitei que não tinham banheiras, mas que também não havia banheiras nos milhares de casas que eu vira. Naquelas circunstâncias, com mulher, filhos pequenos e um par de hóspedes sofrendo com a amplidão excessiva de um quarto, tomar banho numa bacia de lata seria tarefa impossível. Mas a compensação viria com a economia de sabão; daí estaria tudo bem, com a graça de Deus.

Mas não aluguei nenhum quarto e voltei para o meu, na rua de Johnny Upright. E com minha mulher, crianças e inquilinos e os vários cubículos nos quais eu os havia enfiado, minha visão mental tinha se afunilado, e eu não conseguia avistar todo o quarto de uma vez. Sua imensidão era admirável.

Seria possível tê-lo alugado por apenas seis xelins semanais? Impossível! Mas minha senhoria, ao bater na porta para saber se estava tudo bem, desfez minhas dúvidas.

"Sim, senhor", disse ela, respondendo minha pergunta. "Esta rua é a última. Todas as outras ruas eram assim oito ou dez anos atrás, e todas as pessoas eram muito respeitáveis. Mas as outras expulsaram a gente do nosso tipo. Só sobraram as pessoas desta rua. É terrível, senhor!"

Explicou o processo de saturação, com o qual o valor dos aluguéis subiu e o padrão baixou.

"O senhor vê, gente do nosso tipo não está acostumada a se aboletar como eles fazem. Precisamos de mais espaço. Eles, estrangeiros e gente baixa, põem cinco ou seis famílias numa casa desta, onde nós só conseguimos enfiar uma. E aí podem pagar mais pelo aluguel da casa do que a gente. É realmente terrível, senhor; e pensar que poucos anos atrás esta era uma região tão fina quanto se possa imaginar."

Olhei para ela. Ali estava uma mulher da mais fina estirpe da classe trabalhadora inglesa, com numerosos indícios de refinamento, sendo lentamente engolfada pela pútrida e malcheirosa onda de humanidade que os poderes constituídos estão empurrando para fora de Londres. Bancos, fábricas, hotéis e prédios de escritório precisam ser construídos, e a gente pobre é uma raça nômade; daí migram para o leste, em ondas, saturando e degradando região por região, obrigando a classe melhor de trabalhadores que os precederam a se aventurar, como pioneiros, para os limites da cidade, ou degradando-os, se não na primeira geração, certamente na segunda ou na terceira.

É só uma questão de meses para que a rua de Johnny Upright também seja tomada. Ele sabe disso.

"Em alguns anos", diz, "o contrato do meu aluguel termina. Meu senhorio é do nosso tipo. Não aumentou o aluguel de nenhuma das casas, e isso permitiu que ficássemos. Mas qualquer dia ele pode querer vender, ou pode morrer, o que pra gente dá no mesmo. A casa é comprada por um especulador, que monta uma dessas lojas que escraviza empregados no quintal lá no fundo, onde agora está minha parreira, amplia a casa e aluga um quarto para cada família. Pronto! Johnny Upright vai pra rua".

E eu de fato podia ver Johnny Upright, sua boa esposa, as belas filhas e a criada desgrenhada fugindo para o leste, como fantasmas em meio à escuridão, a cidade monstruosa rugindo no seu encalço.

Mas Johnny Upright não está sozinho em sua fuga. Longe, bem longe, nas franjas da cidade, vivem pequenos negociantes, administradores e comerciantes bem-sucedidos. Vivem em chalés e casas geminadas, com pequenos jardins floridos, amplidão e lugar para respirar. Eles se enchem de orgulho e estufam o peito quando contemplam o Abismo do qual escaparam, e agradecem a Deus por não serem como os outros homens. Vejam! Na direção deles vem, lá embaixo, Johnny Upright, a cidade monstruosa em seu encalço. Casas brotam do chão como num passe de mágica, jardins desaparecem, casas geminadas são divididas e subdivididas em muitas moradias, e a noite escura de Londres cobre tudo com seu manto ensebado.

Capítulo 4

O HOMEM E O ABISMO

"A senhora tem algum quarto pra alugar?"

Lancei essas palavras displicentemente para uma senhora corpulenta e idosa, proprietária de um café ensebado lá embaixo, não muito longe de Limehouse.

"Pois sim", respondeu secamente, talvez por minha aparência não corresponder ao padrão de afluência requerido pela sua casa.

Eu não disse mais nada e consumi em silêncio minha fatia de toucinho e uma enjoativa caneca de chá. Não se interessou mais por mim até eu tirar dez xelins do meu bolso para pagar minha parte (quatro *pence*). Produziu-se o resultado esperado.

"Tenho sim, senhor", voluntariou-se imediatamente; "tenho ótimas acomodações, que certamente lhe agradariam. Chegando de viagem, senhor?".

"Quanto custa o quarto?", perguntei ignorando sua curiosidade.

Francamente surpresa com a pergunta, ela me mediu de cima a baixo. "Não alugo quartos, nem para meus hóspedes regulares, muito menos para os eventuais."

"Então vou ter de procurar por aí", disse, com evidente desapontamento.

Mas a visão dos meus dez xelins a deixara alerta. "Posso oferecer uma ótima cama com dois outros rapazes", apressou-se. "Rapazes bons, respeitáveis e 'sérios.'"

"Mas não quero dormir com dois rapazes", objetei.

"Mas não precisa dormir. Há três camas no quarto, que não é muito pequeno."

"Quanto?", perguntei.

"Dois xelins e meio por semana, dois xelins e seis *pence* para hóspedes regulares. Tenho certeza de que vai gostar dos rapazes. Um trabalha no armazém e está comigo há dois anos. O outro está comigo há seis – seis anos e dois meses no próximo sábado, senhor. Trabalha como contrarregra no teatro", continuou. "Um rapaz sério, respeitável, nunca faltou ao trabalho em todo o tempo que está comigo. E gosta da minha casa; diz que é o melhor que pode ter em termos de hospedagem. Dou pensão pra ele, e pros outros hóspedes também."

"Suponho que ele esteja guardando dinheiro", insinuei com inocência.

"Deus te ouça, mas acho que não! E por essa quantia não estaria mais bem hospedado em outro lugar."

Pensei no meu espaçoso Oeste, com ampla vista para o céu e ar suficiente para mil cidades do tamanho de Londres; e ali estava aquele homem, um homem sério e confiável, frugal e honesto, que nunca faltava ao trabalho, hospedado num quarto com dois outros rapazes, pagando dois dólares e meio mensais e declarando, do fundo da sua experiência, que aquilo era o melhor que poderia obter! E ali estava eu, com a força dos meus dez xelins no bolso, pronto para entrar com meus trapos e ocupar uma cama ao seu lado. A alma humana é muito solitária, mas deve sentir-se muito mais solitária quando há três camas num quarto e qualquer um com dez xelins no bolso pode ocupar uma delas.

"Faz quanto tempo que está aqui?", perguntei.

"Treze anos. O senhor acha que vai gostar do quarto?"

Durante toda a conversa, arrastou-se pesadamente pela

pequena cozinha, onde preparava a comida para os hóspedes que também eram pensionistas. Quando entrei, ela trabalhava pesado, e durante a conversa não diminuiu o ritmo em nenhum momento. Sem dúvida era uma mulher ativa. "Levanto às cinco e meia", "vou pra cama tarde da noite", "trabalho até cair" – 13 anos assim e, como recompensa, os cabelos brancos, as roupas desalinhadas, os ombros curvados, a aparência desleixada, a labuta sem fim num café malcheiroso que dava para um beco, três metros de parede a parede, numa ribanceira feia e repugnante, para dizer o mínimo.

"Vai voltar para dar uma olhada?", perguntou, ansiosa, enquanto eu saía.

Quando me virei e olhei para ela, entendi a verdade profunda contida naquele velho e sábio ditado: "A virtude é sua própria recompensa".

Voltei até ela. "Você alguma vez tirou férias?", perguntei.

"Férias!"

"Uma viagem de alguns dias para o campo, ar puro, um dia de folga, sabe, um descanso."

"Deus me perdoe", riu, interrompendo o trabalho pela primeira vez. "Férias, hein? Pra gente como eu? Imagine! – Cuidado com o degrau!", disse isso para mim bruscamente, enquanto eu tropeçava na soleira apodrecida.

Lá embaixo, perto da West India Dock, encontrei um jovem camarada olhando desconsolado para a água barrenta. Tinha um gorro de foguista de navio caído sobre os olhos, e o feitio e o caimento das suas roupas sugeriam que era um homem do mar.

"Olá, companheiro", cumprimentei, puxando conversa. "Pode me dizer como chego até Waping?"

Ele imediatamente identificou minha nacionalidade e respondeu com uma pergunta: "Você veio pra cá nalgum navio transportador de gado?".

A partir daí engatamos uma conversa que se estendeu a uma taberna e a algumas canecas de *half and half*, uma mistura de cerveja escura com cerveja clara. Isso produziu uma certa intimidade entre nós, de modo que quando trouxe à luz um xelim em moedas (que fiz questão de dizer que eram minhas), e separei seis *pence* para o pernoite e seis *pence* para mais *half and half*, ele generosamente propôs que bebêssemos todo o xelim.

"Meu companheiro de quarto amarrou um fogo ontem à noite", explicou. "E os tiras levaram ele. Então você pode dormir no meu quarto. O que acha?"

Disse que achava bom. Depois de nos encharcarmos com mais um xelim de cerveja e passarmos a noite numa cama miserável num cubículo igualmente miserável, eu sabia tudo sobre ele. E ele de algum modo representava grande parte dos trabalhadores de Londres, como a experiência me demonstrou posteriormente.

Ele nascera em Londres, de um pai foguista e beberrão. Quando criança, sua casa foram as ruas e as docas. Nunca aprendeu a ler e nunca sentiu necessidade – dizia que era uma habilidade vã e inútil para um homem na sua posição.

Tivera mãe e vários irmãos e irmãs ruidosos, que viviam apinhados em dois quartos e dividiam uma comida pior e menos constante do que aquela que ele geralmente arranjava sozinho. Na verdade, nunca ia para casa, a não ser quando não conseguia a própria comida. Furtando ninharias e mendigando nas ruas e docas, uma ou outra viagem ao mar trabalhando como garçom, mais algumas viagens como carregador de carvão, tornara-se foguista habilitado, o que para ele significava o topo.

Ao longo da vida, construíra uma filosofia de vida, uma filosofia feia e repulsiva, mas que também tinha sua lógica e sua razão de ser. Quando lhe perguntei qual era a sua razão de viver, respondeu imediatamente: "Bebida". Uma viagem ao mar (pois um homem deve trabalhar para obter seus meios), e aí vinha o pagamento e a grande bebedeira final. Depois disso, pequenas bebedeiras ocasionais, mendigadas nos *pubs* a companheiros como eu, que dispunham de alguns cobres a mais, e, terminada a mendicância, outra viagem ao mar e a repetição do ciclo brutal.

"E as mulheres?", perguntei depois de ele declarar a bebida como fim único da sua existência.

"Mulheres!" Bateu a caneca no balcão e discursou com eloquência. "Aprendi a não mexer com mulheres; não compensa, companheiro, não compensa. O que um homem que nem eu vai querer das mulheres, hein? Me diga. Tive minha mãe, e já foi o suficiente. Falava sem parar na nossa cabeça e fazia o meu velho se sentir miserável quando vinha pra casa, o que ele fazia raramente, tenho de admitir. E por que ele não vinha? Por causa da minha mãe! Ela não fazia a casa dele feliz, era por isso. E as outras mulheres, como é que elas tratariam um pobre foguista como eu, com alguns xelins no bolso? Uma boa bebedeira é tudo o que ele tem no bolso, uma boa e longa bebedeira, e as mulheres pegam o dinheiro dele tão rápido que mal consegue tomar um copo. Sei muito bem. Tive minha experiência e sei como é. Vou lhe dizer uma coisa: onde há mulher há problema – berreiro, choradeira, briga, tumulto, e depois vêm a polícia, os juízes, um mês de trabalho forçado na prisão e nada de pagamento quando você sai de lá de dentro."

"Mas mulher e filhos", insisti. "Uma casa sua e tudo o mais. Imagine você voltando de viagem, as crianças subindo na sua perna, a mulher feliz e sorridente, um beijo em você enquanto ela põe a mesa, e um beijo dos bebês antes de irem pra cama, o apito da chaleira e o longo relato sobre onde você esteve e tudo o que viu, e ela contando sobre os acontecimentos domésticos na sua ausência..."

"Bobagem!", gritou, amistosamente batendo seu punho no meu ombro. "Que brincadeira é essa? Uma mulher me beijando, as crianças subindo na minha perna e a chaleira apitando, tudo isso por quatro libras e dez xelins mensais quando você arranja trabalho num navio, e por absolutamente nada quando não arranja. Vou lhe dizer o que consigo com quatro libras e dez xelins mensais: uma mulher dando bronca, crianças berrando, nada de carvão para fazer a chaleira apitar e a chaleira no prego, é isso que conseguiria. Suficiente para ficar feliz em voltar pro mar. Uma mulher! Pra quê? Pra fazê-lo miserável? Filhos? Ouça meu conselho, companheiro, melhor não tê-los. Olhe pra mim! Posso tomar minha cerveja quando quero, sem uma bendita mulher e crianças chorando por pão. Estou feliz, estou mesmo, com minha cerveja e companheiros como você, um bom navio chegando e a promessa de outra viagem pro mar. É o que digo, vamos pedir outro copo. Um *half and half* pra mim."

Não é preciso ir mais longe no discurso desse camarada de 22 anos. Acho que já dei indicações suficientes sobre sua filosofia de vida e a razão econômica subjacente a ela. Uma vida familiar que jamais conheceu. A palavra "casa" despertava nele apenas associações desagradáveis. Nos baixos proventos do pai e de outros homens da mesma condição social, encontrou razões suficientes para estigmatizar mulher e filhos como estorvos e causas da miséria masculina. Hedonista inconsciente, completamente amoral e materialista, buscava o máximo de felicidade para si, e a encontrou na bebida.

Um jovem beberrão. Uma ruína prematura. Fisicamente incapaz de trabalhar como foguista. Era a sarjeta ou o asilo. E o fim. Enxergava isso tão claramente quanto eu, e não ficava aterrorizado. Desde que nasceu, todas as forças do seu meio concorreram para endurecê-lo, e via seu inevitável e desgraçado futuro com uma frieza e uma indiferença que eu era incapaz de abalar.

Mas ele não era mau. Não era intrinsecamente corrompido ou brutal. Tinha uma inteligência normal e uma constituição física acima da média. Os olhos eram azuis e redondos, sombreados por longos cílios, e bem separados entre si. Tinham um ar sorridente e do fundo deles emanava um certo humor. O rosto e os traços gerais eram bons, a boca e os lábios delicados, embora já marcados por uma curva sombria. O queixo era frágil, mas não demais; já vi homens em altas posições com queixos mais frágeis.

Sua cabeça era bem proporcionada e tão graciosamente equilibrada sobre o pescoço perfeito que não me surpreendi ao vê-lo se despir antes de ir para a cama naquela noite. Vi muitos homens tirarem a roupa, em ginásios e alojamentos militares, homens de bom sangue e boa educação, mas nunca um de corpo tão perfeito quanto o daquele jovem beberrão de 22 anos, um jovem deus fadado à ruína completa em quatro ou cinco breves anos, e a morrer sem que a posteridade recebesse a esplêndida herança que lhe cabia deixar.

Era um sacrilégio desperdiçar uma vida assim, mas devo confessar que ele tinha razão em não querer se casar ganhando um salário de quatro libras e dez xelins em Londres. O mesmo ocorria com o contrarregra, que era mais feliz com o que ganhava num quarto dividido com outros homens do que teria sido se tivesse que se enfiar com uma família enfermiça num quarto mais barato, sem conseguir viver com o que ganhava.

Dia após dia, fui sendo convencido de que não só era insensato, mas criminoso que o povo do Abismo se casasse. Eles são as pedras que o construtor rejeitou. Não há lugar para eles no edifício social, e todas as forças da sociedade os puxam para baixo, até que pereçam. No fundo do Abismo estão os fracos, os estúpidos e os imbecis. Quando se reproduzem, a vida que nasce deles é tão precária que forçosamente perece. Estão sujeitos às engrenagens do mundo, do qual não desejam e nem estão aptos a participar. Além do mais, o mundo não precisa deles. Há muitos homens muito mais aptos, que escalam a ladeira íngreme e lutam furiosamente para não escorregar.

Em resumo, o Abismo londrino é um imenso matadouro. Ano após ano, década após década, o interior da Inglaterra despeja ali uma enxurrada de pessoas vigorosas, que não só não se reproduzem, mas perecem na terceira geração. As autoridades competentes afirmam que o trabalhador londrino cujos pais e avós nasceram em Londres é uma espécie rara, muito difícil de encontrar.

O senhor A. C. Pigou escreveu que os idosos pobres e os membros do que se convencionou chamar de "as classes mais necessitadas e carentes" constituem 7,5% da população de Londres. Isso quer dizer que no ano passado, e ontem, e hoje, e neste exato momento, 450 mil criaturas morrem miseravelmente no fundo desse inferno social chamado "Londres". Sobre como eles morrem, há um caso ilustrativo no jornal desta manhã.

AUTONEGLIGÊNCIA

Ontem o dr. Wynn Westcott conduziu um inquérito em Shoreditch sobre a morte de Elizabeth Crews, de 77 anos, moradora da East Street, 32, bairro de Holborn, que morreu na quarta-feira última. Alice Mathieson declarou-se senhoria da casa onde a falecida vivia. A testemunha a viu pela última vez, com vida, na segunda-feira anterior. Ela vivia bastante só. O senhor Francis Birch, policial substituto no distrito de Holborn, declarou que a falecida ocupou o mencionado quarto por 35 anos. Quando a testemunha foi chamada, encontrou a velha senhora em estado terrível, e a ambulância e o cocheiro tiveram de ser desinfetados depois da remoção. O doutor Chase Fennell disse que a morte se deveu a uma infecção sanguínea causada por escaras, ocasionadas por autonegligência e pelo ambiente sujo, e o júri deu um veredicto disso.

O mais alarmante sobre esse pequeno incidente envolvendo a morte de uma mulher é a complacência com que as autoridades examinaram e emitiram o julgamento. Que uma velha senhora de 77 anos de idade tenha morrido de AUTONEGLIGÊNCIA é a maneira mais otimista possível de encarar o fato. A culpa por ter morrido foi da velha morta e, uma vez identificada a responsabilidade, a sociedade segue satisfeita, para resolver outras questões.

Sobre "as classes mais necessitadas e carentes" o senhor Pigou disse:

> Seja por falta de força física, inteligência, fibra, ou de uma conjunção dessas três coisas, elas são formadas por trabalhadores ineficientes, indolentes e consequentemente incapazes de se sustentar... Em geral são tão prejudicados intelectualmente que se mostram incapazes de distinguir a mão direita da esquerda ou de reconhecer os números de suas próprias casas; os corpos são fracos e sem energia, os afetos são pervertidos e raramente sabem o que significa a vida em família.

Quatrocentas e cinquenta mil pessoas é uma quantidade considerável. O jovem foguista era apenas um, e demorou algum tempo para dizer o pouco que disse. Juro que não gostaria de ouvir todos eles falando ao mesmo tempo. Mas será que Deus lhes dá ouvidos?

Capítulo 5

OS QUE ESTÃO À MARGEM

Minha primeira impressão da região leste de Londres naturalmente foi bem genérica. Os detalhes, fui percebendo-os aos poucos, aqui e ali, e em meio ao caos miserável encontrei lugares onde reinava certa felicidade – às vezes em fileiras inteiras de casas nas ruazinhas afastadas habitadas por artesãos, onde predomina uma espécie rudimentar de vida em família. À noite, os homens podem ser vistos à porta, cachimbos na boca e crianças nos joelhos, mulheres fofocando, risadas e diversão. O contentamento deles é evidentemente grande, já que são ricos em comparação com a desgraça circundante.

Mas trata-se, na melhor das hipóteses, de uma felicidade estúpida, animalesca, o contentamento devido à mera sensação de barriga cheia. A nota dominante de suas vidas é materialista. São estúpidos, pesados, sem imaginação. O Abismo parece exsudar uma atmosfera entorpecedora, que os envolve e amortece. A religião os ignora. O Invisível não lhes reserva nem terror nem prazer. Eles nem têm consciência do Invisível; a barriga cheia, o cachimbo noturno e a cerveja de sempre: isso é tudo o que exigem, ou pensam exigir, da existência.

Não seria tão ruim se isso fosse tudo, mas não é. O torpor satisfeito no qual estão imersos é a inércia mortal que antecede a dissolução. Não há nenhuma noção de progresso e, para eles, não progredir significa cair de volta no Abismo. Durante suas vidas, talvez apenas comecem a cair, deixando a queda ser completada por seus filhos e pelos filhos dos seus filhos. O homem sempre obtém da vida menos do que exige dela; e o povo do Abismo exige tão pouco que menos que esse pouco que conseguem não é suficiente para salvá-los.

A vida nas cidades, na melhor das hipóteses, não é algo natural para o ser humano, mas a vida em Londres foge tanto ao natural que a média dos trabalhadores e trabalhadoras não consegue suportá-la. Mente e corpo são exauridos por influências insidiosas e constantes. As energias morais e físicas ficam alquebradas e o bom trabalhador, recém-chegado do campo, já na primeira geração citadina torna-se um homem abatido e, na segunda geração, a despeito dos seus esforços e iniciativas, torna-se fisicamente incapaz de realizar o trabalho que seu pai fazia e já está no caminho do matadouro que o espera no fundo do Abismo.

Se não fosse por outros motivos, o ar que respira e do qual não pode escapar já seria suficiente para debilitá-lo mental e fisicamente, incapacitando-o para competir com os jovens viris que saem do campo e vêm a Londres para destruir e ser destruídos.

Sem falar nos germes que infectam o ar do East End, considere-se apenas o problema da fumaça. Sir William Thiselton-Dyer, diretor do Kew Gardens, tem realizado estudos sobre o acúmulo de fuligem na vegetação e, pelos seus cálculos, quase dez toneladas de matéria sólida, constituída de fuligem e hidrocarbonetos de alcatrão, depositam-se semanalmente em cada quilômetro quadrado de Londres e cercanias. Isso equivale a 520 toneladas anuais por quilômetro quadrado. Recentemente retiraram uma camada de sulfato de cálcio cristalizado da cornija sob o domo da

Catedral de St. Paul. A crosta formou-se devido à ação do ácido sulfúrico existente na atmosfera sobre o carbonato de cálcio das pedras. Esse ácido sulfúrico da atmosfera é respirado pelos trabalhadores de Londres durante todos os dias e noites de suas vidas.

É indiscutível que as crianças se tornam adultos fragilizados, pouco viris e sem energia, uma raça covarde, franzina, apática, que entra em colapso e é derrotada na luta cruel travada com as hordas que chegam do campo. Ferroviários, transportadores, motoristas de ônibus, carregadores de milho e madeira, todos esses cujos trabalhos demandam energia física em geral são originários do campo; e na Polícia Metropolitana há, por alto, 12 mil nascidos no campo ante 3 mil naturais de Londres.

Assim, é forçoso concluir que o Abismo é literalmente uma grande máquina destruidora de homens e, quando passo pelas ruazinhas afastadas e vejo os artesãos de barriga cheia nas portas, sinto mais pena deles do que dos 450 mil miseráveis perdidos e desesperançados que morrem no fundo do poço. Estes pelo menos estão morrendo, enquanto aqueles ainda têm de enfrentar as dores preliminares e lentas que se estenderão por duas e até mesmo três gerações.

Contudo é boa a qualidade da vida. Todas as potencialidades humanas estão ali. Dadas as condições adequadas, eles sobreviveriam aos séculos e dali brotariam grandes homens, heróis e senhores que tornariam o mundo melhor pelo simples fato de terem existido.

Conversei com uma mulher, representante daqueles que haviam sido expulsos para longe das ruazinhas afastadas e que tinham iniciado a fatal queda para o fundo do abismo. Seu marido era ajustador, membro do Sindicato dos Mecânicos. Evidente que era mau técnico, já que não conseguia emprego regular. Não tinha energia nem iniciativa suficientes para obter e manter um emprego estável.

O casal tinha duas filhas e os quatro viviam nuns buracos, que, por educação, chamarei de "quartos", pelos quais pagavam sete xelins semanais. Não tinham fogão e cozinhavam sobre uma espécie de *réchaud* improvisado na lareira. Não sendo gente de posse, não podiam fazer uso ilimitado do gás, mas uma máquina engenhosa havia sido instalada para o conforto deles. Colocando-se um pêni, o gás saía e, depois de fornecido o equivalente a um pêni, a máquina desligava automaticamente. "Um pêni acaba num instante", explicou, "e não dá tempo de cozinhar!".

A ameaça de fome era a ração que comiam havia anos. Mês após mês, levantavam-se da mesa querendo mais. Uma vez que começam a descer a ladeira, a desnutrição crônica é um fator determinante para exaurir a vitalidade e apressar a queda.

Essa mulher, no entanto, era uma trabalhadora resistente. Das quatro e meia da manhã até o apagar da última luz, como ela mesma dizia, mourejava forrando saias, pregando dois babados em cada uma, por sete xelins a dúzia. Notem bem: saias forradas e com dois babados por sete xelins a dúzia! Isso equivale a 1,75 dólar por dúzia, ou pouco mais de 14 *cents* por saia.

O marido, para conseguir emprego, teve de se filiar ao sindicato, que lhe cobrava um xelim e seis *pence* por semana. Quando havia greves e coincidia de estar trabalhando, ele era forçado a pagar até 17 xelins para o fundo de greve, como aconteceu algumas vezes.

Uma filha, a mais velha, trabalhara como aprendiz de costureira por um xelim e seis *pence* semanais – 37 *cents* e meio por semana, ou pouco mais de cinco *cents* por dia. Entretanto, quando o movimento diminuiu, ela foi dispensada, embora tivesse sido contratada por tão pouco com a promessa de aprender a profissão e progredir devagar. Depois disso trabalhou por três anos numa loja de bicicletas, onde recebia cinco xelins semanais, andando duas horas para chegar ao trabalho e duas para voltar, e sendo descontada pelos atrasos.

Para o homem e para a mulher, o jogo estava terminado. Tinham soltado pés e mãos e caíam no inferno. Mas e as filhas? Vivendo como porcas, enfraquecidas pela crônica má nutrição, exauridas mental, moral e fisicamente, que possibilidade tinham de rastejar para fora do Abismo rumo ao qual nasceram?

Enquanto escrevo, mais exatamente na última hora, acontece uma confusão generalizada no quintal que faz fundos com o meu. Quando ouvi os primeiros sons, achei que fossem latidos e rosnados de cães, e levaram alguns minutos para me convencer de que seres humanos, especialmente mulheres, pudessem produzir gritaria tão assustadora.

Mulheres bêbadas brigando! A ideia não é nada agradável, mas pior ainda é ouvi-las. Aconteceu mais ou menos assim:

Balbucios incoerentes, seguidos de gritos a plenos pulmões de várias mulheres. Calmaria, durante a qual se ouve uma criança chorando e a voz de uma menina em prantos, tentando interceder. Ouve-se a voz de uma mulher, estridente e desagradável: "Bate em mim! Bate!". E plaf! O desafio foi aceito, e a briga novamente se acirra.

As janelas dos fundos das casas, que dão vista para a cena, estão lotadas de espectadores entusiasmados. O som dos golpes e maldições de gelar o sangue atingem meus ouvidos. Felizmente não consigo ver as combatentes.

Calmaria. "Deixa a criança em paz!" A criança em questão, que gritava em absoluto terror, era evidentemente muito nova. Alguém repetia bem alto, umas 20 vezes: "Você vai levar esta pedra na cabeça!". Pelo grito que se seguiu, a pedra certamente atingiu a cabeça.

Calmaria. Uma das lutadoras parecia fora de combate e aparentemente estava sendo ressuscitada. Voz de criança novamente audível, agora numa nota mais grave de terror e crescente exaustão.

Vozes começavam a subir de tom, mais ou menos assim:
"Ah é?"
"É!"
"Ah é?"
"É!"
"Ah é?"
"É!"
"Ah é?"
"É!"

Feitas as declarações por ambos os lados, o conflito novamente recomeça. Uma combatente abre esmagadora vantagem, o que se pode depreender do modo como a outra combatente grita "maldita assassina". A maldita assassina gorgoleja e expira, sem dúvida sufocada por uma gravata.

Surgem novas vozes. Ataque de flanco. Gravata repentinamente desfeita, já que a maldita assassina solta um grito uma oitava acima. Tumulto generalizado. Todos lutam contra todos.

Calmaria. Uma nova voz, de uma menina: "Vou socorrer minha mãe". Um diálogo repetido umas cinco vezes: "Faço o que eu quero", "Quero só ver". O conflito é reavivado: mães, filhas, todo mundo. Nesse meio tempo, minha senhoria chama sua filhinha para dentro. E fico pensando em qual será o efeito disso tudo sobre sua constituição moral.

Capítulo 6

UM RELANCE DO INFERNO NA FRYING-PAN ALLEY

Éramos três descendo a Mile End Road, e um de nós era um herói. Ele era um rapaz esguio de 19 anos, tão frágil e franzino que, como acontecia com Fra Lippo Lippi[1], um golpe de vento seria capaz de dobrá-lo e derrubá-lo no chão. Era um jovem e ardoroso socialista, nos seus primeiros arroubos e pronto para o martírio. Discursando em palanques ou conduzindo assembleias, tivera papel ativo e arriscado nas várias reuniões a favor dos bôeres[2] que nos últimos anos vêm perturbando a serenidade da Feliz Inglaterra. Enquanto caminhávamos, ia me contando pequenas coisas: dos cercos que sofrera em parques e bondes; de quando teve de subir no palanque após o correligionário ter sido arrancado de lá pela multidão furiosa; do cerco numa igreja cujo santuário ele e outros três haviam tomado e, em meio a mísseis voadores e o quebrar de vitrais, lutaram com a multidão até serem resgatados por pelotões da polícia; das vertiginosas batalhas campais em escadarias, galerias e balcões; das janelas estilhaçadas, escadas derrubadas, salões destruídos, cabeças e ossos quebrados – e então, com um suspiro cheio de tristeza, olhou para mim e falou: "Como invejo vocês, homens grandes e fortes! Sou tão pequeno que pouco posso fazer quando a questão é brigar".

---

1. 1406-1469. Monge e pintor italiano nascido em Florença e patrocinado pelos Médici. Autor da pintura de muitos altares e de quadros da Virgem e de grupos de santos.
2. Sul-africanos descendentes dos colonizadores holandeses da África do Sul.

Andando com a cabeça e os ombros bem acima dos meus dois camaradas, eu me lembrava dos homens robustos do Oeste que eu, por minha vez, costumava invejar. Olhando para aquele jovem franzino e com um coração de leão, pensava que ele era do tipo que de vez em quando ergue barricadas e mostra ao mundo que os homens não se esqueceram de como morrer.

O outro camarada, um homem de 28 anos que laboriosamente ganhava sua existência precária numa pocilga, tomou a palavra:

"Sou um homem forte, sou mesmo", anunciou. "Não sou que nem os outros rapazes que trabalham na loja, não mesmo. Eles acham que sou um bom exemplar da espécie humana. E sabem por quê? Porque peso 63 quilos!"

Fiquei envergonhado de dizer a ele que eu pesava mais de 77 quilos e me contentei em ouvir suas medidas. Pobre homenzinho malformado! A pele de coloração doentia, o corpo indecentemente retorcido e recurvado, o peito estreito, os ombros prodigiosamente encurvados pelas longas horas de labuta e a cabeça pesadamente projetada para a frente! Que tipo de homem robusto era aquele!

"Quanto você mede?"

"Um metro e 57", respondeu com orgulho. "Os outros rapazes da loja..."

"Leve-me até a loja", pedi.

Naquele momento a loja estava fechada, mas mesmo assim queria ir até lá. Passando a Leman Street, viramos à esquerda em direção a Spitalfields e mergulhamos na Frying-pan Alley. Ali, crianças atropelavam-se no calçamento lodoso, como uma multidão de girinos recém-metamorfoseados em sapos. Numa soleira estreita, tão estreita que tivemos de entrar de lado, uma mulher amamentava um bebê em peitos grosseiramente nus, formando um quadro que difamava tudo o que há de sagrado na maternidade. Atravessamos com dificuldade um corredor escuro e estreito, onde havia uma confusão de crianças, e chegamos a uma escada ainda mais estreita e também obstruída. Subimos três lances, e cada patamar, com uma área de 60 por 90 centímetros, estava abarrotado de sujeira e lixo.

Aquela abominação chamada casa tinha sete cômodos. Em seis deles, 20 e tantas pessoas dos dois sexos e de todas as idades cozinhavam, comiam, dormiam e trabalhavam. O tamanho médio dos cômodos era de 2,4 metros (m), ou talvez 2,7m. Entramos no sétimo cômodo. Era a pocilga na qual cinco homens "mourejavam". Tinha 2,10m de largura por 2,40m de comprimento, e a mesa na qual trabalhavam ocupava a maior parte do espaço. Sobre a mesa havia cinco formas de sapateiro e mal sobrava espaço para os homens ficarem em pé, já que o restante do espaço estava abarrotado com papelão, couro, feixes de peles e uma variedade de materiais usados para prender a pele ao solado.

No cômodo contíguo moravam uma mulher e seis crianças. Em outro buraco miserável morava uma viúva, com um único filho de 16 anos que estava morrendo de tuberculose. A mulher vendia doces na rua, disseram-me, e em muitos dias não conseguia trazer para o filho os três quartos de litro de leite de que necessitava. Além disso, esse filho, fraco e moribundo, não sentia o gosto da carne mais de uma vez por semana e a qualidade dessa carne não pode sequer ser imaginada por quem nunca viu porcos comerem.

"A tosse dele é horrível", adiantou-se para contar o companheiro mourejador, referindo-se ao garoto moribundo. "A gente ouve enquanto trabalha, é horrível, horrível demais!"

E, na conjunção de tosse e doces, encontrei mais uma ameaça às crianças que viviam naquele ambiente hostil.

Meu amigo mourejador, quando tinha de trabalhar, labutava com outros quatro homens no cômodo de 2,40m por 2,10m. No inverno, uma lamparina queimava quase o dia todo, despejando seus vapores no ar sobrecarregado que eles respiravam por horas e horas.

Nos períodos bons, quando havia bastante trabalho, disse que conseguia ganhar até "30 contos por semana". – Trinta xelins! Sete dólares e meio!

"Mas só os melhores conseguem ganhar isso", relativizou. "Trabalhamos 12, 13, 14 horas por dia e o mais rápido que conseguimos. Precisa ver como a gente sua! Fica até escorrendo! Se visse, ficaria fascinado – as tachinhas voam de nossas bocas como se saíssem de uma máquina. Olhe só."

Olhei. Os dentes, gastos pela constante fricção dos preguinhos metálicos, estavam podres e pretos como carvão.

"Olha que eu limpo meus dentes", acrescentou, "senão seriam piores".

Depois de contar que os trabalhadores providenciavam as próprias ferramentas – pregos, materiais de sapateiro, papelão, aluguel, iluminação e não sei mais o quê – ficou claro que os seus 30 contos eram uma quantia irrisória.

"Mas quanto dura a temporada do salário de 30 contos?", perguntei.

"Quatro meses", foi a resposta. No resto do ano, ele me informou, a média é de "meia libra" a "uma libra" por semana, o que equivale a algo entre dois dólares e meio e cinco dólares. A semana estava na metade, e ele ganhara quatro contos, ou um dólar. E deu a entender que aquele era um dos melhores tipos de trabalho disponíveis.

Olhei pela janela, que deveria dar para os quintais dos prédios vizinhos. Mas não havia quintais, ou melhor, eles estavam ocupados por barracos e estábulos, onde as pessoas viviam. Os telhados estavam cobertos de sujeira, alguns com camadas de vários centímetros de espessura – contribuições das janelas dos segundos e terceiros andares. Conseguia distinguir ossos e espinhas de peixe, trapos pestilentos, botas velhas, cacos de cerâmica e todo tipo de resto produzido num chiqueiro humano.

"É o último ano deste trabalho; estão comprando máquinas para se livrarem de nós", disse com pesar o mourejador, enquanto passávamos ao lado da mulher com os peitos grosseiramente nus e nos esgueirávamos de novo em meio às crianças.

Em seguida visitamos os abrigos municipais erguidos pela Câmara Municipal de Londres no lugar da favela onde viveu o "Filho de Jago" Arthur Morrison[3]. Embora os novos prédios abrigassem mais gente do que havia ali antes, eles eram muito mais saudáveis. As moradias eram habitadas por trabalhadores e artesãos de melhor classe. Os favelados haviam sido simplesmente expulsos para lotar outras favelas ou para formar novas.

"E agora", disse o mourejador, o homem forte que trabalhava tão rápido a ponto de confundir a vista de quem olhava, "vou mostrar a você um dos pulmões de Londres, o parque Spitalfields". E pronunciou a palavra "parque" com escárnio.

A sombra da Christ's Church projeta-se sobre o parque e, na sombra da Christ's Church, às três horas da tarde, vi algo que nunca mais quero ver. Não há flores nesse parque, que é

---

3. Autor de *A Child of the Jago*, romance de 1896 ambientado no East End londrino.

menor que o jardim de rosas que tenho em casa. Ali só cresce grama, devidamente cercada por um gradil de ferro com lanças pontiagudas, como em todos os outros parques de Londres, para impedir que à noite homens e mulheres sem-teto entrem para dormir sobre ela.

Ao entrarmos no parque, uma senhora de seus 50 ou 60 anos passou por nós com passadas largas e intenção firme, apesar do movimento cambaleante. Tinha duas trouxas volumosas, cobertas com aniagem, que balançavam para a frente e para trás. Era uma mendiga, uma alma sem-teto, independente demais para arrastar a carcaça enfraquecida para dentro de um abrigo de pobres. Como um caramujo, carregava a casa consigo. As duas trouxas cobertas de aniagem continham utensílios domésticos, seu guarda-roupa, roupa de cama e objetos femininos.

Seguimos por um caminho estreito coberto de cascalho. Nas laterais, sobre os bancos, alinhava-se uma massa humana miserável e desfigurada, cuja visão levaria Doré[4] a voos de imaginação ainda mais fantásticos. Era uma confusão de trapos e sujeira, com as modalidades mais repugnantes de doenças de pele, feridas abertas, equimoses, horrores, indecências, monstruosidades e rostos bestiais. Soprava um vento frio e úmido, e as criaturas empilhavam-se ali com seus andrajos, a maior parte do tempo dormindo ou tentando dormir. Aqui, uma dúzia de mulheres, com idades que variavam de 20 a 70 anos. Ali, um bebê, talvez de uns 9 meses, dormindo, deitado sobre o banco duro, sem travesseiro ou coberta, sem

---

4. Gustave Doré (1832-1883). Artista francês, ilustrador prolífico, atuou também como pintor, gravador e escultor. Produziu gravuras ricamente detalhadas de obras de Rabelais, Dante, Cervantes, da Bíblia, Milton e Poe.

ninguém para cuidar dele. Um pouco à frente, meia dúzia de homens, dormindo em pé ou recostados um no outro. Mais à frente, uma família, a criança sonolenta nos braços da mãe, e o marido (ou companheiro) tentando remendar um sapato velho. Em outro banco, uma mulher usa uma faca para aparar as franjas puídas da sua roupa e outra mulher, com linha e agulha, remenda rasgos. Ao lado, um homem segura nos braços uma mulher adormecida. Um pouco mais longe, um homem, a roupa empastada com a lama do esgoto, adormece com a cabeça no colo de uma mulher de não mais de 25 anos, também entorpecida.

Era o sono que me intrigava. Por que nove entre dez dormiam ou tentavam dormir? Só mais tarde fui entender. *Havia uma lei que proibia os sem-teto de dormir à noite.* Na calçada, no pórtico da Christ's Church, onde os pilares de pedra elevam-se para o céu formando uma sequência imponente, havia filas inteiras de homens deitados, dormindo ou cochilando, num torpor demasiado profundo para se levantarem ou ficarem curiosos com nossa intrusão.

"Um pulmão de Londres", pensei. "Não, isto é um abscesso, uma grande ferida em putrefação."

"Por que você me trouxe aqui?", perguntou o jovem e ardoroso socialista de rosto delicado, empalidecido pela doença que acometia sua alma e seu estômago.

"Aquelas mulheres", disse nosso guia, "vendem-se por dois ou três *pence*, ou por um pedaço de pão".

Disse isso com um sorriso escarninho.

Não sei o que mais ele poderia ter dito, pois o homem doente gritou: "Pelo amor dos céus, vamos embora daqui".

Capítulo 7

UM GANHADOR DA CRUZ VITÓRIA[1]

---

1. Instituída em 1856 pela rainha Vitória, a cruz que traz o seu nome é a mais alta distinção que pode ser conferida aos membros das Forças Armadas britânicas.

Descobri que não é fácil conseguir vaga num abrigo de pobres. Até agora fiz duas tentativas e, em breve, devo fazer uma terceira. Na primeira vez, comecei às sete da noite com quatro xelins no bolso. Aí eu já havia cometido dois erros. Em primeiro lugar, o candidato a uma vaga deve ser pobre e, como é submetido a rigorosa inspeção, realmente precisa ser pobre e quatro *pence*, ainda mais quatro xelins, é riqueza suficiente para desqualificá-lo. Em segundo lugar, cometi o erro do atraso. Sete horas da noite é tarde demais para um mendigo conseguir uma cama de mendigo.

Para os bem-alimentados e inocentes, deixe-me explicar o que é um abrigo ou um albergue noturno. É um lugar onde os sem-teto, sem-cama e sem-tostão, se tiverem sorte, *eventualmente* podem descansar os ossos exaustos e pagar por isso no dia seguinte, trabalhando como operários em escavações, construção de estradas etc.

A segunda tentativa de entrar num albergue foi mais auspiciosa. Iniciei o processo no meio da tarde, acompanhado pelo jovem e ardoroso socialista e por um outro amigo, e tudo que tinha eram três *pence*. Levaram-me até o asilo de Whitechapel, que já reconheci ao dobrar a esquina. Eram pouco mais de cinco da tarde, mas já havia uma longa e melancólica fila, que dobrava a esquina e se perdia de vista.

Aqueles homens e mulheres, no final de um dia cinzento e frio, à espera de um abrigo para passar a noite, eram uma visão deplorável, que quase me abateu. Como um garoto na porta do dentista, repentinamente descobri uma enorme variedade de desculpas para não ter de entrar. Sinais da luta que se travava internamente devem ter ficado evidentes no meu rosto, pois um dos meus companheiros falou: "Não se acovarde, você vai conseguir".

Claro que conseguiria, mas me dei conta de que até mesmo os três *pence* que tinha no bolso naquelas circunstâncias seriam um tesouro valioso demais; para me livrar de tudo o que pudesse despertar inveja, esvaziei os bolsos. Despedi-me dos meus amigos e com o coração batendo forte fui para o final da fila. Aquela fila de gente pobre em sua descida vertiginosa para a morte era uma visão deplorável, mas nem em sonho eu poderia imaginar quanto.

Ao meu lado estava um homem baixo e corpulento. Vigoroso e robusto, embora já de idade avançada, traços fortes, a pele grossa e rija por anos de exposição ao sol e ao tempo, ele tinha rosto e olhos de um homem do mar. De repente me veio à mente um trecho do poema "Galley Slave", de Kipling:

> Pela marca sobre meu ombro, pela ferida do aço cortante
> Pelos vergões que os chicotes me deixaram, pelas cicatrizes que não saram nunca
> Pelos olhos que envelheceram de tanto olhar fixamente o brilho do sol sobre o oceano
> Recebo pagamento completo pelo serviço...[2]

---

2. Os versos originais do poema, cujo título pode ser traduzido por "O escravo de galé", são: "By the brand upon my shoulder, by the gall of clinging steel,/ By the welt the whips have left me, by the scars that never heal;/ By eyes grown old with staring through the sun-wash on the brine, I am paid in full for service..." (Nota dos Tradutores)

Vocês verão se eu tinha razão nas minhas conjeturas e se os versos são adequados.

"Não vou aguentar isso aqui por muito tempo, não", reclamava ao homem do seu lado. "Vou arranjar uma confusão, das grandes, e passar umas duas semanas na prisão. Daí vou ter um bom lugar pra dormir e um grude melhor que o daqui. Mas vou sentir falta do meu fumo de rolo" – disse isso como uma reflexão tardia, num tom de pesar e resignação.

"Faz duas noites que fico pra fora", continuou. "Anteontem à noite fiquei molhado até os ossos e não vou aguentar isso por muito tempo. Estou ficando velho e numa manhã dessas vão me encontrar morto."

Virou-se bruscamente na minha direção: "Nunca fique velho, garoto. Morra enquanto for jovem, senão vai ficar que nem eu. Eu garanto. Tenho 87 anos e servi meu país como um homem. Recebi três galões por bom comportamento e a Cruz Vitória, e agora é isto que me dão. Preferia ter morrido, preferia ter morrido. Pra mim, quanto mais rápido melhor".

Seus olhos encheram-se de lágrimas, mas, antes que o outro homem o confortasse, começou a cantarolar uma canção de marinheiro, alegre como se nunca tivesse havido sofrimento no mundo.

Encorajado pelos que estavam ali, contou sua história enquanto esperava na fila do abrigo, depois de ter passado duas noites vagando nas ruas.

Ainda menino se alistou na Marinha britânica, à qual serviu lealmente por mais de 40 anos. Nomes, datas, comandantes, portos, navios, missões e batalhas saíam dos seus lábios num fluxo constante, mas está além das minhas possibilidades lembrar tudo aquilo, pois é difícil tomar notas na porta de um abrigo de indigentes. Estivera na "Primeira Guerra da China", como dizia; alistou-se na Companhia das Índias Orientais e durante dez anos serviu na Índia; voltou novamente à Índia, com a Marinha inglesa, na época do Motim; serviu na Guerra da Birmânia[3] e na Crimeia; e, além disso, lutou e trabalhou duro pela bandeira inglesa em praticamente todos os outros lugares do globo.

Foi aí que aconteceu. A explicação para tudo o que sucedeu provavelmente estava em coisas mínimas: talvez o café da manhã do tenente não lhe tivesse caído bem, ou ele tivesse ficado acordado até tarde na noite anterior, ou estivesse pressionado por dívidas, ou o comandante tivesse falado rispidamente com ele. O fato é que naquele dia o tenente estava irritado. O marinheiro, junto com outros marinheiros, estava "arrumando" o massame de proa.

Agora vejam só: o marinheiro estava havia mais de 40 anos na Marinha, tinha três galardões por bom comportamento e ganhara uma Cruz Vitória por serviços prestados em batalha. Portanto, ele não devia ter sido um marinheiro tão ruim assim. O tenente estava irritado e o chamou de um nome – bem, não era um nome lá muito bom. Era referente à mãe dele. Quando eu era criança, o código era brigar feito um demônio quando alguém insultasse a mãe do outro e lá de onde vim muitos homens morreram por chamar as mães de outros homens desse nome.

---

3. Guerra anglo-birmanesa (Guerra da Birmânia). Houve duas guerras entre a Birmânia (atual Myanmar) e a Inglaterra no século XIX, ambas motivadas por disputas territoriais. A primeira, que se estendeu de 1824 a 1826, teve início com a tentativa da Birmânia em retomar Bengal, que se encontrava sob o controle da East India Company. A segunda, travada em 1852, foi desencadeada a partir de interesses da East India Company em ganhar o domínio de uma área da Birmânia estrategicamente situada entre Arakan e Tanasserim, que se encontravam sob seu domínio.

Mas o tenente xingou o marinheiro desse nome. Coincidiu que naquele momento o marinheiro tinha uma barra de ferro ou talvez um pé de cabra na mão. Ele prontamente atingiu a cabeça do tenente, derrubando-o do massame e lançando-o ao mar.

Segundo as palavras do próprio homem: "Percebi o que tinha feito. Conhecia as normas e disse para mim mesmo: 'Você está perdido, Jack; agora acabou'. Daí pulei no mar atrás dele, decidido a me afogar junto com ele. Teria feito isso se a pinaça da nau capitânia não tivesse se aproximado justamente naquele momento. Fomos içados, eu segurando e dando murros nele. Foi essa minha perdição. Se não estivesse batendo nele, poderia alegar que, vendo o que tinha feito, pulara para salvá-lo".

Depois veio a corte marcial, ou qualquer que seja o nome do julgamento que envolve o povo do mar. Ele recitou a sentença palavra por palavra, como se tivesse repetido aquilo muitas vezes, com profundo amargor. Em nome da disciplina e do respeito a oficiais que nem sempre são cavalheiros, eis a pena aplicada a um homem punido por ter se comportado como um homem: ser reduzido ao posto de um marujo ordinário; ser privado de todos os prêmios em dinheiro; perder o direito à pensão; abrir mão da Cruz Vitória; ser exonerado da Marinha com um atestado de boa conduta (já que aquele fora seu primeiro delito); receber 50 chibatadas; e servir dois anos na prisão.

"Preferia ter me afogado, juro por Deus que preferia", concluiu, enquanto a fila andava e dobrávamos a esquina.

Finalmente conseguimos enxergar a porta, pela qual os miseráveis entravam em bandos. Ali soube de uma coisa surpreendente: *por ser quarta-feira, nenhum de nós seria liberado até sexta de manhã*. Além disso, vocês, fumantes, prestem atenção:

nós não tínhamos permissão de entrar com tabaco. Teríamos de entregar tudo antes de entrar. Disseram-me que às vezes eles devolviam na saída, mas nem sempre.

O velho do navio de guerra deu-me uma lição. Abriu a sacola e esvaziou-a, pondo o tabaco (uma quantidade desprezível) num pedaço de papel. Este, embrulhado de modo bem compacto, foi arrumado no interior de sua meia, do lado de dentro do sapato. Lá se foi meu pedaço de fumo para dentro de minha meia, já que 40 horas sem tabaco é uma grande privação, o que qualquer fumante compreende.

De vez em quando, a fila andava e, vagarosa mas seguramente, nos aproximávamos do guichê. Quando chegamos diante de um gradil de ferro, apareceu um homem ao qual o velho marinheiro perguntou:

"Quantos mais vão deixar entrar?"

"Vinte e quatro", foi a resposta.

Olhamos para a frente e contamos, ansiosos. Eram 34 na nossa frente. Desapontamento e consternação manifestaram-se nos rostos próximos. Não é uma coisa agradável encarar, faminto e sem dinheiro, uma noite perambulando pelas ruas. Mas, mesmo sem esperança, aguardamos até o momento em que, com dez pessoas do lado de fora do guichê, o porteiro nos dispensaria.

"Lotado", foi o que disse ao bater a porta.

Como um raio, apesar dos seus 87 anos, o velho marinheiro disparou em busca da possibilidade desesperada de encontrar abrigo em outro lugar. Fiquei por ali e conversei com dois homens, conhecedores dos albergues noturnos, sobre o nosso destino. Decidiram-se pelo asilo de Poplar, a cinco quilômetros dali.

Ao dobrarmos a esquina, um deles disse: "Hoje eu poderia ter entrado. Cheguei à uma hora, e a fila estava começando a se formar – uns protegidos, é isso que eles são. Sempre deixam eles entrar, sempre os mesmos, toda noite".

Capítulo 8

O CARROCEIRO E O CARPINTEIRO

Nos Estados Unidos eu teria achado que o Carroceiro, com seu rosto bem talhado, barbicha, a parte superior do lábio bem barbeada, era um mestre de obras ou um fazendeiro abastado. O Carpinteiro – bem, eu teria achado que era um carpinteiro. Ele parecia um carpinteiro: magro e forte, olhar atento e perspicaz, mãos que viveram entrelaçadas com ferramentas ao longo de 47 anos de ofício. O principal problema desses homens era a velhice, e o fato de que seus filhos, em vez de crescerem para cuidar deles, tinham morrido. Os anos os exauriram e eles foram expulsos das fábricas por rivais mais jovens e fortes, que tomaram seus lugares.

Aqueles dois homens, dispensados pelo albergue noturno do asilo de Whitechapel, iam comigo para o abrigo de Poplar. Achavam que não tínhamos muita chance, mas acreditar na sorte era tudo o que nos restava. Era Poplar ou então as ruas e a escuridão da noite. Os dois estavam ansiosos por uma cama, pois estavam "nas últimas", como eles mesmos diziam. O Carroceiro, 58 anos, tinha passado as três últimas noites sem abrigo e sem dormir, enquanto o Carpinteiro, 65 anos, ficara cinco noites para fora.

Ah, gente bondosa e bem-nutrida, com camas alvas e quartos bem arejados à sua espera toda noite, como fazê-los entender o sofrimento de uma noite ao relento? Acreditem, pensariam que mil séculos se passaram do escurecer à alvorada; tremeriam até gritar com a dor sentida em cada músculo dos seus corpos; e ficariam espantados por resistir tanto e sobreviver. Se dormissem num banco e fechassem os olhos cansados, tenham certeza de que o policial os faria levantar e, grosseiramente, iria mandá-los "circular". Vocês poderiam descansar num banco e os bancos são poucos e distantes uns dos outros; mas se descansar significar dormir, então seria preciso circular, arrastando os corpos cansados pelas ruas sem fim. Se num lance de desesperada esperteza tentassem encontrar alguma viela abandonada ou alguma passagem escura para se deitar, o policial, onipresente, iria expulsá-los do mesmo jeito. Expulsá-los é o trabalho dele. É uma lei dos poderes constituídos que você seja expulso.

E quando chegasse o amanhecer, o pesadelo terminado, você se arrastaria para casa para se revigorar. E até o dia de sua morte contaria sua aventura a um grupo de amigos admirados. Seria uma grande história. Essa noite de oito horas seria transformada numa Odisseia, e você, num Homero.

Mas não era assim com os sem-teto que caminhavam comigo para o abrigo de Poplar. E há 35 mil deles, homens e mulheres, em Londres nesta noite. Por favor, não pense nisso quando for para a cama; se você for tão bondoso quanto deveria, talvez não consiga dormir como o faz toda noite. Para homens de 60, 70 e 80 anos, malnutridos, sem carne e sem sangue, saudar o amanhecer sem ter tido a chance de se revigorar, passar o dia cambaleando numa busca insana por restos, com a noite inexorável novamente se aproximando, e fazer isso cinco noites e dias... Ah, gente bondosa e bem-nutrida, como é que um dia poderão entender?

Subi a Mile End Road com o Carroceiro e o Carpinteiro, um de cada lado. A Mile End Road é uma rua larga e movimentada que corta o coração da parte leste de Londres, com dezenas de milhares de pedestres. Digo isso para que apreciem o que descreverei no parágrafo seguinte. Como disse, caminhávamos lado a lado e, quando meus companheiros se tornavam mordazes e começavam a maldizer o país, eu fazia o mesmo, xingava como um mendigo americano faria se estivesse passando dificuldades num país estranho e terrível. Tentei fazê-los acreditar, e consegui, que era um "homem do mar", que gastara todo o meu dinheiro numa vida dissoluta, perdera as roupas (o que não era raro acontecer com marinheiros desembarcados) e estava temporariamente sem dinheiro, à espera de um navio. Isso explicava minha ignorância dos costumes ingleses em geral e dos albergues noturnos em particular, e também minha curiosidade a respeito dessas mesmas coisas.

O Carroceiro esforçava-se para acompanhar o passo (contou-me que não comera nada naquele dia), mas o Carpinteiro, magro e faminto, tristemente balançava ao vento um sobretudo cinza e esfarrapado e gingava com passadas largas e incansáveis que me lembravam um lobo ou um coiote nas planícies. Ambos olhavam para o chão enquanto andavam e conversavam, e volta e meia abaixavam para pegar alguma coisa, sem interromper as passadas largas. Achei que catassem bitucas de charutos e cigarros e, por algum tempo, não prestei atenção. Até que comecei a reparar.

Da calçada imunda recolhiam e comiam pedaços de laranja, cascas de maçã e restos de cachos de uva. Quebravam com os dentes caroços de ameixa em busca da semente. Catavam migalhas de pão do tamanho de ervilhas, miolos de maçã tão sujos e escuros que ninguém diria que eram miolos de maçã, e os dois homens punham essas coisas na boca, mastigavam e engoliam; isso entre seis e sete da noite de 20 de agosto, do Ano de Nosso Senhor de 1902, no coração do maior, mais rico e mais poderoso império que o mundo jamais viu.

 Os dois conversavam. Não eram idiotas, apenas velhos. Com as vísceras impregnadas dos detritos catados na rua, naturalmente conversavam sobre a revolução sangrenta. Conversavam como anarquistas, fanáticos e loucos conversariam. E quem poderia culpá-los? Apesar das três refeições que fizera naquele dia, da cama confortável para a qual poderia voltar quando quisesse, da minha filosofia social, da minha crença evolucionista no lento desenvolvimento e transformação das coisas – apesar de tudo isso me sentia tentado a falar bobagens com eles, ou senão a me calar. Pobres idiotas! Não é com gente assim que nascem as revoluções. Quando estiverem mortos e reduzidos a pó, o que não vai demorar, outros idiotas falarão da revolução sangrenta enquanto catam detritos da calçada encharcada de cuspe da Mile End Road e caminham para o abrigo de Poplar.

 Por ser estrangeiro, e jovem, o Carroceiro e o Carpinteiro me davam explicações e conselhos. Os conselhos, aliás, eram curtos e grossos: eu devia sair do país. "Se Deus quiser", eu lhes assegurava; "chegarei a um lugar tão alto que não vão ver nem rastro dos meus sinais de fumaça". Mais do que compreender, eles sentiam a força dessas imagens e concordavam balançando a cabeça.

 "Um homem pode se tornar criminoso contra a própria vontade", disse o Carpinteiro. "Cá estou, velho, os mais jovens pegando meu lugar, as roupas cada vez mais rasgadas e cada dia mais difícil de conseguir emprego. Vou ao albergue noturno pra conseguir um pouso. Tenho de estar lá às duas ou três da tarde, senão não consigo nada. Você viu o que aconteceu hoje. Como posso procurar trabalho? Suponha que eu consiga uma vaga no albergue. Amanhã tenho de passar o dia inteiro lá, só me liberam depois de amanhã. E aí? A lei diz que naquela noite não posso ficar em nenhum albergue a menos de 16 quilômetros de distância. Por isso preciso correr pra chegar no horário. Como vou poder procurar emprego? Suponha que não tente chegar no outro albergue. Suponha que eu vá procurar emprego. Logo a noite chega, e nada de arranjar cama. A noite toda sem dormir, nada pra comer. De manhã, qual será meu estado pra procurar trabalho? De algum jeito tenho de recuperar o sono no parque (as imagens da Christ's Church, em Spitalfields, continuavam fortes em mim) e conseguir alguma coisa pra comer. E aqui estou! Velho, alquebrado, sem chance de me reerguer."

"Costumava ter um pedágio aqui", disse o Carroceiro. "Paguei muito pedágio no tempo em que tinha meu carrinho."

"Comi três pãezinhos em dois dias", anunciou o Carpinteiro, depois de longo silêncio.

"Dois eu comi ontem e o terceiro hoje", concluiu, depois de outro longo silêncio.

"Hoje ainda não comi nada", disse o Carroceiro. "Estou morto. Minhas pernas estão doendo feio."

"O pãozinho que dão no 'hospício' é tão duro que não dá pra comer sem pelo menos meio litro d'água", disse o Carpinteiro, tentando me ajudar. Quando perguntei o que era o "hospício", respondeu: "É o albergue noturno. É uma gíria, sabe?".

Fiquei surpreso que ele tivesse a palavra "gíria" no vocabulário, um vocabulário que, antes de nos despedirmos, cheguei à conclusão de não ser tão ruim.

Perguntei que tipo de tratamento devia esperar se conseguíssemos entrar no abrigo de Poplar, e os dois me deram bastante informação. Ao entrar, tomaria um banho frio e me dariam para jantar 170g de pão e "três partes de *skilly*". "Três partes" equivalem a 420ml, e *skilly* é um preparado com 800ml de farinha de aveia misturados em três baldes e meio de água quente.

"Leite, açúcar e suponho que uma colher", indaguei.

"Pode tirar o cavalinho da chuva. É sal que eles dão, e já vi lugares onde não dão nem colher. É pegar com a mão e comer."

"Eles fazem um bom *skilly* lá no 'Ackney'", disse o Carroceiro.

"É um *skilly* maravilhoso aquele", elogiou o Carpinteiro, e entreolharam-se com cumplicidade.

"Pura farinha com água lá no St. George's in the East", disse o Carroceiro.

O Carpinteiro assentiu com a cabeça. Tinha experimentado todos.

"E daí?", perguntei.

Fui informado de que daí me mandariam direto para a cama. "Chamam você às cinco e meia da manhã, e você levanta e toma um 'enxágue' – isso se tiver sabão. Daí servem o café da manhã, igual à janta: 420ml de *skilly* e um pãozinho de 170g."

"Ele nem sempre tem 170g", corrigiu o Carroceiro.

"Não mesmo; e muitas vezes é tão azedo que não dá para comer. No começo, não conseguia engolir nem o *skilly* nem o pão, mas agora como a minha porção e a de outro."

"Eu consigo comer a minha e mais três porções", disse o Carroceiro. "Ainda não comi nada neste bendito dia."

"E depois?"

"Depois você tem de fazer sua tarefa: pegar dois quilos de estopa, ou senão limpar ou lavar alguma coisa, ou quebrar 500 ou 600 quilos de pedra. Eu não tenho de quebrar pedra, porque tenho mais de 60. Mas você vai ter de fazer. Você é jovem e forte."

"O que eu não gosto", murmurou o Carroceiro, "é de ficar trancado num cubículo pra pegar estopa. É que nem uma prisão".

"E se você se recusar a pegar estopa, quebrar pedras ou fazer algum trabalho?", perguntei.

"Não vai ter uma segunda vez, porque metem você na prisão", respondeu o Carpinteiro. "Não aconselho você a tentar, rapaz."

"Daí vem o jantar", continuou. "Água, 230g de pão e 40g de queijo. Aí você termina sua tarefa e recebe a ceia, com o mesmo que antes, 420ml de *skilly* e 170g de pão. Depois vai pra cama, isso às seis da tarde e, na manhã seguinte, está livre, desde que tenha terminado sua tarefa."

Fazia tempo que tínhamos saído da Mile End Road e, depois de atravessarmos uma confusão de ruazinhas estreitas, sinuosas e sombrias, chegamos ao abrigo de Poplar. Estendemos nossos lenços sobre uma mureta de pedra e cada um embrulhou no lenço todos os pertences mundanos, com exceção do tabaco, que foi para debaixo da meia. Enquanto os últimos raios de luz desapareciam no céu pardacento e o vento frio soprava tristemente, um grupo de desesperados, com suas miseráveis trouxinhas, esperava na porta do asilo.

Três operárias passaram por nós e uma delas olhou penalizada para mim; quando passou, eu a segui com os olhos e ela continuou a olhar com pena para mim. Nem notou os homens mais velhos. Cristo! Ela teve dó de mim, jovem, vigoroso e forte, mas não dos dois velhos ao meu lado! Era uma mulher jovem e eu era um homem jovem, e os seus sentimentos foram rebaixados pelo vago impulso sexual que a levou a ter pena de mim. Sentir dó dos mais velhos é um sentimento altruísta, e a porta de um asilo é lugar frequentado por velhos. Mas não demonstrou nenhuma pena deles, só de mim, que merecia menos, ou talvez nenhuma compaixão. Na cidade de Londres, não é com honra que os cabelos grisalhos descem à sepultura.

Num lado da porta havia uma campainha; do outro, um botão.

"Toque a campainha", o Carroceiro disse para mim.

Do jeito que faria normalmente na porta de qualquer um, apertei a campainha.

"Não! Não!", gritaram aterrorizados. "Não tão forte!"

Continuei, e me olharam com reprovação, como se tivesse posto em perigo a chance de conseguirem cama e um pouco de *skilly*. Ninguém atendeu. Por sorte era a campainha errada, e fiquei aliviado.

"Aperte o botão", disse ao Carpinteiro.

"Não, não, espere um pouco", interveio o Carroceiro.

Disso tudo concluí que um porteiro de albergue, que geralmente tem um salário anual de sete a nove libras, é um personagem muito particular e importante e não pode ser tratado de qualquer jeito pelos miseráveis.

Esperamos dez vezes mais do que seria um tempo razoável, até que o Carroceiro furtiva e timidamente aproximou o dedo do botão, tocando-o do modo mais leve e breve possível. Tinha visto homens para quem a espera era questão de vida ou morte, mas em nenhum a ansiedade e o suspense estavam mais nítidos do que no rosto daqueles dois homens que aguardavam o porteiro.

O porteiro veio. Mal olhou para nós. "Lotado", disse, e fechou a porta.

"Mais uma noite", suspirou o Carpinteiro. Sob a luz embaçada, o Carroceiro tinha uma aparência pálida e acinzentada.

A caridade indiscriminada é perversa, dizem os profissionais da filantropia. Mas eu decidi ser perverso.

"Pegue sua faca e venha aqui", disse ao Carroceiro, caminhando para uma viela escura.

Olhou para mim assustado e tentou recuar. Talvez pensasse que eu era um novo Jack, o Estripador, com predileção por velhos miseráveis. Ou pode ter pensado que eu queria convencê-lo a participar de algum crime terrível. De qualquer modo, estava assustado.

Vocês estão lembrados de que, no início, costurei uma libra do lado de dentro da minha camiseta de foguista, debaixo da axila. Era meu fundo de emergência e agora, pela primeira vez, teria de usá-lo.

Só consegui que o Carroceiro me ajudasse depois de fazer gestos dignos de um contorcionista e mostrar a moeda redonda costurada dentro da camiseta. Ainda assim sua mão tremia de tal modo que fiquei com medo de me cortar em vez de cortar os pontos. Acabei tendo de pegar a faca e fazer eu mesmo. A moeda de ouro rolou no chão, uma fortuna para seus olhos famintos. Daí debandamos para o café mais próximo.

Claro que tive de explicar que era apenas um pesquisador, um estudante, procurando descobrir como se vivia na outra metade do mundo. Eles imediatamente se fecharam como ostras. Eu não era da espécie deles – minha fala mudara, o timbre da minha voz era diferente; em resumo, eu era superior. Eles tinham um espírito de classe extraordinário.

"O que vocês querem?", perguntei quando o garçom veio tirar o pedido.

"Duas fatias e uma xícara de chá", falou o Carroceiro com humildade.

"Duas fatias e uma xícara de chá", falou o Carpinteiro.

Pare um momento e pense nessa situação. Ali estavam dois homens, convidados por mim para ir a um café. Tinham visto minha moeda de ouro e sabiam que eu não era nenhum miserável. Um deles tinha comido um pãozinho naquele dia, o outro não tinha comido nada. E os dois pediram "duas fatias e uma xícara de chá!". Cada um tinha feito um pedido de dois pence. "Duas fatias", por falar nisso, quer dizer duas fatias de pão com manteiga.

Era a mesma humildade degradante da atitude diante do porteiro do asilo. Mas eu não aceitaria aquilo. Pouco a pouco fui aumentando os pedidos – ovos, fatias de bacon, mais ovos, mais bacon, mais chá, mais fatias, e assim por diante. Todo o tempo negavam que quisessem comer mais, mas devoravam ferozmente tudo o que chegava.

"A primeira xícara de chá em duas semanas", disse o Carroceiro.

"O chá está maravilhoso", disse o Carpinteiro.

Cada um tomou um litro de chá, e garanto que aquilo era uma água suja. Era tão parecido com chá como cerveja parece champanhe. Era uma "água colorida", e não parecia chá de jeito nenhum.

Foi curioso, passado o primeiro choque, observar o efeito da comida sobre eles. De início ficaram melancólicos e falaram das vezes em que cogitaram o suicídio. O Carroceiro, menos de uma semana antes, fora até a ponte, olhara para a água e considerara a questão. Água, insistiu o Carpinteiro com veemência, era um mau caminho. Ele tinha certeza de que ficaria se debatendo. Uma bala era muito mais prático, mas como conseguiria um revólver? Esse era o problema.

Foram ficando mais alegres à medida que o "chá" quente foi assentando, e aí começaram a falar mais sobre si mesmos. O Carroceiro enterrara a mulher e os filhos, com exceção de um, que se tornou adulto e o ajudou no pequeno negócio. Foi então que aconteceu a desgraça. O filho, um homem de 31 anos, morreu de varíola. Logo depois, o pai teve uma febre e foi para o hospital, onde ficou três meses. Foi aí que tudo acabou. Saiu de lá fraco, debilitado, sem o filho para apoiá-lo, com o negócio minguando e nenhum tostão. A desgraça acontecera e, para ele, o jogo estava terminado. Para um velho, não havia possibilidade de recomeçar. Os amigos todos eram pobres e não podiam ajudar. Tentara arranjar trabalho na construção das arquibancadas para a festa da coroação. "Fiquei doente com a resposta: 'Não! não! não!'." À noite, enquanto tentava dormir, aquilo ficava ecoando nos meus ouvidos, sempre do mesmo jeito: "Não! não! não!". Na semana anterior, respondera a um anúncio na Hackney, mas quando falou a idade disseram-lhe: "Mas é muito velho, velho demais".

O Carpinteiro nasceu no Exército, onde o pai servira por 22 anos. Seus dois irmãos também foram para o Exército; um deles, sargento-mor do sétimo regimento dos Hussardos, morreu na Índia depois do Motim; o outro, depois de nove

---

1. Frederick Sleigh Roberts (1832-1914), um dos oficiais mais respeitados do Exército britânico, serviu no Afeganistão, Índia e África do Sul.

anos sob o comando de Roberts[1] no Oriente, desapareceu no Egito. O Carpinteiro não tinha ido para o Exército, e era por isso que continuava neste planeta.

"Me dê cá sua mão", disse, abrindo a camisa rasgada. "Já estou pronto pro anatomista. Estou definhando, senhor, na verdade estou definhando por falta de comida. Sinta minhas costelas."

Enfiei a mão dentro da camisa e senti. A pele esticava-se sobre os ossos como um pergaminho e parecia que estava passando a mão numa tábua de bater roupa.

"Tive sete anos de bem-aventurança", disse. "Uma boa mulher e três mocinhas. Mas todas morreram. A escarlatina levou as meninas em duas semanas."

"Depois disso, senhor", disse o Carroceiro, apontando para o banquete e querendo dirigir a conversa para assuntos mais alegres, "depois disso não vou conseguir mais tomar café da manhã num abrigo".

"Nem eu", concordou o Carpinteiro, e os dois começaram a discutir sobre os prazeres do estômago e os pratos deliciosos que as esposas cozinhavam nos bons tempos.

"Passei três dias em jejum", disse o Carroceiro.

"E eu passei cinco", acrescentou seu companheiro, empalidecendo só de lembrar. "Uma vez, foram cinco dias sem nada no estômago a não ser um pedaço de casca de laranja e a natureza, insultada, não queria aceitar aquilo, e eu quase morri. Algumas vezes, vagando pela rua à noite, o desespero era tão grande que decidi ir para o tudo ou nada. O senhor sabe – praticar um grande roubo. Mas quando amanhecia, lá estava eu, enfraquecido demais pela fome e pelo frio para fazer mal até mesmo a uma formiga."

À medida que a comida ia aquecendo seus órgãos vitais, eles começavam a se expandir, a contar vantagens e falar de política. Tenho de dizer que falavam de política tão bem quanto qualquer homem de classe média e melhor que alguns conhecidos meus. O que me surpreendeu foram as impressões que tinham sobre o mundo, sobre a geografia e os povos e sobre a história recente e contemporânea. Como já disse, não eram idiotas, eram dois homens. Apenas eram idosos e os filhos infelizmente não conseguiram crescer para lhes proporcionar algum conforto.

Um último incidente, quando me despedia deles na esquina, felizes com alguns xelins no bolso e a perspectiva de uma cama para passar a noite: ao acender um cigarro, estava prestes a jogar o fósforo, ainda aceso, quando o Carroceiro fez menção de pegá-lo. Estendi-lhe a caixa, e ele disse: "Não se incomode, não quero desperdiçar isso, senhor". Enquanto acendia o cigarro que eu lhe dera, o Carpinteiro apressou-se em encher o cachimbo para aproveitar a chama do fósforo.

"É errado desperdiçar", disse.

"Claro", eu disse, pensando nas costelas que apalpara e que me fizeram lembrar de uma tábua de bater roupa.

Capítulo 9

O ALBERGUE NOTURNO

Antes de mais nada, devo desculpas a meu corpo por tudo o que o fiz passar e desculpas a meu estômago pelas coisas que joguei dentro dele. Estive no albergue noturno, dormi no albergue noturno, comi no albergue noturno; e também fugi do albergue noturno.

Depois de duas tentativas frustradas de entrar no albergue de Whitechapel, iniciei o processo mais cedo e entrei na fila antes das três da tarde. Não admitiam ninguém antes das seis, mas já naquela hora eu era o número 20 e espalhava-se a notícia de que só 22 entrariam. Por volta das quatro havia 34 na fila, e os dez últimos apegavam-se à tênue esperança de algum milagre. Muitos chegaram, olharam a fila e se foram, cientes do amargo fato de que o albergue estaria "lotado".

No início a conversa estava chocha, até dois homens ao meu lado descobrirem que tinham estado ao mesmo tempo no hospital de varíola, onde a lotação de 1.600 pacientes impedira que se encontrassem. Mas compensaram esse azar discutindo e comparando do modo mais insensível e vulgar possível todos os aspectos repugnantes da doença. Fiquei sabendo que a média de mortalidade era de um para seis, que um deles tinha ficado internado três meses e o outro, três meses e meio, e que tinham ficado "podres com a doença". Nisso meu corpo começou a se arrepiar e formigar, comecei a sentir arrepios, e aí perguntei a eles há quanto tempo tinham saído de lá. Um saíra havia duas semanas, e o outro, três. Os rostos estavam cheios de bexigas (embora um garantisse para o outro que não) e, além disso, me mostraram que os "germes" da varíola ainda estavam em ação nas mãos e debaixo das unhas. Não bastasse isso, um deles, para meu benefício espiritual, mostrou-me uma pústula e a estourou na minha frente. Procurei me encolher dentro da roupa e tive a esperança, forte mas silenciosa, de que não tivesse vindo na minha direção.

Descobri que a varíola era a causa de ambos estarem "vivendo de pensão", ou seja, vagabundeando. Os dois tinham trabalho quando foram acometidos pela doença, e ambos saíram do hospital "duros", com a triste tarefa de caçar trabalho. Até ali não tinham encontrado nada, e tinham vindo ao albergue para um "descanso" depois de três dias e três noites na rua.

Parece que não só os velhos são punidos pela desgraça involuntária, mas também os doentes e os acidentados. Naquele mesmo dia, um pouco mais tarde, conversei com outro homem – que chamamos de Ginger e que estava bem na frente da fila, uma indicação segura de que esperava desde a uma hora da tarde. Um ano antes, ele trabalhava para um peixeiro e, num certo dia, carregou uma caixa de peixes pesada demais. Resultado: "alguma coisa quebrou" e lá foram ele e a caixa para o chão.

No primeiro hospital, para onde foi imediatamente levado, disseram que era uma fratura, controlaram o inchaço, deram-lhe um pouco de vaselina para friccionar, deixaram-no lá por quatro horas e disseram que podia ir embora. Não ficou mais do que duas ou três horas na rua e caiu de novo. Dessa vez foi para outro hospital e deram um jeito nele. Mas a questão é que o empregador não fez nada, positivamente nada, para o homem acidentado no emprego, e quando este apareceu novamente recusou-lhe um "trabalho leve de vez em quando". Ginger é um homem acabado. Sua única possibilidade de ganhar a vida era com o trabalho pesado. Está incapaz de fazer trabalhos pesados e de agora em diante, até morrer, tudo o que pode ter em termos de comida e abrigo está no albergue noturno, nas sopas dos pobres e nas ruas. Aconteceu a desgraça – e é isso. Ele pôs uma carga muito grande de peixe nas costas e sua chance de felicidade acabou.

Vários homens da fila tinham estado nos Estados Unidos e queriam ter ficado, e se maldiziam pela loucura de terem saído de lá. A Inglaterra tornara-se uma prisão, da qual não havia esperança de escapar. Para eles era impossível fugir. Não podiam nem economizar o dinheiro da passagem nem trabalhar a bordo para pagar a passagem. O país estava superlotado de pobres-diabos daquele "ramo de negócios".

Contei minha velha história, que eu era um marinheiro que tinha perdido todas as roupas e todo o dinheiro, e todos compadeceram-se e me deram bons conselhos. Para resumir, os conselhos eram mais ou menos estes: ficar longe de lugares como o albergue noturno, pois não havia nada de bom pra mim ali. O negócio era ir para o litoral e concentrar todo esforço em conseguir um navio. Trabalhar e, se possível, economizar uma libra para subornar algum garçom ou empregado para me dar a oportunidade de pagar a passagem trabalhando. Invejavam minha juventude e força, que mais cedo ou mais tarde me tirariam do país. Eles já não dispunham de nada disso. A idade e as dificuldades da Inglaterra os arruinaram e, para eles, o jogo estava terminado.

Havia um, no entanto, que ainda era jovem e que, tenho certeza, no final vai conseguir alguma coisa. Tinha ido para os

Estados Unidos bem jovem, e nos 14 anos em que morou lá o máximo que ficou sem trabalho foram 12 horas. Economizara dinheiro, prosperara muito e voltara ao país natal. Agora estava na fila do albergue.

Nos últimos dois anos, contou, trabalhara como cozinheiro. Seus horários eram das 7h às 22h30min e no sábado até meia-noite e meia – 95 horas semanais, pelas quais recebia 20 xelins, ou cinco dólares.

"Mas as longas jornadas estavam me matando", disse, "e tive de me livrar do trabalho. Tinha umas economias, mas gastei para viver e procurar outro trabalho".

Era sua primeira noite no albergue, e viera apenas para descansar. Assim que saísse, pretendia ir para Bristol, a uma distância de 180 quilômetros, onde tentaria conseguir um navio para os Estados Unidos.

Mas os homens da fila não tinham todos o mesmo calibre. Alguns eram uns pobres desgraçados, brutos, insensíveis e desarticulados, mas, apesar de tudo, sob vários aspectos eram muito humanos. Lembro-me de um carroceiro que evidentemente voltava para casa depois de um dia de trabalho e parou seu carrinho na nossa frente, para que o filhinho, que fora correndo ao seu encontro, pudesse subir. Mas o carrinho era alto, e seu filho, pequeno demais, não conseguia subir. Nisso um homem de péssima aparência saiu da fila e levantou a criança. A virtude e a alegria dessa atitude está no fato de ser resultado de amor, e não de interesse. O carroceiro era pobre, e o homem sabia disso; e o homem estava na fila do albergue, e o carroceiro sabia disso; e o homem fizera aquela pequena ação, e o carroceiro lhe agradecera, assim como você e eu teríamos feito e agradecido.

Outra bela atitude foi a do "Colhedor de Lúpulo" e sua "velha". Ele estava na fila havia uma meia hora quando a "velha" (sua companheira) aproximou-se. Estava bem vestida para sua classe, com um gorro castigado pelo tempo cobrindo a cabeça grisalha e uma trouxa nos braços. Enquanto ela falava, ele se inclinou para a frente, pegou um fio de cabelo branco solitário e rebelde, cuidadosamente o enrolou nos dedos e o prendeu de volta atrás da orelha dela. Disso tudo podem-se concluir muitas coisas. Ele certamente gostava dela o suficiente para querer vê-la limpa e arrumada. Ali na fila do albergue noturno, sentia orgulho dela e desejava que estivesse bem aos olhos dos outros desafortunados. Por último e ainda melhor, porque subjacente a tudo isso, estava a forte afeição que ele tinha por ela, pois os homens não costumam se preocupar com a aparência de uma mulher com a qual não se importam e dificilmente se orgulhariam dela.

Fiquei me perguntando por que aquele homem e sua companheira, que pela conversa sabia serem trabalhadores, tiveram de procurar um alojamento de pobres. Ele tinha orgulho, orgulho de sua velha e orgulho de si mesmo. Quando lhe perguntei o que achava que eu, um novato, poderia esperar ganhar na colheita de flores de lúpulo, ele me mediu de alto a baixo e disse que dependia. Muitos eram lentos demais e se davam mal. Para ser bem-sucedido, é preciso usar a cabeça e ser rápido com os dedos, muitíssimo rápido com os dedos. Ele e sua velha faziam isso muito bem e num dia davam conta de um celeiro inteiro sem deixar nada para o dia seguinte, mas estavam nisso havia muitos anos.

"Um camarada meu foi na colheita no ano passado", disse um homem. "Foi pela primeira vez, mas voltou com duas libras e dez xelins no bolso, isso num mês."

"Veja só", disse o Colhedor, admirado. "Ele era rápido. Tinha nascido pra fazer aquilo."

Duas libras e dez xelins – 12 dólares e meio – por um mês de trabalho para uma pessoa que "tinha nascido pra fazer aquilo"! E, além disso, dormindo ao relento sem cobertores e vivendo só Deus sabe como. Há momentos em que sou grato por não ter nascido um gênio para nada, nem mesmo para colher flores de lúpulo.

Sobre como arranjar roupas para "a colheita", o Colhedor me deu uns conselhos excelentes. Preste atenção, gente bondosa e sensível, caso aconteça de um dia ficarem em dificuldades na cidade de Londres.

"Se não tiver umas latas e uns utensílios de cozinha, só vai poder comer pão e queijo. Isso não é nada bom! Se quiser trabalhar direito, de vez em quando precisa de um chá bem quente, de legumes e de um pouco de carne. Não dá pra trabalhar bem só com comida fria. Vou dizer o que precisa fazer, rapaz. De manhã, saia pra dar uma olhada no lixo. Vai encontrar muitas latas para cozinhar. Latas excelentes, algumas maravilhosas. Eu e minha velha fizemos isso. (Apontou para a trouxa que ela segurava, e ela assentia com a cabeça, irradiando bondade e orgulhosa do seu sucesso e prosperidade.) Este sobretudo é tão bom quanto um cobertor", prosseguiu, estendendo-o para que eu pudesse sentir como era quente. "Quem sabe daqui a pouco encontro um cobertor."

A senhora novamente balançou a cabeça e sorriu, agora para indicar a confiança absoluta de que ele logo encontraria um cobertor.

"Pra mim a colheita é que nem férias", concluiu com êxtase. "Um bom jeito de juntar duas ou três libras pro inverno. Só não gosto – e aí estava o problema – de ficar zanzando."

Estava claro que os anos pesavam sobre aquele casal vigoroso e, embora gostassem do trabalho ágil com os dedos, "ficar zanzando", o que significava andar de um lado para o outro, tornava-se uma atividade pesada para eles. Olhei para os cabelos grisalhos e fiquei imaginando como estariam dali a dez anos.

Notei a presença de outro homem, com sua mulher, entrando na fila, ambos com mais de 50. A mulher, por ser mulher, foi admitida no albergue; mas ele chegara muito tarde e, separado da companheira, foi mandado embora e teria de perambular a noite toda.

A rua onde estávamos mal tinha seis metros de largura. As calçadas não tinham nem um metro. Era uma rua residencial. Pelo menos as casas do outro lado da rua eram habitadas por trabalhadores com suas famílias. Um dia após o outro, de uma até seis da tarde, a fila de maltrapilhos era a principal visão que tinham da frente de suas casas. Um desses trabalhadores estava sentado na soleira da porta, bem na nossa frente, descansando e tomando um pouco de ar depois da labuta do dia. A esposa veio conversar com ele. A porta era estreita demais para os dois sentarem, por isso ela ficou de pé. Os filhos escarrapachavam-se em volta deles. E a fila do albergue a menos de seis metros dali – nenhuma privacidade para o trabalhador, nenhuma privacidade para os mendigos. As crianças da vizinhança brincavam a nossa volta. Para eles nossa presença nada tinha de estranho. Não representávamos uma intrusão. Éramos tão naturais e comuns como o tijolo das paredes e as pedras das calçadas. Nasceram olhando para a fila do albergue, e em toda a sua curta existência sempre tinham visto aquilo.

Às seis da tarde a fila se moveu e fomos admitidos em grupos de três. Nome, idade, ocupação, local de nascimento, meios de sobrevivência, número de noites passadas no asilo, tudo isso era anotado por um superintendente com a rapidez de um relâmpago. Mal me virei e fui surpreendido por um homem jogando nas minhas mãos uma coisa parecida com um tijolo e gritando: "Facas, fósforos, tabaco?". "Não, senhor", menti, como faziam todos os que entravam. Ao descer para o porão, olhei para o tijolo que tinha nas mãos e vi que, num ato de violência à língua, aquilo também poderia ser chamado de "pão". Pelo peso e dureza, certamente tinha sido feito sem fermento.

A luz no porão estava muito fraca e, sem que percebesse, puseram uma canequinha na minha outra mão. Aí me deparei com um lugar ainda mais escuro, onde havia bancos, mesas e homens. O lugar cheirava a degradação. Os resmungos que emergiam da escuridão sombria faziam aquilo parecer uma antessala do inferno.

A maioria dos homens, com os pés em frangalhos, começava a refeição tirando os sapatos e desatando os trapos imundos enrolados nos pés. Isso deixava o ambiente ainda mais fétido e também arruinava meu apetite.

Na realidade, tinha cometido um erro. Comera um jantar substancioso cinco horas antes e, para fazer justiça à comida que tinha diante de mim, precisaria ter jejuado pelo menos alguns dias. Na caneca havia uns 400ml de uma mistura de milho com água quente. Os homens mergulhavam o pão em montes de sal espalhados sobre as mesas imundas. Tentei fazer o mesmo, mas o pão parecia grudar na minha boca. Foi aí que me lembrei das palavras do Carpinteiro: "Precisa de meio litro d'água para engolir o pão".

Notei que alguns homens iam até um canto escuro. Fiz o mesmo e encontrei água. Daí voltei e ataquei o *skilly*. Era sem graça, pesado, amargo e tinha uma consistência grosseira. Achei especialmente repulsivo o amargor, que persistia muito depois de o *skilly* ter passado pela garganta. Lutei corajosamente, mas fui dominado por meus enjoos, e meia dúzia de goles de *skilly* e alguns pedaços de pão foram tudo o que consegui. O homem ao lado comeu sua porção e também a minha; esvaziou as canecas e, ainda com fome, queria mais.

"Encontrei um conhecido e ele me pagou um jantar", expliquei-me.

"Não tinha comido nada desde ontem de manhã", respondeu.

"Que tal um cigarro?", perguntei. "Será que o sujeito ali vai se incomodar?"

"Não, não", respondeu. "Não precisa ficar com medo. Este albergue é tranquilo. Precisa ver nos outros. Revistam até sua alma."

Com as canecas vazias, as conversas começaram a ficar animadas. "Esse superintendente aí está sempre escrevendo relatórios sobre a gente", disse o homem que estava do meu outro lado.

"E o que ele escreve?", perguntei.

"Diz que não somos boa coisa, que somos um bando de patifes e salafrários que não gostam de trabalhar. Fala de golpes dos quais ouço falar há 20 anos, mas que nunca vi ninguém praticar. A última dele foi dizer que a gente costuma sair do albergue com um pedaço de pão no bolso e, quando encontra um senhor de idade e bem vestido, joga o pão no bueiro e pede a bengala do senhor emprestada para tirar o pão de volta. E aí o senhor, penalizado, dá uma moeda de meio xelim pra gente."

Essa velha história foi recebida com muitos aplausos e, das profundezas da escuridão, emergiu outra voz que, em tom irado, soltou esta:

"Dizem que no interior é mais fácil conseguir o grude. Queria saber onde. Acabei de chegar de Dover e o grude lá tava difícil. Não davam nem um gole d'água, quanto mais comida."

"Tem gente que nunca saiu de Kent", disse uma segunda voz, "e que vive lá engordando, sem problemas".

"Estive em Kent", continuou a primeira voz ainda mais irada, "e Deus me perdoe se tiver visto comida por lá. Já notei que os mesmos sujeitos que falam de fartura, quando estão no albergue, sempre querem ficar com a minha porção de *skilly*".

"Tem uns camaradas em Londres", disse o homem do outro lado da mesa, "que conseguem toda a ração que querem e nunca pensam em ir pro interior. Passam o ano inteiro em Londres. Nem pensam em procurar um buraco pra dormir antes das nove ou dez da noite".

A afirmação foi confirmada por um grande vozerio.

"São muito espertos, esses sujeitos", disse alguém em tom de admiração.

"Claro que são", disse outro. "Mas isso não é pra gente como eu e você. Precisa nascer desse jeito. Esses camaradas abrem portas de táxi e vendem jornal desde o dia em que nasceram, o pai e a mãe deles já faziam isso. É da educação deles. É o que digo: gente que nem eu ou você morreria de fome se tivesse de fazer isso."

A afirmação também foi confirmada pelo vozerio geral, assim como a informação de que algumas pessoas viviam os 12 meses do ano no albergue sem nunca ter a bênção de comer um grude que não fosse o *skilly* e o pão do asilo.

"Uma vez ganhei uma moeda de ouro no albergue de Stratford", disse uma nova voz. Instantaneamente fez-se silêncio e todos ouviram aquela ótima história. "Éramos três quebrando pedras. Era inverno, e o frio estava cruel. Os outros dois disseram que seria uma bênção fazer aquilo, mas acabaram desistindo, e eu continuei, até pra me esquentar. Daí os guardas chegaram, e os outros camaradas ficaram detidos por 14 dias. Os guardas, quando viram que eu estava trabalhando, me deram uma moeda de meio xelim cada um, e eles eram cinco, e me liberaram."

A maioria desses homens, ou melhor, acho que todos eles, não gostam do albergue e só vão ali quando precisam. Depois do "descanso", estão prontos para duas ou três noites na rua, quando novamente precisam de um novo descanso. Claro que a privação constante os deixa alquebrados e eles sabem disso, embora de um modo muito vago. O mais comum é não se preocuparem com isso.

"Viver de pensão". É assim que chamam a vagabundagem aqui, o que nos Estados Unidos corresponde a "viver na estrada". Era consenso entre eles que conseguir uma cama era o problema mais difícil que tinham de enfrentar, ainda mais difícil que a comida. O clima inclemente e as leis severas eram os principais responsáveis por essa situação, embora eles próprios atribuíssem o problema da falta de moradia aos imigrantes, especialmente poloneses e judeus russos, que tomavam seus lugares por se submeterem a salários mais baixos e à enorme exploração.

Por volta das sete da noite éramos chamados para tomar banho e ir para a cama. Tirávamos a roupa, embrulhando-a em nossos casacos, amarrávamos com o cinto e amontoávamos tudo num engradado – um método excelente para propagar insetos transmissores de doenças. Entrávamos no banheiro dois a dois. Havia duas banheiras, e sei que os dois homens que nos precederam tinham se lavado na mesma água, que também não foi trocada para os que nos seguiram. E estou quase certo de que os 22 se banharam na mesma água.

Fingi borrifar aquele líquido duvidoso sobre meu corpo, ao mesmo tempo que o removia apressadamente usando a toalha molhada pelo corpo de outros homens. Também não me tranquilizei depois de ver as costas de um pobre desgraçado coberta por uma placa de sangue produzida pela picada de insetos e a consequente coceira.

Deram-me uma camisa – e não pude deixar de pensar em como fora usada pelos meus antecessores. Com dois cobertores debaixo do braço arrastei-me até o dormitório. Era um salão comprido e estreito, atravessado por dois trilhos de ferro. Entre esses trilhos baixos foram esticadas não macas, mas pedaços de lona de 1,80m de comprimento por 60 centímetros de largura. Essas eram as camas, que ficavam separadas por 15 centímetros e a uma altura de uns 20 centímetros. O problema era que a cabeça ficava mais alta que os pés, o que fazia o corpo escorregar constantemente. Presas aos mesmos trilhos, quando um homem se mexia, por menos que fosse, todo o resto balançava e, sempre que eu começava a cochilar, alguém se mexia e me acordava de novo.

Passaram-se horas até eu conseguir dormir. Eram apenas sete da noite e as vozes das crianças, com seus gritos penetrantes, brincando na rua, continuaram até quase meia-noite. O cheiro era medonho e nauseante e minha imaginação corria à solta. Sentia formigamentos e arrepios que beiravam a loucura. Grunhidos, gemidos e roncos pareciam sons emitidos por algum monstro marinho e, várias vezes, atormentado por pesadelos, alguém soltava guinchos e gritos, acordando o restante de nós. Quase de manhã fui acordado por um rato, ou por um animal parecido com um rato, sobre o meu peito. Na rápida transição do sono para a vigília, antes de eu me tornar eu mesmo, soltei um grito de levantar os mortos. Mas acabei levantando os vivos, que me amaldiçoaram muito pela falta de modos.

Amanheceu o dia e, às seis horas, chegou o café da manhã, composto de pão e *skilly*, que cedi para outro; depois disso fomos destacados para tarefas variadas. Alguns tinham de lavar e limpar, outros tinham de pegar estopa e oito de nós foram conduzidos ao outro lado da rua, à enfermaria de Whitechapel, onde nos incumbiram de varrer a rua. Era o meio de pagar pelo *skilly* e pela cama, e eu, por exemplo, sei que paguei por aquilo muitas vezes mais do que valia.

As tarefas eram as mais revoltantes, mas a nossa era considerada a melhor, e os outros sete homens consideravam-se venturosos por terem sido escolhidos para realizá-la.

"Não toque nisso, companheiro, a enfermeira diz que é veneno", advertiu meu parceiro enquanto eu segurava um saco aberto, para ele esvaziar uma lata de lixo.

Viera das alas dos doentes, e disse-lhe que não tencionava nem tocar nem ser tocado por aquilo. Entretanto tinha de descer com aquele saco, e vários outros, por cinco lances de escada e esvaziá-los num receptáculo sobre o qual borrifariam um desinfetante bem forte.

Talvez houvesse algum tipo de piedade sábia naquilo tudo. Esses homens dos albergues, das sopas dos pobres e das ruas são estorvos. Não são bons e não servem para ninguém, nem para si mesmos. Atravancam o mundo com sua presença e o melhor é tirá-los do caminho. Alquebrados pela privação, mal alimentados e pessimamente nutridos, são sempre as primeiras vítimas das doenças e também os que morrem mais rapidamente.

Eles mesmos sentem que as forças da sociedade tendem a arremessá-los para fora da existência. Enquanto borrifávamos o desinfetante, um rabecão estacionou na frente do necrotério e foi carregado com cinco corpos. A conversa concentrou-se na "poção branca" e no "cassetete" e todos concordavam que o pobre, fosse homem ou mulher, que causasse muito problema na enfermaria ou que estivesse muito mal era rapidamente "limado". Isso queria dizer que os desenganados e os ruidosos logo recebiam uma dose do "cassetete" ou da "poção branca" e eram despachados desta para melhor. Não importa se isso é ou não verdade. O fato é que sentem assim e criaram uma linguagem para expressar seu sentimento: "cassetete", "poção branca", "limados".

Às oito da noite descemos até o porão, embaixo da enfermaria, onde nos trouxeram chá e sobras do hospital. As sobras vinham amontoadas sobre uma imensa travessa, numa desordem indescritível – pedaços de pão, nacos de gordura e de carne de porco, juntas chamuscadas, ossos, enfim, os restos que sobravam dos dedos e das bocas de doentes que sofriam todo tipo de moléstia. Os homens mergulhavam as mãos naquela balbúrdia, cavando, manuseando, revirando, examinando, descartando e revolvendo tudo aquilo. Não era nada bonito. Porcos não fariam pior. Mas os pobres-diabos estavam famintos e comiam com voracidade o refugo. Quando já não podiam mais, embrulhavam as sobras no lenço e o enfiavam dentro da camisa.

"Numa outra vez que estive aqui, achei lá fora um monte de costelas de porco", disse Ginger para mim. Por "lá fora" queria dizer o lugar onde o lixo era despejado e borrifado com desinfetante. "Era um pedaço de primeira, com uma quantidade infinita de carne, aí saí correndo pelo portão carregando aquilo nos braços e desci a rua pra procurar alguém pra dar aquilo. Não encontrei uma alma e fiquei correndo de um lado pro outro que nem louco, e o guarda correndo atrás de mim pensando que estava 'dando o pira'. Mas, antes de o guarda me alcançar, encontrei uma velha e joguei a carne dentro do avental dela."

Ah, almas caridosas, ah, filantropos, venham ao albergue noturno para aprender uma lição com Ginger. No fundo do Abismo, ele teve uma atitude altruísta como raramente se vê do lado de fora do Abismo. Foi a bondade que moveu Ginger e, se a velha senhora tiver contraído alguma doença depois de comer a carne grudada naquelas costelas, seu ato ainda foi movido por pura bondade. Mas o mais notável desse incidente, me parece, foi o pobre Ginger ter ficado "que nem louco" ao ver tanta comida desperdiçada.

É regra do albergue noturno que se fique ali duas noites e um dia. Mas eu já vira o suficiente para os meus propósitos, já pagara pelo *skilly* e pelo pedaço de lona e me preparava para cair fora.

"Vamos dar no pé", disse para um dos meus companheiros, apontado para o portão aberto, por onde o rabecão havia entrado.

"E ficar 14 dias no xadrez?"

"Vamos embora."

"Vim aqui pra descansar", disse com complacência. "Mais uma noite de hospedagem não vai doer nada."

Todos eram da mesma opinião, por isso tive de dar no pé sozinho.

"Nunca mais vai poder voltar aqui", preveniram.

"Disso não tenho medo", falei, com um entusiasmo que não poderiam compreender, e, escapando pelo portão, desci a rua em disparada.

Corri para o meu quarto, troquei de roupa e, menos de uma hora depois da fuga, num banho turco, suei todos os germes e todas as outras coisas que pudessem ter penetrado pela minha epiderme, desejando que meu corpo pudesse suportar uma temperatura de 160 graus centígrados, em vez dos meros 104,4.

Capítulo 10
CARREGANDO A BANDEIRA

"Carregar a bandeira" significa andar pelas ruas a noite inteira, e eu, empunhando esse emblema figurativo, saí para ver o que havia para ver. Por toda parte desta grande cidade há homens e mulheres vagando pelas ruas a noite inteira, mas escolhi o West End, tomando Leicester Square como base, e fui inspecionar o que acontecia de Thames Embankment até o Hyde Park[1].

Chovia forte quando as sessões de teatro terminaram, e a ilustre multidão despejada dos teatros tinha dificuldades para encontrar um carro. As ruas eram rios selvagens de táxis, mas a maioria estava ocupada, e eu assistia às tentativas desesperadas de homens e garotos esfarrapados de conseguir táxis para senhoras e senhores aflitos e, com isso, tentar arranjar abrigo. Uso "desesperados" intencionalmente, pois aqueles desgraçados arriscavam passar a noite encharcados de chuva em troca da possibilidade de uma cama, e observei que a maioria ficou encharcada e sem ter onde dormir. Atravessar uma noite tempestuosa com roupas molhadas e, além disso, estando mal nutrido e tendo passado uma semana ou um mês sem comer um pedaço de carne, essa talvez seja a privação mais grave que um homem pode suportar. Bem alimentado e bem vestido, passei o dia todo com o termômetro do espírito marcando 23,3 graus negativos... 23,3 graus abaixo de zero*; e embora

---

1. Hyde Park: parque com 395 acres de extensão. Um dos locais preferidos de recreação na Londres vitoriana.

(*) Isso no Klondike (Jack London).

tenha sofrido, isso não era nada em comparação com ter de carregar a bandeira a noite toda mal alimentado, mal vestido e encharcado.

As ruas ficaram muito silenciosas e solitárias depois que a multidão do teatro foi para casa. Só se viam os onipresentes policiais, acendendo suas lanternas escuras nas portas das casas e vielas, e homens, mulheres e crianças se protegendo do vento e da chuva nos abrigos dos prédios. Piccadilly, no entanto, não estava tão deserto. As ruas estavam iluminadas por mulheres bem vestidas e desacompanhadas, e ali havia mais movimentação por causa desse processo de procurar companhia. Mas por volta das três a última desapareceu e tudo ficou absolutamente ermo.

À uma e meia, o aguaceiro parou e, a partir daí, só caíram algumas pancadas. Os sem-teto deixaram os abrigos dos prédios e começaram a perambular, para estimular a circulação sanguínea e ficarem aquecidos.

Mais cedo, em Piccadilly, não longe da Leicester Square, notei a presença de uma velha de seus 50, 60 anos – uma verdadeira ruína. Parecia não querer nem ter forças para sair da chuva ou continuar caminhando e ficava ali, de pé, estupidamente, imagino que sempre que possível pensando no passado, em quando era jovem e o sangue corria mais quente pelas suas veias. Mas não era sempre que tinha a oportunidade. A velha era desalojada por cada policial que chegava, e eram necessárias em média seis investidas do policial para fazê-la cambalear até o próximo guarda. Por volta das três horas ela tinha avançado até a St. James Street e, quando os relógios deram quatro horas, eu a vi dormindo debruçada sobre as grades de ferro do Green Park. Caía uma chuva forte, e ela deve ter-se encharcado até os ossos.

À uma hora, pensei comigo mesmo: imagine que você seja um jovem pobre, sem tostão, na cidade de Londres, e que amanhã terá de procurar trabalho. Para isso, seria necessário dormir um pouco a fim de ter forças para procurar trabalho e trabalhar, caso encontre alguma coisa.

Sentei-me nos degraus de um prédio. Cinco minutos depois, um policial olhava para mim. Eu estava de olhos abertos, por isso ele só deu uma resmungada e se foi. Dez minutos depois, cochilava com a cabeça sobre os joelhos, e o mesmo policial dirigiu-se a mim rispidamente: "Ei, você, caia fora daí!".

Saí. E continuei a sair, como aconteceu com a velha mulher, pois toda vez que cochilava aparecia um policial para me expulsar. Pouco depois, já tendo desistido daquele jogo, caminhava junto com um jovem londrino (que estivera nas colônias e queria voltar para lá) quando vi uma passagem que dava debaixo de um prédio e sumia na escuridão. Um portão de ferro bem baixo era o único impedimento.

"Vamos", disse. "Vamos pular o portão e dormir um belo sono."

"O quê?", respondeu, recuando. "E ficar preso uns três meses?! Deus me livre!"

Mais tarde, caminhava pelo Hyde Park na companhia de um menino de 14 ou 15 anos, um jovem com a cara mais infeliz do mundo, esquelético, com olhos fundos e aparência doentia.

"Vamos pular a cerca", propus, "e nos embrenhar no mato pra dormir um pouco. Os policiais não vão encontrar a gente aqui".

"Isso é o que você pensa", respondeu. "Tem os guardas do parque, e eles te prendem por seis meses."

Ah, como os tempos mudaram! Quando era jovem costumava ler histórias de meninos que não tinham casa e dormiam nas soleiras das portas. A imagem tornou-se tradicional e por mais um século continuará a fazer parte da literatura, mas ela já não existe na realidade. Ali estão as soleiras e ali estão os meninos, mas a feliz conjunção já não se realiza. As soleiras permanecem vazias e os meninos têm de se manter acordados, perambulando.

"Eu estava lá embaixo dos arcos", murmurou outro rapaz. Por "arcos" ele queria dizer os pilares das pontes que atravessam o Tâmisa. "Estava lá debaixo dos arcos quando a chuva estava bem forte e um tira veio me expulsar de lá. Mas eu voltei e ele também voltou. 'O que você está querendo aqui?', perguntou. Tive de sair, mas antes falei pra ele: 'Você acha que vou roubar essa maldita ponte?'"

O Green Park é muito conhecido pelos carregadores de bandeira por ser o parque que abre os portões mais cedo, por isso às 4h15min da manhã eu e muitos outros entramos no Green Park. Estava chovendo de novo, mas, exaustos por terem andado a noite toda, eles imediatamente se deitaram nos bancos e dormiram. Vários esticaram-se completamente na grama encharcada e, com a chuva caindo sem trégua sobre eles, dormiram o sono da exaustão.

E agora gostaria de fazer uma crítica aos poderes constituídos. Como são poderes constituídos, podem decretar o que quiserem, mas tomo a liberdade de criticar o ridículo dos seus decretos. Obrigam os sem-teto a andar a noite inteira, sem parar. Expulsam-nos das portas e das passagens e trancam-nos para fora dos parques. A intenção evidente é privá-los do sono. Muito bem, eles têm o poder de privá-los do sono, e de tudo o mais que quiserem, mas por que abrem os portões dos parques às cinco da manhã e deixam os sem-teto entrar lá dentro e dormir? Se a intenção é privá-los do sono, por que deixá-los dormir depois das cinco? E se a intenção não é privá-los do sono, por que não deixá-los dormir mais cedo?

Naquele mesmo dia, à uma da tarde, fui ao Green Park e contei dezenas de pobres maltrapilhos dormindo na grama. Era domingo à tarde, o sol aparecia de forma intermitente, e os moradores bem-vestidos do West End, com suas esposas e filhos, ocupavam as ruas aos milhares, tomando um ar. Para eles não era agradável olhar para aqueles vagabundos horríveis, descabelados, sonolentos, e sei que os vagabundos, se dependesse deles, teriam preferido dormir bem na noite anterior.

E assim, meu querido e bondoso povo, quando visitarem a cidade de Londres e virem esses homens dormindo nos bancos e na grama, por favor não pensem que são criaturas preguiçosas, que preferem dormir a trabalhar. Saiba que os poderes constituídos os obrigam a perambular a noite inteira e que, durante o dia, eles não têm outro lugar onde dormir.

Capítulo 11

A SOPA DOS POBRES

Depois de carregar a bandeira a noite inteira, não fui dormir no Green Park quando raiou a manhã. Estava molhado até os ossos, é verdade, e não dormira nas últimas 24 horas; mas, ainda me aventurando no papel de homem sem tostão em busca de trabalho, decidi primeiro procurar um café da manhã e, depois, o trabalho.

Durante a madrugada, ouvira falar de um lugar nas margens do Tâmisa, perto de Surrey, onde todo domingo o Exército da Salvação oferecia café da manhã para o povo sujo. (Aliás, pela manhã os andarilhos noturnos estão imundos e, a não ser que esteja chovendo, não veem muitos vestígios de água.) Achei que aquela era a coisa certa – café da manhã pela manhã, e daí tinha o dia inteiro para procurar trabalho.

Era uma caminhada fatigante até lá. Descendo pela St. James Street, arrastei as pernas cansadas por Pall Mall[1], passei pela Trafalgar Square até chegar à margem do rio. Atravessei a ponte de Waterloo em direção a Surrey, cortei caminho pela Blackfriars Road e saí perto do teatro de Surrey, chegando aos barracões do Exército da Salvação antes das sete horas. Ali era "o sopão". E essa gíria, "sopão", designava o lugar onde se obtém uma refeição gratuita.

---

1. Pall Mall: o nome é uma corruptela de "pail mail", jogo assemelhado ao *croquet*. Era a área da Londres vitoriana onde se localizava a maior parte dos clubes como o Reform e o Carlton. Durante muito tempo foi um local para recreação da classe abastada.

Ali estava uma multidão de pobres-coitados que tinham passado a noite na chuva. Que miséria prodigiosa! E quanta miséria! Velhos, jovens, todos os tipos de homens. E além disso meninos, de todos os tipos. Alguns cochilavam em pé; uma dezena deles estirava-se nos degraus de pedra nas posições mais dolorosas, todos profundamente adormecidos, a pele avermelhada aparecendo através dos rasgos dos trapos que vestiam. Do outro lado da rua, numa extensão de dois quarteirões, cada soleira tinha dois ou três ocupantes, todos adormecidos, as cabeças curvadas sobre os joelhos. E, vale lembrar, estes não são tempos difíceis na Inglaterra. As coisas caminham ordinariamente e os tempos que correm não são difíceis nem fáceis.

Daí veio o policial. "Saiam daí, seu bando de porcos! Ei! Ei! Saiam já!" E os enxotava das soleiras como porcos, dispersando-os pelos quatro cantos de Surrey. Mas quando encontrou a multidão adormecida nos degraus da escada, ficou surpreso. "Chocante!", exclamou. "Chocante! Em pleno domingo de manhã! Que bela visão! Ei! Ei! Saiam daí, suas pragas!"

Claro que a visão era chocante. Eu mesmo fiquei chocado. E não gostaria que minha filha tivesse os olhos poluídos com aquela visão, ou se aproximasse dali, mas... Estávamos ali, e "mas" é tudo o que pode ser dito.

O policial se foi, e voltamos para nos aglomerar como moscas em torno de um pote de mel. Pois não havia aquela coisa maravilhosa, um café da manhã, esperando por nós? Não nos aglomeraríamos com tanta determinação e desespero se estivessem distribuindo 1 milhão de dólares. Alguns já haviam retomado o sono quando o policial voltou e nos dispersamos, para voltar apenas quando a barra estivesse limpa.

Às sete e meia a porta se abriu e o soldado do Exército da Salvação apareceu. "Não faz sentido bloquear a passagem desse jeito", disse. "Quem tiver senha pode vir agora, os outros só depois das nove."

Ah, aquele café da manhã! Nove horas! Mais uma hora e meia! Os homens com senha foram muito invejados. Tinham permissão de entrar, lavar-se, sentar e descansar até o café da manhã, enquanto tínhamos de esperar na rua. As senhas tinham sido distribuídas na noite anterior, ao longo do Embankment, e possuí-las não era questão de mérito, mas de sorte.

Às oito e meia foram admitidos mais homens com senhas e, por volta das nove, abriram o portãozinho para nós. Entramos, nos acotovelando e fomos enfiados num pátio como sardinhas. Em mais de uma ocasião, na condição de vagabundo ianque, no país dos ianques, tive de trabalhar em troca do café da manhã, mas nunca trabalhei tão duro como ali. Por mais de duas horas esperei do lado de fora e fiquei outra hora, ou mais, naquele pátio lotado. Não tinha comido nada a noite toda, estava fraco e abatido, e o cheiro das roupas sujas e dos corpos suados que me circundavam por todos os lados emanando calor animal represado quase revirou meu estômago. Estávamos tão apertados que vários homens aproveitaram para dormir profundamente, de pé.

Não sei nada sobre o Exército da Salvação como instituição e a crítica que faço aqui diz respeito àquela parcela específica do Exército da Salvação que atua na Blackfriars Road, perto do teatro de Surrey. Em primeiro lugar, obrigar homens que passaram a noite em claro a esperar em pé durante horas é tão cruel quanto desnecessário. Estávamos fracos, famintos e exaustos com a privação e a falta de sono e, contudo, estávamos lá, em pé, por horas e horas, sem quê nem por quê.

Os marinheiros eram numerosos. Pareceu-me que um quarto dos homens ali estava em busca de um navio e encontrei pelo menos uma dúzia de marinheiros americanos. Ao justificarem por que estavam desembarcados, ouvi a mesma história de todos e, pelo que conhecia das coisas do mar, a história soava como verdadeira. Os navios ingleses contratam marinheiros para a viagem de ida e volta, que pode durar até três anos, e os homens não podem desfazer o contrato e serem dispensados antes de voltarem ao porto de origem, que é a Inglaterra. Os salários são baixos, a comida é ruim e o tratamento ainda pior. Muito frequentemente são forçados pelo capitão a desertarem no Novo Mundo ou nas colônias, deixando para trás uma bela quantia em salários – o que significa um ganho considerável tanto para o capitão quanto para os proprietários dos navios, ou para ambos. Mas seja ou não por esse motivo, o fato é que muitos desertam. Aí, para a viagem de volta, o navio contrata os primeiros marinheiros que encontrar na praia. Esses homens são contratados por salários de certa maneira mais altos do que conseguiriam em outras partes do mundo, com a condição de que se demitam ao chegarem à Inglaterra. A razão disso é óbvia: seria mau negócio contratá-los por mais tempo, já que os salários dos marinheiros na Inglaterra são baixos e os portos da Inglaterra estão sempre lotados de marinheiros procurando um navio. Isso explica a presença dos marinheiros americanos no quartel do Exército da Salvação. Tinham vindo de lugares estranhos para a Inglaterra para fugir do desemprego e acabaram ficando desempregados no lugar mais estranho de todos.

Havia uma boa vintena de americanos naquela multidão, e os que não eram marinheiros pertenciam ao grupo dos "mendigos reais", homens cujo companheiro é "o vento que vagabundeia pelo mundo". Eram todos alegres, encaravam as coisas com a garra que os caracteriza e parece nunca abandoná--los e também maldiziam o país com metáforas violentas que eram um refresco depois de um mês ouvindo os xingamentos monótonos e desprovidos de imaginação dos *cockney*. Os *cockney* têm um xingamento, e apenas um, o mais indecente da língua, que usam em toda e qualquer ocasião. Muito diferente dos xingamentos variados e luminosos do Oeste, que se aproximam mais da blasfêmia do que da indecência. E já que os homens xingam mesmo, acho que prefiro a blasfêmia à indecência; há nela uma audácia, uma ousadia e uma provocação que a torna muito melhor do que a mera obscenidade.

Havia um mendigo americano que eu achava particularmente divertido. Eu o encontrei pela primeira vez na rua, dormindo numa soleira, a cabeça nos joelhos e com um chapéu desses que não se encontram deste lado do Atlântico. Quando o policial o expulsou, ele se levantou vagarosa e cautelosamente, olhou para o policial, bocejou, espreguiçou, olhou novamente para o policial como quem dizia não saber se ia ou não obedecer à ordem e saiu andando calmamente, rua abaixo. Logo de cara percebi de onde vinha aquele chapéu e, pelo modo como andava, tive certeza sobre o local de origem do homem que usava aquele chapéu.

Lá dentro ficamos lado a lado e tivemos uma boa conversa. Estivera na Espanha, na Itália, na Suíça e na França, e conseguira o feito praticamente impossível de percorrer 480 quilômetros das ferrovias francesas sem ser pego. Perguntou onde eu estava morando e como fazia com a "hospedagem" – ou seja, como fazia para dormir. Já conhecia bem o pedaço? Ele estava se dando bem, embora o interior fosse um pouco "inópisto" e as cidades, "vagagundas". São selvagens, não são? Não se pode mendigar em lugar nenhum sem ser "fisgado". Mas não ia desistir. O *show* do Buffalo Bill[2] chegaria em breve e um homem como ele, capaz de montar oito cavalos, com certeza conseguiria emprego. Os tontos daqui não sabem bulhufas sobre dirigir qualquer coisa que não seja uma junta de bois. Qual o problema de esperar pelo Buffalo Bill? Tinha certeza de que eu também conseguiria alguma coisa.

Mas, apesar de tudo, o sangue pesa mais que a água. Éramos compatriotas e éramos estrangeiros numa terra estranha. Fiquei contente ao ver seu chapéu, e ele ficou preocupado comigo como se fôssemos irmãos de sangue. Trocamos todo tipo de informação sobre o país e os hábitos do povo, métodos para obter comida e abrigo e tudo o mais, e nos despedimos sinceramente tristes de ter de dizer adeus. Uma coisa particularmente notável naquele grupo era a baixa estatura. Eu, de estatura não mais que média, era mais alto que nove entre dez pessoas. Os nativos eram baixos, assim como os marujos estrangeiros. Havia apenas cinco ou seis que podiam ser de fato considerados altos, e esses eram escandinavos e americanos. O mais alto, no entanto, era uma exceção. Era um inglês, mas não londrino. "Candidato a servir entre os cavaleiros reais",

---

2. Buffalo Bill Cody, apelido de William Frederick Cody (1847-1917), foi um dos personagens lendários do Oeste norte-americano. Tornou-se famoso como explorador, cavaleiro do "Pony Express" (serviço de correio que utilizava homens a cavalo) e caçador de búfalos. Seu "Wild West Show" (show do longínquo Oeste, conhecido como *show* de Buffalo Bill), que recriava para o grande público os tempos dos povoadores da fronteira oeste dos Estados Unidos, foi incluído entre os eventos do Jubileu de Ouro da rainha Vitória da Grã-Bretanha em 1887.

observei. "Acertou em cheio, companheiro", foi a resposta; "servi algum tempo nesse regimento e, do jeito que vão as coisas, logo vou ter de voltar".

Por uma hora ficamos em silêncio no pátio lotado. Daí começou a inquietação. Houve empurra-empurra e começou um certo burburinho. Nada grave ou violento, apenas a inquietação de homens fatigados e famintos. Nesse momento crítico chegou o encarregado. Não gostei dele. Seu olhar não era nada bom. Não havia nada nele que lembrasse o modesto Galileu, e muito que lembrava o centurião da Bíblia que disse: "Tenho autoridade e soldados sob meu comando; digo a esse homem, 'Vá', e ele vai; e àquele outro, 'Venha!', e ele vem; e para o meu criado, 'Faça isso!', e ele faz".

Seu olhar era impositivo e os que estavam mais próximos dele se intimidaram. Então ele levantou a voz:

"Parem com isso agora, ou terão de dar meia-volta e sair, e sem café da manhã."

Não posso transferir para a escrita o tom intolerável com que disse isso, com sua consciência de superioridade e a brutal glutonaria do poder. Deleitava-se com a autoridade e era capaz de dizer a meio milhar de mendigos maltrapilhos: "Eu decido se vocês vão comer ou passar fome".

Negar-nos o café da manhã depois de horas esperando de pé! Era uma ameaça monstruosa e o silêncio lamentável e humilhante que se seguiu atestava a monstruosidade. Era uma ameaça covarde, um golpe sujo, desses aplicados abaixo da cintura. Não podíamos contra-atacar, pois estávamos morrendo de fome, e é uma lei do mundo que o homem que dá de comer é o senhor. Mas o centurião – quero dizer, o encarregado – não estava satisfeito. Em meio ao profundo silêncio, levantou novamente a voz e repetiu a ameaça, amplificada, lançando-nos um olhar feroz.

Finalmente permitiram nossa entrada no refeitório, onde os "homens com senhas" estavam lavados, mas ainda não tinham comido. Ao todo, eram uns 700, que tiveram de se sentar – não ainda para comer carne ou pão, mas para o sermão, o canto e a reza. Por isso tudo estou convencido de que Tântalo sofre coisas parecidas nas regiões infernais. O encarregado conduziu a reza, mas não prestei muita atenção porque estava completamente ocupado com o quadro da miséria que se apresentava aos meus olhos. O sermão dizia mais ou menos o seguinte: "Vocês terão fartura no paraíso. Não importa que passem fome e que sofram aqui, vocês terão fartura no paraíso, desde que sigam o bom caminho". E por aí ia. Entendi aquilo como uma engenhosa peça de propaganda, mas pouco eficaz por duas razões: primeiro, quem ouvia aquilo eram homens materialistas e de pouca imaginação, inconscientes da existência do Invisível e muito acostumados com o inferno sobre a terra para terem medo de um inferno futuro. Segundo, porque, fatigados pelas noites de vigília e privação, exauridos pela longa espera de pé e abatidos pela fome, eles não ansiavam pela salvação, mas sim pelo grude. Para serem mais eficientes, os "ladrões de alma" (é assim que se referem aos propagandistas das religiões) deviam estudar um pouco da base fisiológica da psicologia.

Por volta das onze horas chegou o desjejum. Não chegou servido em pratos, mas dentro de sacos de papel. Não comi o que queria e tenho certeza de que ninguém ali comeu o que queria, ou metade do que queria ou necessitava. Dei um pedaço do meu pão para o mendigo que esperava por Buffalo Bill e, no final, ele estava com tanta fome quanto no começo.

Eis o café da manhã: duas fatias de pão, um pedaço de pão com passas chamado de "bolo", uma fatia de queijo fina como uma hóstia e uma caneca de chá. Muitos esperavam desde as cinco horas e todos esperavam havia pelo menos quatro horas; além disso, fôramos reunidos como porcos, acomodados como sardinhas e tratados como vira-latas, e tinham feito sermões, cantado e rezado para nós. Mas ainda tinha mais.

O café da manhã mal tinha terminado (e terminou tão rápido quanto o tempo de escrever estas palavras) e as cabeças cansadas começaram a cair para a frente; em cinco minutos, metade de nós estava em sono profundo. Não havia sinais de que nos mandariam embora, mas havia sinais inequívocos de preparativos para alguma reunião. Olhei para um pequeno relógio pendurado na parede. Marcava 25 para o meio-dia. Pensei comigo mesmo que o tempo voava e que ainda tinha de procurar trabalho.

"Quero ir embora", disse para dois homens acordados ao meu lado.

"Tem de ficar pro serviço", foi a resposta.

"Vocês querem ficar?", perguntei.

Balançaram as cabeças.

"Então vamos dizer que queremos ir embora", prossegui. "Vamos."

Mas as pobres criaturas estavam aterrorizadas. Então os abandonei à própria sorte e fui procurar um funcionário do Exército da Salvação.

"Quero ir embora", disse. "Vim tomar café da manhã para ter condições de procurar trabalho. Não pensei que ia demorar tanto. Tenho possibilidade de arranjar um trabalho em Stepney e, quanto antes começar, maior a chance de conseguir."

Era um bom camarada, mas ficou chocado com o pedido. "Vamos distribuir os serviços e é melhor você ficar."

"Mas isso vai prejudicar minhas possibilidades de trabalho", argumentei. "E trabalho é a coisa mais importante pra mim agora."

Como fosse apenas um soldado raso, encaminhou-me ao encarregado, para quem repeti as razões de querer ir embora e a quem educadamente pedi permissão.

"Mas isso é impossível", disse, indignado com tamanha ingratidão. "Que ideia!", bufava. "Que ideia!"

"Quer dizer que não posso sair?", perguntei. "Quer me manter aqui contra a minha vontade?"

"Quero", bufou.

Não sei o que poderia ter acontecido, porque eu também estava ficando indignado; mas a "congregação" observava tudo e ele acabou me levando para um canto do recinto, e depois para outro recinto, onde novamente perguntou as razões de eu querer ir embora.

"Quero ir embora", disse, "porque quero procurar trabalho em Stepney, e a cada hora diminui a chance de conseguir trabalho. São 25 para o meio-dia. Quando vim para cá não pensei que o café da manhã ia demorar tanto".

"Então você tem compromisso?", perguntou em tom de escárnio. "Está se vendo que é um homem de negócios. E por que veio aqui?"

"Passei a noite na rua e precisava de um café da manhã para ter forças para procurar trabalho. Foi por isso que vim."

"Bela coisa de se fazer", prosseguiu com o mesmo ar de escárnio. "Um homem compromissado não devia vir aqui. Você tomou o café da manhã de um pobre, foi isso que você fez."

O que era mentira, porque todos os filhos de Deus tinham conseguido entrar.

Agora pergunto: isso é uma atitude cristã, ou pelo menos honesta? Depois de eu ter declarado explicitamente que era um sem-teto, estava com fome e queria procurar trabalho, ele chamar minha busca de "compromisso" e, por causa disso, me chamar de homem de negócios e daí extrair o corolário de que um homem compromissado, e bem de vida, não necessitava de um café da manhã de caridade, e que por ter tomado um café da manhã de caridade eu tinha roubado um mendigo faminto, que não era um homem compromissado.

Mantive a calma, mas recapitulei os fatos e com clareza e concisão demonstrei quão injusto tinha sido e como deturpara os fatos. Como não desse sinais de recuo (e tenho certeza de que meus olhos começavam a fechar), ele me levou até os fundos do prédio onde, num pátio aberto, havia um barracão. Com o mesmo tom de escárnio, informou a dois soldados que estavam lá que ali estava um "camarada que tem compromissos e quer ir embora antes de fazer o serviço".

Ficaram devidamente chocados, é claro, e com uma insuportável expressão de horror olharam o encarregado entrar no barracão e sair lá de dentro com o major. Ainda com o mesmo tom de escárnio, dando ênfase especial à palavra "compromisso", levou meu caso ao comandante. O major era homem de outra índole. Gostei dele assim que o vi, e para ele expus o caso da mesma maneira que fizera antes.

"Não sabia que tinha de ficar para os serviços?", perguntou.

"Claro que não", respondi, "senão teria ido embora sem o café. Não há cartazes sobre isso e nem fui avisado quando entrei".

Ele refletiu por um momento. "Pode ir", disse.

Era meio-dia quando ganhei a rua, ainda sem saber se estivera no exército ou numa prisão. Metade do dia se fora e o caminho até Stepney era longo. Além disso, era domingo, e por que um homem, mesmo que fosse um homem faminto, procuraria trabalho no domingo? Ponderei comigo mesmo que tinha tido uma noite de trabalho pesado perambulando pelas ruas e um dia pesado de trabalho para conseguir o café da manhã; aí resolvi abandonar o papel do jovem em busca de emprego, fiz sinal para o ônibus e embarquei.

Depois de fazer a barba e tomar um banho, tirei a roupa, enfiei-me nos lençóis brancos e limpos e fui dormir. Eram seis da tarde quando fechei os olhos. Quando eles se abriram de novo, os relógios batiam nove horas da manhã seguinte. Tinha dormido 15 horas ininterruptas. Enquanto estava ali, sonolento, pensava nos 700 desafortunados que deixara lá, esperando pelos serviços. Sem banho, sem fazer a barba, sem lençóis brancos e limpos, sem poder tirar a roupa e sem as 15 horas de sono ininterrupto. Terminados os serviços, novamente as ruas fatigantes, a luta para conseguir um pedaço de pão antes do anoitecer, a longa noite de vigília nas ruas e a luta angustiante para conseguir um pedaço de pão ao amanhecer.

Capítulo 12

O DIA DA COROAÇÃO

Oh tu que rasgas os mares
de terras sem fronteiras com o mar!
Até quando resistirás?
Oh, Inglaterra de Milton,
Tu que fostes sua República,
Farás com que se ajoelhem?
Essas realezas carcomidas,
Essas mentiras corroídas por vermes
Que mantêm seu rosto tempestuado,
E o brilho dos seus olhos ofuscado pelo sol
Diante do ar livre e das nuvens
De céus aprisionados[1]

       Swinburne

Vivat Rex Eduardus[2]! No dia de hoje coroaram um rei com grande regozijo e requintados disparates, e eu fiquei perplexo e triste. Nunca havia visto nada comparável àquele cortejo, a não ser os circos ianques e os balés de Alhambra, e também nunca vira nada tão desesperado e trágico.

 Para apreciar melhor a coroação, devia ter ido diretamente da América para o Hotel Cecil, e diretamente do Hotel Cecil para um lugar de cinco guinéus entre pessoas que costumam tomar banho. Meu erro foi ir para a coroação diretamente do East End, onde o banho é raro. Não havia muitas pessoas

---

1. "O thou that sea-walls sever/ From lands unwalled by seas!/ Wilt thou endure forever,/ O Milton's England, these?/ Thou that wast his Republic,/ Wilt thou clasp their knees?/ These royalties rust-eaten,/ These worm-corroded lies/ That keep thy head storm-beaten,/ And sun-like strength of eyes/ From the open air and heaven/ Of intercepted skies"

2. Viva o rei Eduardo! O rei Eduardo VII (1841-1910) foi coroado em 1902.

provenientes daquela região. A maior parte do East End ficou no East End para se embebedar. Os socialistas, democratas e republicanos foram para o campo respirar ar puro, insensíveis ao fato de que 40 milhões de pessoas estavam coroando e consagrando um soberano. Seis mil e quinhentos prelados, sacerdotes, chefes de Estado, príncipes e soldados assistiram à coroação e à consagração, e o restante de nós vimos o cortejo passar.

Assisti a tudo da Trafalgar Square, "o lugar mais esplêndido da Europa" e verdadeiro coração do império. Éramos muitos milhares, todos devidamente revistados e controlados por um magnífico aparato de força armada. O lugar da passagem do cortejo era demarcado por soldados dispostos em filas duplas. A base da coluna de Nelson[3] estava debruada por uma camada tripla de marinheiros. Do lado leste, na entrada da praça, estava a Artilharia da Marinha Real. Cada lado do triângulo formado por Pall Mall, Cockspur e a estátua de George III estava reforçado por lanceiros e hussardos. A oeste estavam os fuzileiros da Marinha Real com seus casacos vermelhos e, do Clube do Sindicato até a embocadura de Whitehall, via-se uma fulgurante e compacta curvatura formada pela primeira divisão dos cavaleiros reais – homens enormes montados em enormes cavalos de batalha, couraça de aço, capacete de aço, jaezes de aço e uma grande espada de guerra, também de aço, pronta a ser desembainhada em defesa dos poderes constituídos. Além disso, por toda a multidão moviam-se com rapidez fileiras da polícia metropolitana, enquanto na retaguarda ficavam as tropas de reserva – homens altos,

---

3. Horatio Nelson (1758-1805). Almirante e herói nacional inglês, responsável por uma significativa vitória contra a frota franco-espanhola na batalha naval de Trafalgar, travada na área próxima a Gibraltar.

bem-alimentados, com armas e músculos para brandi-las em caso de necessidade.

O que se via em Trafalgar Square se verificava em toda a linha do cortejo – força, força esmagadora; miríades de homens, esplêndidos, a nata do povo, cuja única função na vida era obedecer cegamente, e cegamente matar, destruir e esmagar a vida. Para que pudessem ser bem-alimentados, bem-vestidos e bem-armados e dispor de navios que os lançassem aos confins da terra, era preciso que os homens do East End de Londres – assim como os "East End" de toda Inglaterra – mourejassem, apodrecessem e morressem.

Há um provérbio chinês que diz que se um homem vive no ócio, outro homem vai morrer de fome; e Montesquieu disse: "O fato de muitos se ocuparem em fazer roupas para um único indivíduo é a causa de muitos não terem o que vestir". Uma coisa explica a outra. Não podemos entender o trabalhador faminto e franzino do East End (que vive com a família numa espelunca de um cômodo e aluga o chão para outros trabalhadores esfomeados e franzinos) sem conhecer os cavaleiros reais do West End e saber que um precisa alimentar, vestir e engalanar o outro.

Enquanto na Abadia de Westminster o povo coroava o rei, eu, esmagado entre os cavaleiros reais e a polícia metropolitana em Trafalgar Square, pensava na época em que o povo de Israel escolheu pela primeira vez um rei. Todos conhecem a história. Os anciãos foram até o profeta Samuel e disseram: "Dá-nos um rei para que nos julgue, com todas as nações".

> E o Senhor disse a Samuel: Pois então ouvi a voz deles; seja como for, deveis mostrar-lhes a conduta do rei que irá reinar sobre eles.

E Samuel transmitiu todas as palavras do Senhor ao povo que lhe pedira um rei, e disse:
Esta será a conduta do rei que reinará sobre vós; ele tomará vossos filhos e os submeterá ao seu domínio, para conduzir seus carros de guerra e para serem seus cavaleiros e eles terão de correr à frente de seus carros de guerra. E ordenará que sejam chefes de milhares e chefes de 50; e designará alguns para arar sua terra, colher sua colheita, fabricar seus instrumentos de guerra e as peças de seus carros de guerra.
E tomará vossas filhas para serem confeiteiras, cozinheiras e padeiras.
E tomará vossos melhores campos, vossas vinhas e vossos olivais e os dará a seus oficiais.
E tomará o dízimo de vossas sementes e de vossos vinhedos e os dará a seus oficiais e servos.
E tomará vossos criados, vossas criadas, os jovens mais saudáveis e vossos animais e os colocará a seu serviço.
Tomará o dízimo de vossos rebanhos; e vós sereis os servos dele.
E um dia imprecareis contra o rei que vós mesmos escolhestes; e nesse dia o Senhor não vos responderá[4].
Tudo isso se passou em tempos antigos, e todos eles imploraram a Samuel dizendo: "Intercede por nós, teus servos, junto a teu Deus, para que não morramos, pois a todos os nossos pecados acrescentamos mais este: pedir para nós um rei"[5].
Depois de Saul e Davi e Salomão veio Roboão, que respondeu ao povo com grosseria, dizendo: "Meu pai tornou pesada a vossa carga, e eu a tornarei ainda mais pesada; meu pai vos castigou com açoites, mas eu vos castigarei com escorpiões"[6].

---

4. I Samuel 8, 10-18.
5. I Samuel 12, 19.
6. I Reis 12, 14.

E nestes últimos tempos 500 nobres detêm por hereditariedade um quinto da Inglaterra; e eles, e os oficiais e servos do rei, e aqueles que compõem os poderes constituídos anualmente desperdiçam em luxos 1 bilhão e 850 milhões de dólares, ou 370 milhões de libras, o que equivale a 32% da riqueza total produzida por todos os trabalhadores do país.

Na Abadia, coberto com um maravilhoso manto de ouro, em meio ao som de trompetes, cercado por uma magnífica multidão de mestres, lordes e governantes, o rei era investido da insígnia de sua soberania. O grande camareiro punha as esporas em seus calcanhares e uma espada de bainha púrpura lhe foi presenteada pelo arcebispo de Cantuária com as seguintes palavras:

> Recebei a espada real agora trazida do altar de Deus e entregue a Vossa Majestade pelas mãos dos bispos e servos de Deus, ainda que sejam indignos de servir-vos.

Depois disso, enfiando a espada na cintura, ouviu a exortação do arcebispo:

> Com esta espada fazei justiça, impedi o crescimento das iniquidades, protegei a Santa Igreja de Deus, ajudai e defendei viúvas e órfãos, restaurai o que está prestes a decair, mantenhais o que foi restaurado, puni e reformeis o que foi extraviado e incentivai o que está em boa ordem.

Escutem! Ouvem-se aclamações em Whitehall; a multidão se agita, a fileira dupla de soldados põe-se em alerta e eis que os barqueiros do rei, em fantásticos trajes medievais em tons de vermelho, surgem à vista de todo mundo como a vanguarda de um desfile circense. Daí aparece uma carruagem real, lotada de senhoras e senhores da família real, com soldados de infantaria empoados e cocheiros maravilhosamente engalanados. Mais carruagens, lordes e camareiros, viscondes, açafatas – todos lacaios. Aí os guerreiros, a escolta real, generais bronzeados e alquebrados que vieram dos confins da terra à cidade de Londres; oficiais voluntários, oficiais da milícia e das forças regulares; Spens e Plumer, Broadwood e Cooper, que libertou Ookiep, Mathias de Dargai, Dixon de Vlakfontein; o general Gaselee e o almirante Seymour, da China; Kitchener, de Cartum; o lorde Roberts, da Índia e do mundo todo – todos os guerreiros da Inglaterra, mestres da destruição, engenheiros da morte! Uma outra raça de homens, diferente daqueles que habitam as fábricas e as favelas, uma raça de homens totalmente diferente.

Mas ali vinham eles, com toda a pompa e convicção do poder, e vinham tranquilos esses homens de aço, senhores da guerra e do mundo. Novo tumulto: vinham nobres e plebeus, príncipes e marajás, escudeiros do rei e guardas do Paço. Ali os colonos, homens ágeis e robustos; todas as raças do mundo inteiro – soldados do Canadá, da Austrália, da Nova Zelândia; das Bermudas, de Bornéu, das ilhas Fiji e da Costa Dourada da Austrália; da Rodésia, da Colônia do Cabo, de Natal, de Serra Leoa e de Gâmbia, da Nigéria e de Uganda; do Ceilão, de Chipre, de Hong Kong, da Jamaica e de Wei Hai Wei; de Lagos, de Malta e de Santa Lúcia, de Cingapura, de Trinidad. Os homens conquistados da Índia, cavaleiros de pele trigueira e manejadores de espadas, ferozmente bárbaros, resplandecentes em carmesim e escarlate, siques, rajputs, burmeses, província por província, e casta por casta.

Agora a cavalaria de guarda, com seus belos pôneis cor de creme e panóplias douradas, um furacão de vivas e o estrondo das fanfarras – "O rei! o rei! Deus salve o rei!". Todos enlouquecem. Sou contaminado pela epidemia, que me toma a partir dos pés. Também quero gritar: "O rei! Deus salve o rei!". Ao meu lado, homens esfarrapados, lágrimas nos olhos, atiram os chapéus e gritam extasiados: "Bendito seja! Bendito seja!". Vejam, ali está ele, numa maravilhosa carruagem dourada, a coroa enorme reluzindo sobre a cabeça, a mulher a seu lado, vestida de branco, também coroada.

Paro e faço esforço para me convencer de que aquilo é real e racional, e não uma visão de conto de fadas. Mas não consigo me convencer, e é melhor assim. Prefiro acreditar que toda pompa, futilidade, ostentação e mistificação tola pertencem ao reino dos contos de fada a acreditar que sejam produzidas por pessoas sãs e sensíveis, que conseguiram dominar a matéria e resolver os mistérios do cosmos.

Príncipes e principelhos, duques, duquesas e toda sorte de gente coroada passa reluzindo na comitiva real; mais guerreiros, lacaios e povos conquistados, e o cortejo termina. Deixo-me levar pela multidão para fora da praça rumo a um emaranhado de vielas, onde tabernas estrugem com a embriaguez de homens, mulheres e crianças reunidos numa orgia colossal. E por todos os lados ouve-se a canção preferida do dia da coroação:

No Dia da Coroação, no Dia da Coroação
Nos embebedaremos, nos divertiremos e juntos gritaremos
Hip, hip, hurra!

Com uísque, vinho e sherry, seremos bem felizes,
Seremos bem felizes no Dia da Coroação.

A chuva cai torrencialmente. Tropas de auxiliares, negros africanos e asiáticos amarelos, com seus fezes e turbantes, sobem a rua, enquanto cules gingam para cima e para baixo portando metralhadoras, baterias de campanha na cabeça. Com os pés descalços e andando em ritmo acelerado, produzem curiosos sons no pavimento enlameado. As tabernas esvaziam-se num passe de mágica, e os leais vassalos são aclamados pelos irmãos britânicos, que de imediato retornam à bebedeira.

"Gostou da procissão, companheiro?", perguntei a um senhor sentado num banco do Green Park.

"Como posso ter gostado? Com todos os policiais longe, pensei que era uma ótima oportunidade para dormir, e fui ali pro canto, com mais 50. Mas não consegui dormir, fiquei deitado, com fome e pensando em todos os anos de trabalho e nessa situação de não ter onde encostar a cabeça; e ouvia a música, e os aplausos e os canhões, e quase virei um anarquista para ir lá estourar os miolos do camareiro real."

Não conseguia entender exatamente por que o camareiro real, e nem ele, mas era isso que ele decididamente sentia, e não tinha discussão.

Quando a noite caiu, a cidade ganhou iluminação esplendorosa. Em todo lugar, cores – verde, âmbar e rubi – salpicavam o olhar e por todo lugar viam-se as letras "E. R."[7] recortadas em pedaços de cristal iluminados por chamas de gás. As multidões nas ruas chegavam às centenas de milhares e, apesar da dura repressão policial, abundavam as comemorações espalhafatosas,

---

7. De Eduardo Rex.

a bebedeira e as brincadeiras brutais. Os trabalhadores cansados pareciam enlouquecidos com o dia de descanso e com a excitação e dançavam nas ruas. Homens e mulheres, velhos e jovens, de braços dados e em longas fileiras, cantavam: "Posso ser louco, mas amo você", "Dolly Gray" e "A madressilva e a abelha". Esta última dizia mais ou menos assim:

> Tu és o mel, madressilva, e eu sou a abelha,
> E o mel quero sugar dessa boca vermelha.

Sentei-me num banco à beira do Tâmisa, olhando os reflexos da luz na água. Era quase meia-noite e diante de mim passavam bandos de foliões que voltavam para casa evitando as ruas mais turbulentas. No banco ao meu lado havia duas criaturas maltrapilhas, um homem e uma mulher, a cabeça caindo para a frente, cochilando. A mulher estava com os braços cruzados apertados contra o peito, o corpo em constante movimento – inclinava-se para a frente até parecer que se desequilibraria e cairia de cara no chão; depois inclinava-se para a esquerda, até encostar a cabeça no ombro do homem; daí para a direita, o corpo esticando até que a dor do movimento a acordava e a fazia voltar a se reacomodar no banco. Depois disso começava a se inclinar para a frente e o ciclo recomeçava, até se reerguer novamente com as dores do corpo esticado para a direita.

De vez em quando, meninos e rapazes paravam e aproximavam-se para dar vazão a gritos repentinos e diabólicos. Os gritos arrancavam os maltrapilhos do sono e a multidão soltava risadas estrepitosas diante da visão da miséria amedrontada.

O mais surpreendente é que a crueldade era geral. Uma coisa óbvia: os sem-teto eram gente pobre, miserável e inofensiva e, portanto, podiam ser provocados à vontade. Cinquenta mil pessoas devem ter passado por ali enquanto eu observava e nenhuma pessoa, numa ocasião tão alegre como a coroação do rei, sentiu vibrar as cordas do coração nem teve a coragem de ir até lá e dizer: "Tome aqui esta moeda; arrume uma cama para dormir". As mulheres, principalmente as mais jovens, faziam comentários jocosos sobre a mulher que cabeceava de sono e invariavelmente arrancavam risadas.

Para usar um britanismo, era "cruel"; o americanismo correspondente seria mais apropriado – era "feroz". Confesso que fui ficando enfurecido com aquela multidão feliz e um pouco satisfeito com as estatísticas que mostram que em Londres um em cada quatro adultos está destinado a morrer em casas de caridade, seja em albergues, enfermarias ou asilos.

Fui conversar com o homem. Tinha 54 anos e era um estivador arruinado. Só encontrava bicos quando havia muita oferta de trabalho, já que em tempos mais calmos os mais jovens e mais fortes eram os preferidos. Fazia uma semana que estava naqueles bancos, mas achava que as coisas logo melhorariam e talvez conseguisse alguns dias de trabalho e uma cama numa pensão barata. Vivera toda a sua vida em Londres, exceto cinco anos, a partir de 1878, quando serviu na Índia.

Claro que ele e a menina comeriam alguma coisa. Dias como aqueles eram especialmente difíceis para gente como eles, mesmo que os guardas estivessem muito ocupados e os pobres-coitados pudessem dormir por mais tempo. Acordei a menina, ou melhor, a mulher, já que tinha "28 anos, senhor", e nos dirigimos para um café.

"Que trabalheira arrumar todas essas luzes", disse o homem ao ver um prédio esplendidamente iluminado.

Essa era a tônica de sua existência. Toda vida ele trabalhara e só conseguia expressar em termos de trabalho todo o universo objetivo, assim como sua alma. "As coroações são uma coisa boa", continuou. "Dão trabalho pros homens."
"Mas sua barriga está vazia", disse.
"Está mesmo", respondeu. "Tentei, mas não deu certo. A idade conta contra mim. No que você trabalha? É um camarada do mar, não é? Percebi pelas roupas."
"Sei de onde você é", disse a menina. "É um *etaliano*."
"Não, não é", gritou o homem acaloradamente. "Ele é um ianque. Eu conheço."
"Deus me perdoe, olhe aquilo", exclamou enquanto desembocávamos na margem do rio, aturdidos com a multidão ribombante e cambaleante que vinha da coroação, os homens vociferando e as mulheres cantando em falsete, com vozes roucas:

No Dia da Coroação, no Dia da Coroação
Nos embebedaremos, nos divertiremos e juntos gritaremos
Hip, hip, hurra!
Com uísque, vinho e sherry, seremos bem felizes,
Seremos bem felizes no Dia da Coroação.

"Estou imunda! Pudera, passei o dia inteiro andando pra cima e pra baixo", disse a mulher, sentando-se no café, limpando o sono e a sujeira do canto dos olhos. "Como gostei das coisas que vi hoje! Pena que estivesse sozinha! As damas e as duquesas tinham cada vestido branco! Eram bonitos, muito bonitos."
"Sou irlandesa", disse, respondendo uma pergunta. "Meu nome é Eyethorne[8]."

---
8. Variante *cockney* do sobrenome Hawthorne.

"Como?", perguntei.
"Eyethorne, senhor; Eyethorne."
"Soletre."
"H-a-y-t-h-o-r-n-e, Eyethorne."
"Ah!", disse, "é *cockney* irlandês."
"Sim, senhor, nascida em Londres".

Vivera feliz até o pai morrer num acidente, foi aí que se viu sozinha no mundo. Um irmão estava no exército e o outro irmão, ocupado em manter mulher e oito filhos com 20 xelins por semana e um emprego instável, não podia fazer muito por ela. Saíra de Londres uma vez na vida, para um lugar em Essex, a 30 quilômetros dali, onde trabalhou na colheita de frutas por três semanas – "Quando voltei estava escura que nem uma amora. Não vai acreditar, mas é verdade."

Seu último emprego tinha sido num café, das sete da manhã até as onze da noite, e ganhava cinco xelins por semana, além das refeições. Aí ficou doente e desde que saiu do hospital não conseguiu mais nada. Não estava preparada para enfrentar o trabalho e tinha passado as duas últimas noites na rua.

Os dois juntos, o homem e a mulher, consumiram uma quantidade prodigiosa de comida e não mostraram sinais de saciedade até eu duplicar e triplicar seus pedidos iniciais.

A certa altura, a moça estendeu os braços para sentir a textura do meu casaco e da minha camisa e fez comentários sobre a boa qualidade das roupas dos ianques. Meus trapos, roupas boas! Aquilo me fez enrubescer; mas, ao examinar mais de perto as roupas deles, comecei a me sentir bem-vestido e muito respeitável.

"O que vocês esperam daqui pra frente?", perguntei. "Sabem que a cada dia vão ficando mais velhos."

"O asilo", disse ele.

"Deus me perdoe", disse ela. "Sei que não há esperança para mim, mas vou morrer na rua. Não quero saber do asilo."

"Não mesmo", fungou em meio ao silêncio que se fez.

"Depois de passar a noite inteira na rua", perguntei, "o que faz pra conseguir o que comer de manhã?"

"Tento conseguir um pêni", explicou o homem. "Aí vou a um café e compro uma xícara de chá."

"Mas não sei como isso vai alimentar você", objetei.

Os dois sorriram com ar de cumplicidade.

"Você bebe o chá em pequenos goles", continuou, "para durar o máximo possível. Daí fica prestando atenção pra ver se alguém deixa alguma coisa".

"É incrível o tanto de comida que as pessoas deixam", interrompeu a mulher.

"O negócio", disse o homem com muito bom senso quando eu começava a compreender o truque, "é conseguir o pêni".

Quando estávamos saindo, a senhorita Eyethorne juntou uns pedaços de pão das mesas vizinhas e os enfiou no meio dos seus farrapos.

"Não posso desperdiçar, o senhor sabe", disse ela, e o estivador assentiu com a cabeça, enquanto também catava alguns pedaços de pão.

Às três da manhã fui dar um passeio nas margens do rio. Era uma noite de gala para os sem-teto, pois os policiais estavam em outro lugar e todos os bancos estavam apinhados de ocupantes sonolentos. Havia o mesmo número de homens e mulheres, e a grande maioria era de homens e mulheres idosas. Eventualmente via-se algum menino. Num banco vi uma família, o homem sentado com um bebê dormindo nos braços, a mulher adormecida com a cabeça nos seus ombros e, no colo dela, a cabeça de um jovem também dormindo. O homem estava de olhos bem abertos. Olhava para a água e pensava, o que não é uma boa coisa para um pai de família desabrigado fazer. Não seria nada agradável especular sobre seus pensamentos; mas eu sei, e Londres inteira sabe, que os casos de desempregados que matam as esposas e os filhos não são incomuns.

É difícil andar pelas margens do Tâmisa nas primeiras horas da manhã, passando pelo Parlamento, o Obelisco de Cleópatra, a ponte de Waterloo, sem lembrar dos sofrimentos descritos há 27 séculos pelo autor de "Jó":

> Há os que removem as cercas e violentamente roubam o rebanho e o apascentam.
> Levam o jumento do órfão e tomam em penhor o boi da viúva.
> Expulsam os necessitados para fora do caminho, e todos os pobres da terra se escondem.
> Eis que, como jumentos no deserto, saem para trabalhar, diligentemente procurando comida; e o deserto dá comida aos seus filhos.
> Ceifam seu alimento do campo e recolhem a vinha do ímpio.
> Deitam-se a noite toda sem roupa e no frio não têm com que se cobrir.
> São molhados pela chuva das montanhas e, em busca de abrigo, refugiam-se nas rochas.
> Há os que arrancam os órfãos do peito e tomam o penhor do pobre.
> E andam nus por não terem roupa e, famintos, carregam as espigas.
>
> Jó 24, 2-10.

Vinte e sete séculos se passaram! E tudo isso continua verdadeiro e apropriado em pleno coração da civilização cristã, onde Eduardo VII é rei.

Capítulo 13
DAN CULLEN, O ESTIVADOR

Fiquei, ontem, num quarto de um dos "Abrigos Municipais", não longe da Leman Street. Se pudesse saber o que o futuro me reserva e visse que teria de passar o resto dos meus dias num quarto daqueles, desceria de imediato, me atiraria no Tâmisa e não precisaria mais gastar com o aluguel.

Não era um quarto. O apreço à língua pede que se esclareça que chamar aquilo de quarto é o mesmo que chamar um barraco de mansão. Era um covil, uma toca. Media dois metros por dois e meio, e o pé-direito era tão baixo que não havia a quantidade de ar por centímetro cúbico necessária para um soldado inglês num quartel. Um sofá decrépito, com uma colcha esfarrapada, ocupava quase metade do quarto. Uma mesa desconjuntada, uma cadeira e algumas caixas deixavam pouco espaço para se mover. Cinco dólares bastariam para comprar tudo aquilo. Não havia piso, e as paredes e o teto estavam literalmente cobertos de manchas de sangue e sujeira. Cada mancha representava uma morte violenta – de um inseto, pois o lugar estava infestado de pulgas e piolhos, uma praga que ninguém conseguiria enfrentar sozinho.

O homem que ocupara esse buraco, um certo Dan Cullen, estivador, estava morrendo no hospital. Mas conseguiu, nesse ambiente miserável, imprimir sua personalidade o suficiente para deixar pistas sobre o tipo de homem que era. Nas paredes havia retratos baratos de Garibaldi, Engels, Dan Burns e outros líderes trabalhistas, enquanto sobre a mesa repousava um dos romances de Walter Besant. Conhecia Shakespeare, me disseram, e lera sobre história, sociologia e economia. E era autodidata.

Em meio a uma confusão formidável, sobre a mesa havia também um pedaço de papel rabiscado com o seguinte recado: "Sr. Cullen, por favor devolva a jarra branca grande e o saca-rolhas que lhe emprestei" – os artigos haviam sido emprestados, durante os primeiros estágios da doença, por uma vizinha, que os pedia de volta em antecipação a sua morte. Uma jarra branca e um saca-rolhas são bens valiosos demais para uma criatura do Abismo permitir que outra criatura morra em paz. Até o fim, a alma de Dan Cullen precisa ser atormentada pela sordidez da qual em vão lutou para escapar.

É uma historinha breve, a de Dan Cullen, mas há muito o que ler nas entrelinhas. Ele nasceu numa família humilde, numa cidade e num país onde o limite entre as castas é delineado com nitidez. Em todos os seus dias, trabalhou duro com o corpo e, porque conhecia os livros, fora iluminado pelas luzes do espírito e sabia "escrever uma carta como um advogado", fora escolhido pelos amigos para trabalhar duro para eles com o cérebro. Transformou-se num líder dos carregadores de fruta, representava os estivadores no Conselho de Comércio de Londres e escrevia artigos combativos para os jornais trabalhistas.

Ele não se intimidava diante de outros homens, embora fossem seus superiores econômicos e controlassem os meios que garantiam sua sobrevivência, falava o que lhe vinha à mente e lutava o bom combate. Na "Grande Greve dos Estivadores"[1], foi acusado de ser um dos líderes. Esse foi o fim de Dan Cullen.

---

1. Greve realizada em Londres em 1889. A forma disciplinada como foi conduzida conquistou apoio considerável para o movimento. Quando as reivindicações dos grevistas foram atendidas, o Sindicato dos Estivadores passou a estimular o recrutamento para outros sindicatos, que rapidamente começaram a encarar a greve como forma importante de luta.

Daquele dia em diante, ele era um homem marcado e a cada dia, por dez anos ou mais, teve de "pagar" pelo que havia feito.

Um estivador é um trabalhador temporário. O trabalho vem e vai, e ele trabalha ou não de acordo com a quantidade de bens a transportar. Dan Cullen era discriminado. Enquanto não era completamente descartado (o que teria causado problemas, mas certamente teria sido mais piedoso), foi convocado pelo contramestre a trabalhar não mais que dois ou três dias por semana. É o que denominam ser "disciplinado", ou "adestrado". Isso significa passar fome. Não há palavra mais educada. Dez anos disso lhe partiram o coração, e homens de coração partido não conseguem sobreviver.

Ele se enfiou na cama em seu terrível covil, que ficou mais terrível ainda com sua desesperança. Não tinha ninguém no mundo, era um velho solitário, amargurado e pessimista, matando insetos vez ou outra e olhando Garibaldi, Engels e Dan Burns, que o encaravam das paredes manchadas de sangue. Ninguém do abrigo municipal lotado veio vê-lo (ele não fez amizade com nenhum deles) e foi abandonado a apodrecer.

Mas dos confins do East End vieram um sapateiro e seu filho, os únicos amigos que tinha. Limparam seu quarto, trouxeram roupa de cama limpa e tiraram os lençóis de debaixo dele, cinzentos de tanta sujeira. E trouxeram uma das enfermeiras "voluntárias da rainha", de Aldgate.

Ela lavou o rosto de Dan Cullen, sacudiu-lhe o esqueleto e falou com ele. Gostou de conversar com ele – até o momento em que disse a ele seu nome. Ah, sim, Blank era o nome dela, respondeu inocentemente, e Sir George Blank era seu irmão. Sir George Blank, é?, trovejou o velho Dan Cullen em seu leito de morte; Sir George Blank, procurador no cais de Cardiff, que, mais do que qualquer outro homem, havia arruinado o Sindicato dos Estivadores de Cardiff e depois foi condecorado com o título de cavaleiro? E ela era irmã dele? Na mesma hora, Dan Cullen sentou-se em seu sofá decrépito e proferiu o anátema contra ela e toda a sua raça; e ela fugiu, para nunca mais voltar, muito impressionada com a ingratidão dos pobres.

Os pés de Dan Cullen incharam por causa de uma hidropisia. Ele passava o dia inteiro sentado na borda da cama (para evitar acúmulo de água em seu corpo), sem tapete no chão, uma coberta fina sobre as pernas e um casaco velho sobre os ombros. Um missionário trouxe-lhe um par de pantufas de papel, que valiam quatro *pence* (eu as vi), e começou a fazer 50 orações, ou quase isso, para o bem da alma de Dan Cullen. Mas Dan Cullen era o tipo de homem que preferia ter a alma deixada em paz. E achava que não era o caso de deixar que a corrompessem, fosse Tom, Dick ou Harry, por causa de pantufas de quatro *pence*. Pediu ao missionário que fizesse a delicadeza de abrir a janela para ele poder jogar as pantufas fora. E o missionário foi embora, para nunca mais voltar, igualmente impressionado com a ingratidão dos pobres.

O sapateiro, ele próprio um bravo e velho herói, apesar de nunca ter sido reconhecido como tal, foi pessoalmente ao escritório central dos grandes comerciantes de frutas para quem Dan Cullen prestara serviços temporários por 30 anos. A política deles era trabalhar sem empregados fixos. O sapateiro contou da situação desesperadora do homem, velho, sem tostão, à beira da morte, sem ajuda ou dinheiro, lembrou que Cullen trabalhara para eles por 30 anos e pediu que fizessem alguma coisa.

"Veja", disse o diretor, lembrando-se de Dan Cullen sem precisar consultar os arquivos, "é uma regra nossa: nunca ajudar trabalhadores temporários. Não há nada que possamos fazer".

De fato não fizeram nada, nem mesmo uma carta solicitando a admissão de Dan Cullen num hospital. E não é fácil conseguir vaga num hospital de Londres. Em Hampstead, se fosse aceito pelos médicos, teria de esperar ao menos quatro meses até conseguir a internação, tantas eram as pessoas à espera de vagas. O sapateiro por fim conseguiu encaminhá-lo para a enfermaria de Whitechapel, onde o visitava com frequência. Ali percebeu que Dan Cullen sucumbira ao sentimento generalizado de que, como não havia mais esperança, estavam apressando as coisas para tirá-lo do caminho. Uma conclusão lógica e compreensível, é preciso reconhecer, a que um homem velho e alquebrado pode chegar depois de ter sido "disciplinado" e "adestrado" por dez anos. Quando, por causa da nefrite, lhe aplicaram um suadouro para tirar a gordura dos rins, Dan Cullen retrucou que o suadouro estava antecipando sua morte, uma vez que a nefrite, por ser uma doença de esgotamento dos rins, não produzia gordura alguma, de modo que a desculpa do médico era uma mentira grosseira. O médico se zangou com isso e ficou nove dias sem se aproximar dele.

Então colocaram um calço na cama, para que pés e pernas ficassem para cima. No mesmo instante a hidropisia apareceu, e Dan Cullen protestou que haviam feito aquilo para que a água das pernas inundasse seu corpo, matando-o mais rapidamente. Exigiu que lhe dessem alta, embora dissessem que morreria na escada, e se arrastou, mais morto do que vivo, até a loja do sapateiro. No momento em que escrevo este texto, ele está morrendo no Hospital Temperance, no qual seu amigo fiel, o sapateiro, moveu mundos e fundos para que o admitissem.

Pobre Dan Cullen! Um Judas, o Obscuro, que saiu em busca de conhecimento; que labutava com o corpo durante o dia e estudava na calada da noite; que sonhava seu sonho e se entregou de corpo e alma à Causa; um patriota, um amante da liberdade humana e um lutador destemido; e no fim, não grandioso o suficiente para derrotar as condições que o inutilizaram e terminaram por sufocá-lo, um cínico e um pessimista, agonizando num velho sofá de um albergue de caridade – "A morte de um homem que poderia ter sido sábio mas não foi, eis o que chamo de tragédia".

Capítulo 14

A COLHEITA E
OS COLHEDORES

Desde que ocorreu o divórcio entre o trabalhador e a terra que as zonas rurais, o mundo civilizado em geral, dependem das cidades na hora da colheita. É então, quando a terra está derramando aos borbotões sua pujança madura, que a gente das ruas, que foi privada da terra, é chamada a ela novamente. Na Inglaterra, porém, não voltam como filhos pródigos, mas ainda como rejeitados, vagabundos e párias, para serem questionados e desprezados por seus irmãos patrícios, para dormir em prisões e abrigos noturnos, ou debaixo das sebes, e para viver sabe Deus onde.

Estima-se que Kent, sozinha, requisite 80 mil moradores de rua para colher seu lúpulo. E lá vêm eles, obedientes ao chamado, que é o chamado de suas barrigas e dos últimos vestígios de senso de aventura que ainda lhes restam. Favelas, prostíbulos e guetos os produzem aos montes, e nunca diminui a podridão das favelas, dos prostíbulos e dos guetos. Vagam pelo país como um exército de almas penadas e o país não os quer. Estão fora de lugar. Ao arrastarem seus corpos curvados e castigados pelas ruas e estradas, parecem uma repulsiva prole do subterrâneo. A simples presença, o fato de existirem, é uma afronta ao brilho agradável do sol e às coisas verdes e viçosas. As árvores limpas e imponentes envergonham-se deles e de sua vigarice encarquilhada, e sua podridão é uma pegajosa execração da limpidez e da doçura da natureza.

Há exagero nesse retrato? Depende. Para quem vê e pensa a vida em termos de números e estatísticas, certamente há exagero. Mas para quem vê e pensa a vida em termos de humanidade e desumanidade, ele não é excessivo. Tais hordas de miséria deplorável e bestial não justificam a existência do dono de cervejaria milionário que mora num palácio do West End, desfruta das delícias sensuais dos teatros de Londres, beberica ao lado de nobrezinhos e principezinhos e é condecorado pelo rei. E assim ganha fama – Deus me livre! Nos velhos tempos, os grandes cavaleiros ganhavam suas honrarias no campo de batalha, depois de terem partido o inimigo ao meio. E, no final das contas, é melhor matar um homem com um golpe certeiro, com o silvo de uma espada, do que transformá-lo num animal, assim como todos seus descendentes, pela manipulação ardilosa da indústria e da política.

Mas voltemos ao lúpulo. Aqui o divórcio da terra é tão visível como em qualquer área cultivada da Inglaterra. Enquanto a produção de cerveja cresce consideravelmente, o cultivo de lúpulo diminui a olhos vistos. Em 1835 havia 71.327 acres cobertos pela planta. Hoje são 48.024, um decréscimo de 3.103 em relação ao ano passado.

Para piorar a situação, um verão fraco e tempestades terríveis diminuíram a produção. O revés é dividido entre as pessoas que plantam e as que colhem o lúpulo. Os proprietários são forçados pelas circunstâncias a desfrutar menos das coisas boas da vida; os colhedores, a ter menos comida, da qual, mesmo nas melhores épocas, nunca têm o suficiente. Ao longo de exaustivas semanas, manchetes como a seguinte apareceram nos jornais de Londres:

MENDIGOS AOS MONTES, MAS OS LÚPULOS
SÃO POUCOS E AINDA NÃO ESTÃO PRONTOS

E apareceram incontáveis parágrafos como este:

Das regiões dos campos de lúpulo chegam notícias inquietantes. A explosão dos últimos dois dias levou a Kent centenas de colhedores, que terão de esperar até que os campos estejam prontos para eles. Em Dover, o número de vagabundos no asilo de pobres triplicou em relação ao ano passado, e em outras cidades o atraso da estação é responsável por grande aumento no número de trabalhadores temporários.

Para piorar a situação deplorável, quando finalmente a colheita começou, lúpulo e colhedores foram varridos por uma assustadora tempestade de vento, chuva e granizo. O lúpulo foi arrancado dos caules e esfarelou-se no chão, enquanto os colhedores, buscando abrigo das pontadas do granizo, quase se afogavam nas tendas e acampamentos.

O estado deles depois da tempestade era lamentável, sua condição de errantes mais evidente do que nunca; pois, por pior que fosse a colheita, a destruição afastou a chance de ganharem alguns trocados, e nada mais restou a milhares deles, a não ser bater de volta para Londres.

"Não somos varredores de rua", diziam, dando as costas para o terreno, forrado de lúpulo até a altura dos tornozelos.

Os que permaneceram resmungavam ferozmente por entre os caules quase limpos, pois as condições adversas em nada alteravam o pagamento: sete sacas de lúpulo, de 250 litros cada uma, continuavam valendo um xelim – taxa paga nas boas estações, quando o lúpulo está em condições ideais, e taxa igualmente paga nas estações ruins, porque os plantadores não podem pagar mais.

Logo depois da tempestade, andei por Teston e de uma ponta a outra de Farleigh. Escutei os colhedores praguejando e vi o lúpulo apodrecendo no chão. Nas estufas de Barham Court, 30 mil placas de vidro haviam sido quebradas pelo granizo, enquanto pêssegos, ameixas, pêras, maçãs, ruibarbos, repolhos, beterrabas – tudo fora esmagado e partido em pedaços.

Tudo isso foi muito ruim para os proprietários, com certeza; mas, na pior das hipóteses, nenhum deles, sequer por uma refeição, ficaria sem comida ou bebida. E foi justamente a eles que os jornais dedicaram colunas e colunas, detalhando suas perdas pecuniárias por páginas sem fim. "O senhor Herbert L. calcula seu prejuízo em 8 mil libras", "O senhor F., conhecido cervejeiro, que aluga toda a terra desta paróquia, perde 10 mil libras", e "O senhor L., cervejeiro de Wateringbury, irmão do senhor Herbert L., também registra perdas significativas". Já os colhedores, era como se não existissem. E ainda assim ouso afirmar que as diversas refeições perdidas pelo subnutrido William Buggles, e pela subnutrida senhora Buggles, e pelos filhos subnutridos dos Buggles, eram uma tragédia bem maior que as 10 mil libras perdidas pelo senhor F. Além disso, a tragédia do subnutrido William Buggles podia ser multiplicada aos milhares, ao passo que a do senhor F. não podia ser multiplicada por cinco.

Para ver como William Buggles e seus semelhantes se viravam, vesti meus trapos de marinheiro e saí para procurar emprego. Comigo estava um jovem sapateiro da região leste de

Londres, Bert, que tinha cedido aos encantos da aventura e se juntou a mim para a viagem. Seguindo meu conselho, trouxera seus "piores trapos" e, à medida que caminhávamos London Road acima e nos distanciávamos de Maidstone, mostrava-se muito preocupado, com medo de que estivéssemos malvestidos demais para a ocasião.

Ele não estava de todo enganado. Quando paramos numa taverna, o estalajadeiro nos lançou um olhar ressabiado e não tirou a expressão do rosto até ver nosso dinheiro. Os nativos ao longo da estrada mostravam-se reticentes e arruaceiros vindos de Londres, passando com estardalhaço a bordo de carruagens, vaiavam, caçoavam e nos gritavam insultos. Mas, antes de deixarmos o distrito de Maidstone, meu amigo achou que estávamos tão bem vestidos, senão melhor, que a média dos colhedores. Alguns montes de trapos que tivemos a oportunidade de ver eram espantosos.

"A maré está baixa", disse uma mulher com jeito de cigana para seus companheiros enquanto passávamos por uma extensa fileira de cestas nas quais os colhedores depositavam o lúpulo.

"Entendeu?", Bert sussurrou. "Está falando de você."

Entendi. E preciso confessar que ela sabia o que estava dizendo. Quando a maré está baixa, os barcos são deixados na praia e não navegam. Um navegador, quando a maré está baixa, também não navega. Minha roupa de marinheiro e minha presença no campo de lúpulo anunciavam que eu era um homem do mar sem um barco, um homem na praia, algo muito parecido com uma embarcação em água rasa.

"Tem trabalho pra nós, chefe?", perguntou Bert ao administrador, um homem velho e de rosto gentil que estava muito ocupado.

Seu "não" foi proferido com firmeza; mas Bert insistiu e decidiu segui-lo, e segui atrás, praticamente por todo o campo. Se nossa persistência foi entendida pelo administrador como ansiedade para trabalhar, ou se ficou comovido com nossa aparência sofrida, nem eu nem Bert conseguimos descobrir. Mas no fim amoleceu e nos levou até a única cesta desocupada – uma cesta abandonada por outros dois homens porque, até onde soube, o que conseguiam ganhar era irrisório.

"Tratem de se comportar", preveniu o administrador ao nos deixar trabalhando em meio às mulheres.

Era sábado à tarde, e sabíamos que a hora de abandonar o posto viria logo. Então dedicamo-nos com afinco à tarefa, para descobrir se conseguiríamos ganhar uma quantia mínima com aquilo. Era trabalho simples. Na verdade trabalho de mulher, e não de homem. Sentamos na borda da cesta, entre as fileiras de plantas, enquanto um colhedor nos fornecia montes de galhos grandes e cheirosos. Em uma hora estávamos peritos no assunto. Assim que os dedos se acostumam a diferenciar o lúpulo das folhas e a arrancar meia dúzia de brotos de uma vez só, não há mais nada a aprender.

Trabalhávamos com agilidade, tão rápido quanto as mulheres, embora suas cestas se enchessem com mais rapidez pelo fato de as crianças que as circundavam trabalharem quase tão velozmente com as duas mãos quanto nós dois.

"Não é pra limpar totalmente o caule, é contra as regras", disse-nos uma das mulheres. Acatamos a dica e ficamos muito agradecidos.

À medida que a tarde passava, percebemos que os homens nunca conseguiriam ganhar o suficiente. As mulheres conseguiam colher tanto quanto os homens, e as crianças colhiam quase tão bem quanto as mulheres; então era impossível para um homem competir com uma mulher e meia dúzia de crianças, porque uma mulher e a meia dúzia de crianças contam como uma unidade, e é a capacidade de todas elas juntas que determina o pagamento unitário.

"Companheiro, estou morto de fome", disse eu a Bert. Não tínhamos jantado ainda.

"Puxa vida, eu seria capaz de comer esse lúpulo", respondeu.

Lamentamos por não ter trazido uma prole numerosa para nos ajudar naquele dia de necessidade. Ficamos por ali fazendo hora e falando coisas edificantes aos nossos vizinhos. Nós bem que conseguimos conquistar a simpatia do colhedor de galhos, um jovem campônio que vez por outra descarregava em nossa cesta alguns brotos e cuja tarefa incluía juntar o lúpulo que caía no chão durante a colheita.

Conversamos com ele sobre quanto podíamos "receber adiantado" e fomos informados de que, embora recebêssemos um xelim por sete sacas, como adiantamento só podíamos receber um xelim para cada 12 sacas. O que equivale a dizer que o pagamento por cinco de cada 12 sacas ficava suspenso – um artifício do proprietário para garantir que o colhedor não abandonasse o trabalho, estivesse a colheita boa ou ruim, e especialmente se estivesse ruim.

Apesar de tudo, era prazeroso ficar sentado ali sob o brilho do sol, uma chuva de pólen dourado saindo de nossas mãos, o odor pungente e aromático do lúpulo ferindo nossas narinas, e lembrando vagamente a sonoridade das cidades de onde aquela gente vinha. Pobres moradores de rua! Pobre povo das sarjetas! Mesmo eles crescem famintos por terra e anseiam vagamente pelo solo do qual foram desterrados e pela vida em liberdade ao ar livre e pelo vento, pela chuva e pelo sol que ainda não foram corrompidos pela imundície da cidade. A terra os chama, assim como o mar chama o marinheiro; e, bem no fundo de suas carcaças castigadas e decadentes, são estranhamente tocados pelas memórias camponesas dos ancestrais que viveram antes do aparecimento das cidades. E, inexplicavelmente, ficam contentes com os aromas, vistas e sons da terra que o sangue deles ainda não esqueceu, embora não se lembrem dela.

"Acabou o lúpulo, companheiro", Bert reclamou.

Eram cinco horas, e os colhedores haviam ido embora para que o lugar pudesse ser limpo, já que não havia trabalho no domingo. Tivemos de esperar uma hora pelos medidores, os pés entorpecidos pelo frio que veio no rastro do pôr-do--sol. Na cesta ao lado, duas mulheres e meia dúzia de crianças haviam colhido nove sacas, de modo que as cinco sacas que os medidores encontraram em nossa cesta demonstravam que havíamos trabalhado tão bem quanto elas, pois as seis crianças tinham entre 9 e 14 anos.

Cinco sacas! Trabalhamos tudo aquilo para ganhar oito *pence* e meio, ou 17 *cents*, por três horas e meia de trabalho. Oito *cents* e meio para cada um, a uma taxa de dois *cents* e três sétimos por hora! Mas estávamos autorizados a pegar adiantado apenas cinco *pence* da soma total, embora o encarregado, sem troco, tenha nos dado seis *pence*. Suplicar era inútil. Uma história trágica nunca iria sensibilizá-lo. Antes de seguir seu caminho, proclamou em alto e bom som que havíamos recebido um pêni a mais do que o devido.

Levando-se adiante, pela integridade do argumento, a ideia de que éramos o que fingíamos ser, ou seja, homens pobres e sem tostão, eis a situação: a noite se aproximava, não tínhamos jantado, muito menos almoçado, e tínhamos seis *pence*. Estava com fome suficiente para comer o triplo do que essa soma poderia comprar, e Bert também. Uma coisa era óbvia. Se fizéssemos 16,3% de justiça aos nossos estômagos, gastaríamos os seis *pence* e nossos estômagos ainda estariam remoendo os 83,7% de injustiça. De novo sem tostão, poderíamos dormir embaixo de uma sebe, o que não era tão mau, ainda que o frio fosse consumir uma porção ainda não aproveitada do que havíamos comido. Mas amanhã era domingo, e não havia como trabalhar, embora nossos estômagos tolos não soubessem disso. Eis então o problema: como fazer três refeições no domingo e duas na segunda (pois não tínhamos como receber adiantado até segunda à tarde). Sabíamos que os abrigos noturnos estavam lotados; também sabíamos que, se implorássemos guarida a um fazendeiro ou morador da região, havia grande probabilidade de passarmos 14 dias na cadeia. O que podíamos fazer? Olhamos um para o outro em desespero...

Nem uma centelha. Agradecemos calorosamente a Deus por não sermos como os outros homens, especialmente por não sermos colhedores, e pegamos a estrada de volta a Maidstone com as coroas e florins que havíamos trazido de Londres tilintando em nossos bolsos.

Capítulo 15

A NINFA DO MAR

Ninguém esperaria encontrar a Ninfa do Mar no coração de Kent, mas foi lá que a encontrei, numa rua humilde, no bairro pobre de Maidstone. Em sua janela não havia placas de "aluga-se", e foi necessária alguma persuasão antes que me deixasse dormir em sua casa, no quarto da frente. À noite desci até a cozinha semissubterrânea e conversei com ela e com seu velho marido, chamado Thomas Mugridge.

Enquanto conversava com eles, desapareceram todas as sutilezas e complexidades dessa máquina tremenda chamada civilização. Parecia que eu atravessava a pele e a carne em direção à alma desnuda, e em Thomas Mugridge e sua velha mulher percebia a essência da notável raça inglesa. Encontrei neles o voluptuoso impulso peregrino que levou os filhos de Albion para as mais diferentes regiões; e encontrei neles a colossal falta de senso que levou os ingleses a tolas contendas e lutas sem sentido, assim como a obstinação e a teimosia que os conduziram cegamente ao império e à grandeza; encontrei também aquela vasta, incompreensível paciência que possibilitou à população local suportar o fardo de tudo isso, trabalhar duro sem reclamar durante os piores anos e oferecer docilmente seus filhos para guerrearem e colonizarem os confins da terra.

Thomas Mugridge tinha 71 anos e baixa estatura. Por esse motivo, não viajara como soldado. Ficara na Inglaterra, trabalhando. Suas primeiras lembranças eram ligadas ao trabalho. Não sabia nada, exceto trabalhar. Trabalhara todos os seus dias e, aos 71, ainda trabalhava. Todo dia madrugava e ia para o campo; era um trabalhador diurno, pois como tal havia nascido. A senhora Mugridge tinha 73. Trabalhou nos campos desde os 7 anos, primeiro fazendo trabalho de menino, depois trabalho de homem. Ainda trabalhava, mantendo a casa um brinco, lavando, cozinhando e assando e, depois da minha chegada, cozinhando também para mim e me deixando sem graça ao fazer minha cama. Ao cabo de mais de 60 anos de trabalho, não possuíam nada e não tinham nenhuma perspectiva, a não ser a de trabalhar mais. E estavam contentes. Não esperavam nada além disso, não desejavam nada além disso.

Viviam humildemente. Tinham poucas vontades – um copo de cerveja no fim do dia, sorvido na cozinha semissubterrânea, um jornal semanal para esquadrinhar durante sete noites consecutivas e a conversa vaga e meditativa que lembrava o ruminar de uma novilha. De uma gravura em madeira na parede, uma garota esguia e angelical olhava-os de cima, e na parte de baixo estava a legenda: "Nossa Futura Rainha". Ao lado, numa litografia bem colorida, uma senhora idosa e encorpada os olhava, e a imagem vinha acompanhada da frase: "Nossa Rainha – Jubileu de Diamante".

"O melhor dinheiro é aquele que você ganha", proferiu a senhora Mugridge quando sugeri que deviam parar de trabalhar.

"Não, e nem queremos ajuda de ninguém", disse Thomas Mugridge quando perguntei se seus filhos os ajudavam.

"Vamos trabalhar até secar e ser levados pelo vento, a mãe e eu", acrescentou; e a senhora Mugridge assentiu com a cabeça, endossando a afirmação com vigor.

Dera à luz 15 crianças e todas tinham ido embora, ou morrido. A caçula, contudo, morava em Maidstone e tinha 27 anos. Ao se casarem, os filhos se ocuparam completamente de suas famílias e problemas, como seus pais e mães haviam feito antes deles.

Onde estavam os filhos? Ou melhor, onde eles não estavam? Lizzie estava na Austrália; Mary, em Buenos Aires; Poll estava em Nova York; e Joe havia morrido na Índia – e então evocaram todos, os vivos e os mortos, o soldado e o marinheiro, assim como a mulher do colono, para saciar a curiosidade do viajante que estava sentado em sua cozinha.

Mostraram-me uma fotografia. Um rapaz vistoso em uniforme de soldado olhava para mim.

"Qual dos filhos é esse?", perguntei.

Os dois riram em uníssono. Filho? Que nada, neto! Acaba de servir na Índia e é um corneteiro do rei. O irmão estava no mesmo regimento que ele. E assim foram, filhos e filhas, netos e netas, todos eles andarilhos do mundo e construtores de impérios, enquanto os velhos ficaram em casa também trabalhando para construir o império.

Próximo ao Portão do Norte uma ninfa habita
E pródiga ninfa ela é;
Dá à luz uma raça de exploradores
E os oferece ao mar.

Alguns afogam-se em águas profundas,
Outros na beira da praia afundam;
E a notícia chega à ninfa exaurida,
Que tem sempre mais a oferecer[1].

---

1. "There dwells a wife by the Northern Gate,/ And a wealthy wife is she;/ She breeds a breed o' rovin' men/ And casts them over sea./ And some drowned in deep water,/ And some in sight of shore;/ And word goes back to the weary wife,/ And ever she sends more."

Mas os dias de fertilidade da Ninfa do Mar já se extinguiram. O estoque está se acabando, e o planeta se enche de gente. As esposas de seus filhos podem dar continuidade à raça, mas seu trabalho é parte do passado. Os homens da Inglaterra de outrora são agora homens da Austrália, da África, da América. Por muito tempo a Inglaterra enviou para longe "o melhor de sua raça" e destruiu os que permaneceram, com tanto ímpeto, que pouco lhes resta a fazer além de, por noites a fio, contemplar imagens da realeza penduradas na parede.

O verdadeiro homem do mar britânico é coisa do passado. A marinha mercante não recruta mais lobos do mar como os que lutaram com Nelson em Trafalgar ou no Nilo. Os estrangeiros ocupam a maior parte dos postos nos navios mercantes, embora os ingleses continuem nas posições de comando e prefiram forasteiros nas funções subalternas. Na África do Sul o colono ensina o ilhéu a atirar, e os oficiais se atrapalham e erram. Enquanto isso, em casa, o povo das ruas festeja histericamente a vitória em Mafeking[2] e as Forças Armadas reduzem a estatura necessária para o alistamento.

Não poderia ser diferente. Nem o britânico mais complacente vai deixar que lhe tirem o sangue, que o alimentem mal, e permitir que esse estado de coisas continue para sempre. A maioria das mulheres como a senhora Thomas Mugridge foi expulsa para a cidade e não produz nada além de uma prole anêmica e doente que não tem o suficiente para comer. Hoje em dia, a força da raça de língua inglesa não está na ilha pequena e apertada, mas no Novo Mundo, onde estão os filhos e filhas da senhora Thomas Mugridge. A Ninfa do Mar próxima ao

---

2. Cidade sul-africana onde ocorreu importante vitória inglesa na Guerra dos Bôeres.

Portão no Norte já cumpriu seu papel no mundo, embora não se dê conta disso. É hora de sentar e esticar suas costas cansadas por um tempo e, se o albergue noturno e o asilo de pobres não esperam por ela, é por causa dos filhos e filhas que criou para protegê-la na época do seu esmorecimento e decadência.

Capítulo 16

PROPRIEDADE *VERSUS* PESSOA

Numa civilização francamente materialista e baseada na propriedade, não na alma, é inevitável que a propriedade seja exaltada em detrimento da alma, e que crimes contra a propriedade sejam considerados muito mais sérios que crimes contra a pessoa. Triturar a mulher de alguém até deixá-la mole como geleia e quebrar algumas de suas costelas é uma ofensa trivial em comparação a dormir sob as estrelas por falta de meios para pagar por um teto. O rapaz que rouba algumas peras de uma rica companhia ferroviária é uma ameaça maior à sociedade do que o brutamontes que agride sem motivo um velho de mais de 70 anos. E a garota que finge ter emprego para conseguir hospedagem comete uma ofensa tão perigosa que, se não fosse severamente punida, faria desabar todo o sistema de propriedade. Se tivesse oferecido seus indignos serviços em Piccadilly ou no Strand depois da meia-noite, a polícia a teria deixado em paz, e ela teria encontrado meios de pagar pela hospedagem.

Os seguintes casos ilustrativos foram colhidos dos relatórios da polícia numa única semana:

Distrito policial de Widnes. Perante os corregedores Gossage e Neil. Thomas Lynch, acusado de embriaguez, de desordem e de agredir um guarda. O réu resgatou uma mulher que estava sob custódia, chutou o guarda e atirou pedras em sua direção.

Multado em três xelins e seis *pence* pela primeira ofensa, e em dez xelins mais custas pela agressão.

Distrito policial de Queen's Park, Glasgow. Perante o corregedor Norman Thompson. John Kane, declarado culpado por agredir sua esposa. Havia cinco condenações pregressas. Multado em duas libras e dois xelins.

Condado de Taunton, Tribunal de Pequenas Causas. John Painter, sujeito grande e robusto, descrito como trabalhador, acusado de agredir sua esposa. A mulher tinha grandes hematomas nos dois olhos e o rosto estava bastante inchado. Multado em uma libra e oito xelins, incluindo custas, e obrigado legalmente a manter atitude pacífica.

Distrito policial de Widnes. Richard Bestwick e George Hunt, acusados de invadir propriedade para caçar. Hunt, multado em uma libra mais custas, Bestwick em duas libras mais custas; na falta de pagamento, um mês.

Distrito policial de Shaftesbury. Perante o prefeito (senhor A. T. Carpenter). Thomas Baker, acusado de dormir ao relento. Catorze dias.

Distrito policial central de Glasgow. Perante o corregedor Dunlop. Edward Morrison, um rapaz, condenado pelo roubo de 15 peras de um vagão aberto na estação ferroviária. Sete dias.

Distrito policial de Doncaster. Perante o corregedor Clark e outros magistrados. James M'Gowan, acusado com base no

Ato de Prevenção à Caça Ilegal pela posse de artefatos de caça e de certa quantidade de coelhos. Multado em duas libras mais custas, ou um mês.

Distrito do xerife de Dunfermline. Perante o xerife Gillespie. John Young, trabalhador nas minas de carvão, declarado culpado por agredir Alexander Storrar batendo em sua cabeça e corpo com os punhos, jogando-o no chão e também atingindo-o com uma estaca. Multado em uma libra.

Distrito policial de Kirkcaldy. Perante o corregedor Dishart. Simon Walker, declarado culpado por agredir um homem atingindo-o e derrubando-o no chão. Foi uma agressão intencional, e o magistrado descreveu o acusado como um grande perigo para a comunidade. Multado em 30 xelins.

Distrito policial de Mansfield. Perante o prefeito e os senhores F. J. Turner, J. Whitaker, F. Tidsbury, E. Holmes e o doutor R. Nesbitt. Joseph Jackson, acusado de agredir Charles Nunn. Sem ser provocado, o réu atingiu o queixoso com um violento golpe no rosto, derrubando-o no chão, e depois chutou sua cabeça. Ele ficou inconsciente e permaneceu sob cuidados médicos durante uma quinzena. Multado em 21 xelins.

Distrito do xerife de Perth. Perante o xerife Sym. David Mitchell, acusado de invadir propriedade para caçar. Havia duas condenações pregressas, a última de três anos atrás. O xerife foi aconselhado a agir com leniência para com Mitchell, que tinha 62 anos e não ofereceu resistência ao ser detido. Quatro meses.

Distrito do xerife de Dundee. Perante o Ilmo. Xerife-Substituto R. C. Walker. John Murray, Donald Craig e James Parkes, acusados de invadir propriedade para caçar. Craig e Parkes foram multados em uma libra cada ou 14 dias; Murray, em cinco libras ou um mês.

Distrito policial de Reading. Perante os senhores W. B. Monck, F. B. Parfitt, H. M. Wallis e G. Gillagan. Alfred Masters, 16 anos, acusado de dormir num terreno baldio e de não ter meios de subsistência. Sete dias.

Tribunal de pequenas causas de Salisbury. Perante o prefeito e os senhores C. Hoskins, G. Fullford, E. Alexander e W. Marlow. James Moore, acusado de roubar um par de botas na parte de fora de uma loja. Vinte e um dias.

Distrito policial de Horncastle. Perante o reverendo W. P. Massingberd, o reverendo J. Graham e o senhor N. Lucas Calcraft. George Brackenbury, jovem trabalhador, condenado pelo que os magistrados caracterizaram como agressão brutal e não motivada sobre James Sargeant Foster, um homem de mais de 70 anos. Multado em uma libra, cinco xelins e seis *pence*, mais custas.

Tribunal de pequenas causas de Worksop. Perante os senhores F. J. S. Foljambe, R. Eddison e S. Smith. John Priestley, acusado de agredir o reverendo Leslie Graham. O réu, que estava bêbado, empurrava um carrinho de bebê e passou na frente de uma carroça, com o resultado de que o carrinho tombou e o bebê foi atirado para fora. A carroça passou sobre o carrinho, mas o bebê não se feriu. Então o réu atacou o condutor da carroça e, em seguida, agrediu o queixoso, que exigiu que o primeiro se retratasse de sua conduta. Em consequência dos ferimentos infligidos pelo réu, o queixoso teve de consultar um médico. Multado em 40 xelins, mais custas.

Distrito policial de Rotherham West Riding. Perante os senhores C. Wright e G. Pugh e o coronel Stoddart. Benjamin Storey, Thomas Brammer e Samuel Wilcock, acusados de invadir propriedade para caçar. Um mês cada.

Distrito policial do condado de Southampton. Perante o almirante J. C. Rowley, o senhor H. H. Culme-Seymour e outros magistrados. Henry Thorrington, acusado de dormir ao relento. Sete dias.

Distrito policial de Eckington. Perante o major L. B. Bowden e os senhores R. Eyre, H. A. Fowler e o doutor Court. Joseph Watts, acusado de roubar nove samambaias de um jardim. Um mês.

Tribunal de pequenas causas de Ripley. Perante os senhores J. B. Wheeler, W. D. Bembridge e M. Hooper. Vincent Allen e George Hall, acusados com base no Ato de Prevenção à Caça Ilegal de possuírem certa quantidade de coelhos, e John Sparham, acusado de ajudá-los e incitá-los. Hall e Sparham foram multados em uma libra, 17 xelins e 4 *pence*, e Allen em duas libras, 17 xelins e quatro *pence*, incluindo custas; na falta de pagamento, os primeiros deverão cumprir 14 dias, e o último, um mês.

Distrito policial do sudoeste de Londres. Perante o senhor Rose. John Probyn, acusado de infligir sério dano físico a um guarda. O preso chutava a esposa e agredia outra mulher que protestava contra a brutalidade. O guarda tentou convencê-lo a entrar em casa, mas o preso de repente avançou sobre ele, derrubando-o no chão com um soco no rosto, chutando-o enquanto este estava caído e tentando estrangulá-lo. Por fim, o preso chutou o policial intencionalmente numa parte perigosa, ferindo-o de modo a mantê-lo afastado do trabalho por um longo período. Seis semanas.

Distrito policial de Lambeth, Londres. Perante o senhor Hopkins. "Baby" Stuart, 19 anos, descrita como cantora de coral, acusada de obter alimentação e abrigo no valor de cinco xelins, sob fingimento, e com intenção de lesar Emma Brasier. Emma Brasier, queixosa, estalajadeira de Atwell Road. A acusada hospedou-se num apartamento de sua casa sob a alegação de que era funcionária do Crown Theatre. Depois de a acusada permanecer em sua casa por dois ou três dias, a senhora Brasier lhe fez perguntas, e, duvidando da história contada pela garota, entregou-a às autoridades. A prisioneira disse ao magistrado que trabalharia se não tivesse uma saúde tão ruim. Seis semanas de trabalhos pesados.

Capítulo 17

INEFICIÊNCIA

Parei um momento para escutar uma discussão em Mile End Road. Era noite, e todos os envolvidos eram trabalhadores da melhor classe. Haviam rodeado um de seus amigos, um homem de rosto agradável e na casa dos 30 anos, e discutiam com ele de modo bastante exaltado.

"Mas e esses imigrantes baratos?", um deles perguntou. "Os judeus de Whitechapel, por exemplo, que estão deixando a gente com a corda no pescoço?"

"Você não pode pôr a culpa neles", foi a resposta. "São que nem a gente e também têm de viver. Não acuse o homem que se oferece para trabalhar por um preço menor do que você e fica com seu emprego."

"Mas e as nossas mulheres e filhos?", questionou o interlocutor.

"Justamente", foi a resposta. "E as mulheres e filhos do homem que trabalha por um preço menor que você e fica com o seu emprego? Hein? E a mulher e os filhos dele? Ele está mais interessado neles do que na família de vocês, e não pode deixar que passem fome. Então ele trabalha por menos e você já era. Mas não pode culpar essa pessoa, diabos. Não há nada que ele possa fazer. Os salários sempre baixam quando dois homens buscam o mesmo trabalho. E isso é culpa da competição, não do homem que trabalha por menos."

"Mas os salários não diminuem onde existe um sindicato", objetaram.

"Isso mesmo, acertou na mosca. O sindicato fiscaliza a competição entre os trabalhadores, mas dificulta a vida nos lugares onde ele não atua. É aí que entram os trabalhadores baratos de Whitechapel. São pouco qualificados, não têm sindicatos e cortam os pescoços uns dos outros – mas isso também acontece com os nossos, se não pertencem a um sindicato forte."

Sem se aprofundar no argumento, esse homem de Mile End concluiu que os salários tendiam a cair quando dois homens estavam atrás do mesmo emprego. Se tivesse desenvolvido a ideia, teria concluído que mesmo um sindicato, digamos, de 20 mil pessoas, não conseguiria segurar os salários se 20 mil homens sem emprego estivessem tentando tirar o lugar dos trabalhadores sindicalizados. Isso é muito visível hoje, com o retorno e a dispersão dos soldados vindos da África do Sul. Eles se veem, às dezenas de milhares, numa situação desesperadora no exército do desemprego. Há um declínio generalizado nos salários por todo o país, o que, dando ensejo a disputas trabalhistas e greves, favorece os desempregados, que pegam com prazer as ferramentas jogadas no chão pelos grevistas.

Suor, salários de fome, hordas de desempregados e inúmeros moradores de rua e desabrigados são inevitáveis quando há mais homens para trabalhar do que trabalho para os homens. Os homens e mulheres que encontrei pelas ruas, nos albergues noturnos e nos "sopões" não estão lá porque consideram esse modo de vida uma "moleza". Delineei com nitidez suficiente suas dificuldades para demonstrar que a existência deles pode ser tudo, menos uma "moleza".

É só fazer um cálculo para se perceber que, aqui na Inglaterra, é menos doloroso trabalhar por 20 xelins (cinco dólares) por semana e ter comida na mesa e cama para dormir do que viver nas ruas. O homem que vive nas ruas sofre mais e trabalha mais duro, por um retorno muito menor. Descrevi como passam suas noites e como, levados pela exaustão física, dirigem-se aos albergues noturnos para "dar uma descansada". Mesmo o albergue noturno não é nenhuma moleza. Colher dois quilos de estopa, quebrar toneladas de pedras ou realizar as tarefas mais revoltantes em troca da comida e do abrigo miserável que recebem é uma extravagância pouco qualificada da parte dos homens que são culpados por isso. Por parte das autoridades, é puro roubo. Elas dão aos homens muito menos por seu trabalho do que os empregadores capitalistas. O pagamento pela mesma quantidade de serviço, feito por um empregador privado, bastaria para lhes comprar camas muito melhores, melhor comida, dar-lhes mais disposição e, acima de tudo, mais liberdade.

Como digo, é uma extravagância esnobar um albergue noturno. E nota-se isso pela maneira como evitam o albergue até o momento da total exaustão. Então por que o fazem? Não porque sejam trabalhadores desencorajados. Pelo contrário: são vagabundos desencorajados. Nos Estados Unidos, o mendigo é quase sempre um trabalhador desencorajado. Acha que mendigar é um modo de vida mais suave do que trabalhar. Mas isso não é verdadeiro na Inglaterra. Aqui os poderes constituídos fazem tudo para desencorajar o mendigo e o vagabundo, e ele é, na verdade, basicamente uma criatura desencorajada. Sabe que dois xelins por dia, o que equivale a apenas 50 *cents*, bastarão para que ele faça três refeições razoáveis e para que tenha uma cama à noite e alguns trocados no bolso. Preferiria trabalhar por esses dois xelins a trabalhar pela caridade do albergue noturno, pois sabe que não teria de trabalhar tão duro e que não seria tratado de maneira tão abominável. Não o faz, contudo, porque há mais homens para trabalhar do que trabalho para os homens fazerem.

Quando há mais homens do que trabalho a ser feito, ocorre a inevitável peneiragem. Em cada ramo da indústria, os menos eficientes são passados para trás. E sendo passados para trás por causa de ineficiência, não podem crescer, apenas decair, e continuam decaindo até atingirem seu nível adequado, um lugar no sistema industrial onde são eficientes. Segue-se, portanto, e isso é inexorável, que os menos eficientes têm de decair até o fundo, onde mora a destruição na qual definham miseravelmente.

Basta espiar os ineficientes que estão no fundo para constatar que estão sempre arruinados mental, física e moralmente. As exceções à regra são os recém-chegados, que são apenas muito ineficientes e sobre os quais o processo de devastação apenas começou a operar. Todas as forças aqui, é preciso lembrar, são destrutivas. O bom corpo (que está ali porque o cérebro não é rápido nem capaz) é rapidamente desfigurado e deformado; a mente boa (que está ali por causa do corpo fraco) é rapidamente obstruída e contaminada.

A mortalidade é excessiva, mas, mesmo assim, as mortes são muito demoradas.

Aqui, então, temos a construção do Abismo e das ruínas. Por todo o sistema industrial está em curso uma eliminação constante. Os ineficientes são extirpados e jogados para baixo. Diversas coisas constituem ineficiência. O mecânico que é inconstante ou irresponsável vai afundar até encontrar um lugar, digamos, como trabalhador temporário, uma ocupação irregular por natureza, e na qual há pouca ou nenhuma responsabilidade. Aqueles que são vagarosos e desajeitados, que sofrem de fraqueza do corpo ou da mente, ou que carecem de energia física ou mental, têm de decair, às vezes abruptamente, outras passo a passo, até o fundo. Um acidente, ao debilitar um trabalhador eficiente, irá torná-lo ineficiente, e lá vai ele para o fundo. Ao envelhecer, com a energia minguando e a mente se entorpecendo, o trabalhador começa a tenebrosa descida rumo ao fundo e à morte.

Nesse último aspecto, as estatísticas de Londres contam uma história terrível. A população de Londres corresponde a um sétimo da população total do Reino Unido e, em Londres, ano após ano, um adulto em cada quatro morre em instituições públicas, seja no albergue, no hospital ou no asilo. Considerando-se que os bem de vida não morrem nessa situação, fica claro que um em cada três trabalhadores adultos morre em instituições de caridade.

Para ilustrar como um bom trabalhador pode de repente se tornar ineficiente e o que acontece com ele, fico tentado a apresentar o caso de M'Garry, um homem de 32 anos, pensionista do asilo de pobres. As passagens foram extraídas do relatório anual do sindicato:

> Trabalhei na casa de Sullivan em Widnes, local mais conhecido como British Alkali Chemical Works. Trabalhava num barracão, e tinha que cruzar o quintal. Eram dez da noite, e estava tudo escuro. Enquanto atravessava o quintal, senti alguma coisa agarrar minha perna torcendo-a até arrancá-la. Desmaiei; não sei o que aconteceu comigo por um dia ou dois. Na noite do domingo

seguinte, recuperei os sentidos e me vi no hospital. Perguntei à enfermeira o que tinha acontecido com minhas pernas, e ela disse que tinham sido amputadas.

Havia uma engrenagem de ferro no quintal, enterrada no chão; o buraco tinha uns 50 centímetros de comprimento, quase 40 de profundidade por quase 40 de largura. A engrenagem girava no buraco ao ritmo de três voltas por minuto. Não havia cerca ou cobertura. Desde o meu acidente desativaram a engrenagem de vez e cobriram o lugar com uma folha de aço (...). Eles me deram 25 libras. E não viam isso como compensação, mas como caridade. Desse montante, tive que gastar nove libras com uma cadeira de rodas.

Estava na ativa quando perdi minhas pernas. Ganhava 24 xelins por semana, um salário bem maior que o da maioria das pessoas, pois fazia hora extra. Quando havia trabalho pesado, geralmente era eu o escolhido. O senhor Manton, o gerente, me visitou diversas vezes no hospital. Quando estava melhorando, perguntei se ele me ajudaria a arrumar um emprego. Ele disse para eu não me preocupar, a firma não era insensível com seus funcionários. De todo modo eu teria razão (...). O senhor Manton parou de me visitar e, da última vez, disse que pensava em pedir aos diretores para me darem uma nota de 50 libras, então poderia visitar meus amigos na Irlanda.

Pobre M'Garry! Ganhava melhor que os outros porque era ambicioso e fazia hora extra e, quando havia trabalho pesado a fazer, era ele o escolhido. Então aconteceu a desgraça, e ele foi parar no asilo de pobres. Sua alternativa era voltar para a Irlanda e se tornar um fardo para os amigos pelo resto da vida. Sem comentários.

É preciso entender que a eficiência não é determinada pelos trabalhadores, mas pela demanda por trabalho. Se três homens almejam uma posição, o mais eficiente a conquistará. Os outros dois, não importa a capacidade que tenham, serão de todo modo ineficientes. Se a Alemanha, o Japão e os Estados Unidos dominassem o mercado mundial de ferro, carvão e têxteis, de uma só vez os trabalhadores ingleses ficariam ociosos às centenas de milhares. Alguns emigrariam, mas o resto logo se candidataria às indústrias restantes. Uma chacoalhada generalizada nos trabalhadores, de cima a baixo, seria o resultado e, quando o equilíbrio tivesse sido alcançado, o número de ineficientes no fundo do Abismo teria aumentado em centenas de milhares. Por outro lado, se as condições permanecessem constantes e cada trabalhador duplicasse sua eficiência, ainda assim haveria o mesmo número de ineficientes, embora cada ineficiente fosse duas vezes mais capaz do que antes e mais capaz do que todos os eficientes haviam sido anteriormente.

Quando há mais homens para trabalhar do que trabalho para os homens, cada trabalhador excedente será ineficiente, e os ineficientes estão fadados a uma destruição lenta e dolorosa. É a proposta dos capítulos seguintes mostrar, por seu trabalho e sua maneira de viver, não só como os ineficientes são extirpados e destruídos, mas também como são constantemente produzidos pela sociedade industrial tal como ela existe hoje.

Capítulo 18
SALÁRIOS

Quando descobri que em Londres havia 1.292.737 pessoas que ganhavam 21 xelins ou menos por semana para manter a família, interessei-me em saber como os salários poderiam ser otimizados de modo a manter a eficiência física dos membros dessas famílias. Deixando de fora as famílias de seis, sete, oito ou dez pessoas, para compor a tabela abaixo baseei-me numa família de cinco: um pai, uma mãe e três filhos; também arredondei 21 xelins para US$ 5,25, embora, na verdade, 21 xelins sejam o equivalente a US$ 5,11.

Aluguel	US$ 1,50 ou 6 xelins
Pão	US$ 1,00 ou 4 xelins
Carne	US$ 0,875 ou 3 xelins e 6 *pence*
Legumes	US$ 0,625 ou 2 xelins e 6 *pence*
Carvão	US$ 0,25 ou 1 xelim
Chá	US$ 0,18 ou 9 *pence*
Óleo	US$ 0,16 ou 8 *pence*
Açúcar	US$ 0,18 ou 9 *pence*
Leite	US$ 0,12 ou 6 *pence*
Sabão	US$ 0,08 ou 4 *pence*
Manteiga	US$ 0,20 ou 10 *pence*
Lenha	US$ 0,08 ou 4 *pence*
Total	US$ 5,25 ou 21 xelins e 2 *pence*

A análise de um só item basta para mostrar como é pequena a margem para desperdício. Pão, um dólar: para uma família de cinco pessoas, por sete dias, um dólar gasto em pão equivale a uma ração diária de dois *cents* e seis sétimos para cada um; e se comem três refeições ao dia, cada um consome, por refeição, 9,5 milésimos de dólar, ou um pouco menos de um *cent*. Mas pão é o item mais caro. De carne, consomem menos do que isso por refeição, e legumes, menos ainda. Quanto aos itens menores, são microscópicos demais para se levar em consideração. Por outro lado, esses alimentos são comprados no varejo, o modo mais caro de comprar e o mais passível de desperdício.

Além de mostrar que não há espaço para extravagâncias, para ninguém se refestelar de comer, a tabela anterior mostra que não há sobras. Toda a quantia de US$ 5,25 é gasta em comida e aluguel. Não sobra nenhum trocado. Se o homem comprar um copo de cerveja, a família terá de comer menos e, quanto menos comer, mais comprometerá sua eficiência física. Os membros dessa família não podem andar de ônibus ou de bonde, não podem escrever cartas, passear, ir ao teatro divertir-se com um *vaudeville* barato, participar de atividades sociais ou clubes beneficentes, nem podem comprar guloseimas, tabaco, livros ou jornais.

Além disso, se uma criança (e são três) precisar de um par de sapatos, a família terá de parar de comer carne por uma semana. E como há cinco pares de pés precisando de sapatos, e cinco cabeças precisando de chapéus, e cinco corpos precisando de roupas, e como há leis que regulam a indecência, a família precisa constantemente comprometer a eficiência física para se manter aquecida e longe da cadeia. Só para constar, quando aluguel, óleo, sabão e lenha são excluídos da receita semanal, sobra uma quantia diária de nove *cents* para cada um comprar comida; e esses nove *cents* não podem ser gastos em roupas sem que a eficiência física seja prejudicada.

Tudo isso já é suficientemente complicado. Mas aí a desgraça acontece: o marido e pai quebra a perna ou o pescoço. Então nada de nove *cents* de comida diários para cada boca; nada de 9,5 milésimos de pão por refeição; e, ao fim da semana, nada de US$ 1,50 para o aluguel. Então têm de ir para as ruas ou para o abrigo de pobres, ou para um covil miserável, algum lugar em que a mãe terá de se esforçar desesperadamente para manter a família com os dez xelins que talvez consiga ganhar.

Enquanto na periferia de Londres há 1.292.737 pessoas que recebem 21 xelins ou menos por semana para manter toda a família, é preciso lembrar que tratamos aqui de uma família de cinco vivendo com 21 xelins semanais. Há famílias maiores, há inúmeras famílias que vivem com menos que isso, e há muitos trabalhadores irregulares. A questão que naturalmente se impõe é: mas como eles vivem? A resposta é: não vivem. Não sabem o que é a vida. Arrastam-se por uma existência sub-bestial até receberem o piedoso alívio da morte.

Antes de descer às profundezas mais sórdidas, citemos o caso das garotas do telégrafo. Eis aí inglesas limpas e joviais para quem um padrão de vida mais alto que o dos animais é algo absolutamente necessário. De outra maneira, não poderiam continuar sendo inglesas limpas e joviais. Quando começa, uma telefonista recebe salário semanal de 11 xelins. Se for rápida e esperta, pode, ao cabo de cinco anos, conseguir um salário mínimo de uma libra. Recentemente, uma tabela com as despesas semanais de uma moça como essa foi apresentada ao lorde Londonderry. Aqui está:

	Xelim	*Pence*
Aluguel, aquecimento e luz	7	6
Alimentação em casa	3	6
Alimentação no escritório	4	6
Tarifa de bonde	1	6
Lavanderia	1	0
Total	18	0

Com isso, não sobra nada para roupas, diversão ou doença. Ainda assim muitas garotas recebem não 18 xelins, mas 11 xelins, 12 xelins ou 14 xelins por semana. Elas precisam de diversão, de roupas e...

Os homens, sempre injustos entre si,
Também o são com as mulheres[1].

No Congresso dos Sindicatos que agora se realiza em Londres, o Sindicato dos Trabalhadores das Indústrias de Gás encaminhou ao Comitê Parlamentar um pedido para que seja instituído um projeto de lei proibindo a contratação de crianças menores de 15 anos. O senhor Shackleton, membro do Parlamento e representante dos tecelões dos municípios no norte, opôs-se à resolução em nome dos trabalhadores têxteis, os quais, alegou, não poderiam abrir mão dos vencimentos de seus filhos e viver apenas com o que ganhavam. Os representantes de 514 mil trabalhadores votaram contra a resolução, ao passo que os representantes de 535 mil votaram a favor. Quando 514 mil trabalhadores se opõem a uma resolução que proíbe o trabalho de crianças menores de 15 anos, fica

---
1. "Man to Man so oft injust,/ Is always so to Woman."

evidente que um número imenso dos trabalhadores adultos do país recebe salários insuficientes para sobreviver.

Falei com mulheres em Whitechapel que recebem menos de um xelim por 24 horas de trabalho nas confecções e com costureiras de calças que recebem um principesco salário semanal que varia entre três e quatro xelins.

Recentemente, veio à tona o caso dos operários de uma fábrica próspera: recebiam a refeição e seis xelins por seis dias de trabalho semanais, 16 horas por dia. Os homens-sanduíche recebem 14 *pence* por dia e têm de se virar com isso. O rendimento semanal médio dos mascates e vendedores de rua não é superior a dez ou 12 xelins. A média dos trabalhadores comuns, à exceção dos estivadores, é de menos de 16 xelins por semana, ao passo que a destes últimos fica entre oito e nove xelins. Esses números foram tirados de um relatório da Comissão Real e são autênticos.

Imagine uma senhora idosa, sem tostão e moribunda, que tem de sustentar os quatro filhos e a ela mesma, e pagar três xelins semanais de aluguel, com os 2,25 *pence* que recebe para cada grosa de caixas de fósforo. Doze dúzias de caixas por 2,25 *pence* e, para piorar, tendo que providenciar a cola e o fio! Nunca teve um dia de folga, fosse para se recuperar de uma doença, descansar ou se divertir. Todo santo dia, domingos inclusive, labutava 14 horas. Sua cota diária era de sete grosas, pelas quais recebia um xelim e 3,75 *pence*. Na semana de 98 horas de trabalho, fazia 7.066 caixas de fósforo e recebia quatro xelins e 10,25 *pence*, menos a cola e o fio.

No ano passado, o senhor Thomas Holmes, um distinto policial, depois de escrever sobre a condição das trabalhadoras, recebeu a seguinte carta, datada de 18 de abril de 1901:

Senhor, peço perdão por tomar essa liberdade, mas, tendo lido o que o senhor escreveu sobre as mulheres que trabalham 14 horas por dia para ganhar dez xelins na semana, gostaria de lhe contar minha situação. Sou uma fazedora de gravatas que, depois de trabalhar a semana inteira, não consegue ganhar mais do que cinco xelins e tem de manter o marido pobre e aflito que não ganha um pêni sequer há mais de dez anos.

Imagine uma mulher capaz de escrever uma carta tão clara, sensata e gramaticalmente correta, sustentando a si e ao marido com cinco xelins por semana! O senhor Holmes foi visitá-la. Teve de se espremer para entrar no quarto. Lá estava deitado o marido doente; lá ela trabalhava o dia inteiro; lá cozinhava, comia, lavava e dormia; e lá seu marido e ela desempenhavam todas as funções de viver e morrer. Não havia espaço para o missionário sentar, a não ser na cama, parcialmente coberta com gravatas e seda. Os pulmões do homem doente estavam nos últimos estágios da decadência. Tossia e expectorava constantemente, a mulher interrompendo o trabalho para assisti-lo durante os espasmos. As felpas das gravatas não eram nada boas para a doença dele, nem sua doença era boa para as gravatas, ou para quem viesse a usá-las.

Outra pessoa que o senhor Holmes visitou foi uma menina de 12 anos acusada no distrito policial de ter roubado comida. Ele viu que ela tinha de cuidar de um menino de 9 anos, um garoto aleijado de 7 e uma criança mais nova. A mãe era uma viúva que trabalhava fazendo blusas. Tinha de pagar cinco xelins por semana de aluguel. Aqui estão os últimos itens de seu orçamento doméstico: Chá: 0,5 pêni; açúcar: 0,5 pêni; pão: 0,25 pêni; margarina: 1 pêni; óleo: 1,5 pêni; lenha:

0,5 pêni. Distintas donas de casa das famílias mais bondosas e sensíveis, imaginem-se tendo de fazer as compras e sustentar a casa com esse orçamento, arrumando a mesa para cinco pessoas, costurando blusas e blusas a fio num pesadelo infinito, tudo isso sem tirar os olhos de sua filha de 12 anos, pois ela pode acabar roubando comida para os irmãozinhos.

Capítulo 19
O GUETO

*É correto que, enquanto nos envolvemos
com a Ciência e com a Eternidade,
As crianças se afundem e denigram alma e sentidos no lodo da cidade?
Ali em meio aos becos sombrios, o Progresso estanca em passo indeciso;
E, aos milhares, pelo crime e pela fome, donzelas ficam sem abrigo;
Ali o patrão regula o pão diário de sua costureira exaurida;
Ali, sórdido e estreito, o sótão aos vivos e mortos dá guarida;
Ali os contínuos fogos da febre crepitam pelo solo infecto,
E ali, nos viveiros do pobres, faz-se atulhado o catre do incesto*[1].

Em certa época, as nações europeias confinaram os indesejáveis judeus em guetos dentro das cidades. Mas hoje a classe economicamente dominante, por meios menos arbitrários, mas não menos rigorosos, confinou os indesejáveis embora indispensáveis trabalhadores a guetos intermináveis e desoladores. A região leste de Londres é um desses guetos, onde os ricos e poderosos não habitam, por onde não passa o viajante e onde 2 milhões de trabalhadores proliferam, procriam e morrem.

---

1. "Is it well that while we range with Science, glorying in the Time,/ City children soak and blacken soul and sense in city slime?/ There among the glooming alleys Progress halts on palsied feet, / Crime and hunger cast our maidens by the thousand on the street./ There the master scrimps his haggard seamstress of her daily bread,/ There the single sordid attic holds the living and the dead./ There the smouldering fire of fever creeps across the rotted floor,/ And the crowded couch of incest, in the warrens of the poor."

Não seria correto supor que todos os trabalhadores de Londres estejam amontoados ali, mas há uma forte tendência nesse sentido. Os bairros pobres da cidade estão sendo constantemente destruídos, e o fluxo dos desabrigados corre para o leste. Nos últimos 12 anos, um distrito, "Londres além da fronteira", como é chamado, que fica bem depois de Aldgate, Whitechapel e Mile End, recebeu 260 mil pessoas, o que corresponde a um crescimento de mais de 60%. Nas igrejas desse distrito, aliás, há lugar para apenas um em cada 37 dos novos moradores.

Cidade da Lúgubre Monotonia é como o East End por vezes é chamado, especialmente por visitantes bem-alimentados e otimistas que olham apenas a superfície das coisas e ficam chocados com as intoleráveis mesmice e desolação que tomam conta de tudo. Se Cidade da Lúgubre Monotonia é a pior qualificação que se pode dar ao East End e se o máximo que se pode dizer dos trabalhadores ali residentes é que eles não são dignos de beleza, variedade e surpresa, talvez o East End não seja um lugar tão ruim para se viver. Mas o East End merece, sim, uma qualificação pior. Ele deveria ser chamado de Cidade da Degradação.

Embora não seja uma cidade de favelas, como alguns imaginam, poderia muito bem ser considerada uma única e gigantesca favela. Do ponto de vista da decência e da humanidade, qualquer rua desoladora, entre todas as suas ruas desoladoras, é uma favela. Um lugar onde são frequentes imagens e ruídos que nem eu nem você gostaríamos que fossem vistos e ouvidos por nossos filhos é um lugar onde nenhuma criança deveria viver, nem ver, nem ouvir. Um lugar onde nem você nem eu desejaríamos que nossas mulheres morassem é um lugar onde a mulher de nenhum outro homem deveria morar. Pois aqui, no East End, as obscenidades e vulgaridades da vida são flagrantes. Não existe privacidade. Os maus corrompem os bons e todos degeneram juntos. Uma infância inocente é algo doce e belo, mas, no leste de Londres, inocência é uma coisa fugaz, e você precisa pegar os bebês antes que saiam do berço, ou logo saberão das indecências do mundo tanto quanto você.

A aplicação dessa Regra de Ouro determina que o leste de Londres é um lugar inadequado para se viver. Um local onde seu filho não teria como viver, crescer e acumular conhecimento sobre a vida e as coisas da vida também não é adequado para os filhos de outros homens viverem, crescerem e acumularem conhecimento sobre a vida e as coisas da vida. É uma coisa simples essa Regra de Ouro e só ela importa. Às favas com a economia política e a sobrevivência dos mais aptos, se é outra coisa que dizem. O que não é bom o bastante para você não é bom o bastante para outro homem, e não há mais nada a ser dito.

Existem 300 mil pessoas em Londres, divididas em famílias que moram em habitações de um quarto. Mais, bem mais do que isso vivem em moradias de dois ou três quartos, que são tão horrivelmente lotadas, independentemente do sexo de seus ocupantes, quanto as que possuem apenas um quarto. A lei diz que cada pessoa precisa de pelo menos 11,2 metros cúbicos para viver. Nos quartéis do exército, cada soldado tem direito a 16,8 metros cúbicos. O professor Huxley, que já atuou como médico no leste de Londres, sempre defendeu que cada pessoa deveria ter direito a 22,4 metros cúbicos de espaço, os quais devem ser ventilados por ar puro. Mas em Londres há 900 mil pessoas que vivem com menos que os 11,2 metros cúbicos prescritos por lei.

O senhor Charles Booth, que durante anos se dedicou ao trabalho de mapear e classificar a população trabalhadora da cidade, estima que existam 1,8 milhão de *pobres* ou *muito pobres* em Londres. É interessante ressaltar o que ele entende por isso. Por *pobre* ele entende famílias com renda semanal entre 18 e 21 xelins. Os *muito pobres* estão bem abaixo desse padrão.

Os trabalhadores, como classe, estão sendo cada vez mais segregados por seus patrões e esse processo, que vai fazendo as pessoas amontoarem-se umas sobre as outras, tende não apenas à imoralidade, mas também à amoralidade. Aqui está um excerto da ata de uma reunião recente da Câmara Municipal de Londres, conciso e enxuto, mas pleno de horror nas entrelinhas:

> O senhor Bruce perguntou ao presidente do Comitê de Saúde Pública se sua atenção já havia sido despertada para os inúmeros casos de superpopulação no East End. Em St. Georges-in-the-East[2] um homem, sua mulher e a família de oito pessoas ocupavam um pequeno quarto. A família consistia em cinco filhas, de 20, 17, 8, 4 e uma bebê, e três filhos, de 15, 13 e 12 anos. Em Whitechapel, um homem, sua mulher e três filhas, de 16, 8 e 4 anos, e dois filhos, de 10 e 12 anos, ocupavam um quarto ainda menor. Em Bethnal Green, um homem, sua mulher, quatro filhos, de 23, 21, 19 e 16 anos, e duas filhas, de 14 e 7 anos, também moravam num único quarto. Ele perguntou se não seria dever das autoridades locais prevenir superlotações tão perigosas.

Com 900 mil pessoas vivendo em condições ilegais, as autoridades ficam de mãos atadas. Quando essas pessoas

---

2. Nome de albergue paroquial construído em torno de 1824.

amontoadas são expelidas de suas casas, vagam até encontrar algum outro buraco e, como transportam seus pertences pela noite em carrinhos de mão (um carrinho de mão para acomodar toda a mudança e as crianças dormindo), fica quase impossível não perdê-las de vista. Se o Ato de Saúde Pública de 1891 fosse de repente implementado à força, 900 mil pessoas teriam de deixar suas casas e ir para as ruas, e 500 mil quartos teriam de ser construídos para que todos pudessem ser legalmente abrigados.

As ruas humildes, por fora, parecem apenas humildes, mas, do lado de dentro dos muros, o que se encontra é imundície, miséria e tragédia. Se a tragédia a seguir pode ser revoltante de ler, muito mais revoltante é o fato de ela ter de fato ocorrido.

Pouco tempo atrás, em Devonshire Place, Lisson Grove, morreu uma senhora de 75 anos. No inquérito, o magistrado afirmou que tudo o que encontrou no quarto foi um monte de trapos velhos cobertos por pulgas e piolhos. Ele mesmo ficara sufocado com aquilo. O quarto estava em condições chocantes, nunca vira nada parecido. Tudo estava absolutamente tomado pelos insetos.

O médico declarou:

> Ele encontrou a falecida deitada de costas sobre o guarda-fogo da lareira. Vestia uma peça de roupa e estava de meias. O corpo estava inteiro coberto de pulgas, piolhos e outras pragas, e todas as roupas no quarto estavam cinzentas de tantos insetos que havia sobre elas. A falecida apresentava quadro de desnutrição e estava muito magra. Tinha extensas feridas nas pernas e as meias estavam grudadas nas feridas, provocadas pelos insetos.

Um homem presente ao inquérito escreveu:

Tive a má sorte de ver o corpo da desafortunada senhora enquanto jazia no necrotério; e ainda agora a lembrança daquela visão horrível me dá arrepios. Lá estava ela em sua gaveta mortuária, tão desnutrida e descarnada que parecia ser apenas de pele e osso. Seu cabelo, um emaranhado de sujeira, era simplesmente um ninho de piolhos. Sobre seu peito ossudo pulavam e rolavam centenas, milhares, miríades de pulgas e piolhos.

Se não é bom que minha mãe ou sua mãe morram assim, então também não é bom que essa mulher, mãe de quem quer que seja, morra assim.

O bispo Wilkinson, que já morou em território zulu, disse recentemente: "Nenhum chefe de tribo africana permitiria tal mistura promíscua entre homens e mulheres, meninos e meninas". Referia-se às crianças das famílias amontoadas, que aos 5 anos não têm mais nada a aprender, apenas a desaprender, embora nunca venham a fazê-lo.

Vale notar que no gueto as casas dos pobres dão mais lucro do que as mansões dos ricos. O trabalhador pobre não só tem de viver como animal, mas paga proporcionalmente mais caro por isso do que o rico por seu espaçoso conforto. Criou-se uma classe de senhorios exploradores em função da disputa de acomodações pelos pobres. Há mais pessoas que espaço, e muitas estão nos albergues porque não encontram teto em outro lugar. As casas não são apenas locadas, mas sublocadas, e subsublocadas.

"Aluga-se parte de um quarto." O aviso foi colocado pouco tempo atrás numa janela a cinco minutos de St. James

Hall. O reverendo Hugh Price Hughes é testemunha de que as camas são alugadas no sistema três por um – quer dizer, três inquilinos por cama, cada um com direito a oito horas de sono, de modo que ela nunca esfria; do mesmo modo, o espaço debaixo da cama é alugado no sistema três por um. Não é raro um fiscal de saúde encontrar casos como os seguintes: num quarto de 28 metros cúbicos, três mulheres na cama e duas mulheres embaixo dela e, num quarto de 46,2 metros cúbicos, um homem e duas crianças na cama e duas mulheres embaixo.

Eis o típico exemplo de um quarto no sistema – mais respeitável – de dois por um. Durante o dia, ele é ocupado por uma jovem que trabalha no período noturno num hotel. Às sete da noite ela desocupa o quarto e um pedreiro entra. Às sete da manhã, a mesma hora em que ela volta, ele sai para o trabalho.

O reverendo W. N. Davies, pároco de Spitalfields, realizou um censo em alguns becos de sua paróquia. Ele conta:

> Em um beco há dez casas – 51 quartos, quase todos de 2,40 por 2,70m – e 254 pessoas. Em seis casos apenas duas pessoas ocupavam um quarto; em outros, o número variava entre três e nove. Em outra viela com seis casas e 21 quartos havia 84 pessoas – de novo, seis, sete, oito e nove, em diversos casos, eram o número de pessoas vivendo em apenas um quarto. Numa casa com oito quartos há 45 pessoas – um quarto com nove ocupantes, outro com oito, dois com sete, e outro com seis.

A lotação do gueto não se dá por alguma inclinação natural, mas por falta de alternativas. Quase 50% dos trabalhadores gastam entre um quarto e a metade de seus vencimentos com o aluguel. O aluguel médio na parte mais extensa do East End varia entre quatro e seis xelins por semana por um quarto, de modo que mecânicos qualificados, que ganham 35 xelins por semana, são forçados a empregar 15 xelins desse montante em duas ou três tocas minúsculas, nas quais se empenham desesperadamente para construir algo parecido com uma vida doméstica. E os aluguéis não param de subir. Em uma rua de Stepney, o aumento em apenas dois anos variou entre 13 e 18 xelins; em outra rua, de 11 a 15 xelins; enquanto em Whitechapel, casas de dois quartos que até pouco tempo atrás eram alugadas por dez xelins agora custam 21 xelins. A leste, oeste, norte e sul os aluguéis estão subindo. Quando o acre de terra se valoriza de 20 mil libras para 30 mil libras, alguém tem de pagar o senhorio.

O senhor W. C. Steadman, da Câmara dos Comuns, num discurso sobre Stepney, seu distrito eleitoral, relatou o seguinte:

> Esta manhã, a menos de cem metros de onde moro, uma viúva me parou na rua. Ela tem seis filhos para sustentar, e o aluguel de sua casa custa 14 xelins por semana. Ela vive do aluguel de sua casa a inquilinos e dos serviços de lavadeira e faxineira que exerce durante o dia. Aquela mulher, com lágrimas nos olhos, me disse que o senhorio havia aumentado o aluguel de 14 para 18 xelins. O que essa mulher podia fazer? Não há acomodações em Stepney. Todos os lugares estão tomados e abarrotados de gente.

A supremacia de classe só pode se apoiar na degradação de classe e, quando os trabalhadores são segregados no gueto, não podem escapar da consequente degradação. Cria-se assim um povo debilitado e de baixa estatura – uma raça notavelmente diferenciada em relação à de seus superiores, um povo das sarjetas, sem força ou energia. Os homens tornam-se caricaturas daquilo que homens com vigor físico deveriam ser, e suas mulheres e crianças, pálidas e anêmicas, cheias de olheiras, vão ficando vergadas e encurvadas, até que forma física e beleza viram uma impossibilidade.

Para piorar as coisas, os homens do gueto são aqueles que foram deixados para trás, uma linhagem deteriorada submetida a um processo de deterioração ainda maior. Durante 150 anos, pelo menos, foram sugados até a última gota. Os homens fortes, bem dispostos, com iniciativa e ambição, saíram para regiões mais livres e arejadas do globo para construir novas terras e nações. Os menos qualificados, os fracos de coração, mãos e mente, assim como os imprestáveis e inúteis, permaneceram em seus lugares para dar continuidade à raça. E ano após ano, em contrapartida, suas melhores crias são tiradas dali. Se um homem vigoroso e de boa estatura consegue crescer, ele é encaminhado ao exército para completar sua formação. Um soldado, como disse Bernard Shaw[3], "ostensivamente um defensor heróico e patriótico de seu país, é no fundo um homem desafortunado levado pela necessidade a se oferecer como alimento à pólvora em troca de comida, roupas e abrigo".

A constante seleção dos melhores trabalhadores empobreceu os que ficaram, em sua maior parte um refugo tristemente degradado que, no gueto, submerge nas profundezas mais fundas. As vinhas da vida foram drenadas para depois serem derramadas em forma de sangue e proles ao redor da terra. Os

---

3. George Bernard Shaw (1856-1950). Dramaturgo, romancista e pensador irlandês, cujo socialismo se liga à participação que teve como membro da Sociedade Fabiana. Autor de peças teatrais como *Pygmalion*, *Major Barbara*, *Arms and the Man*, *The Devil's Disciple*, entre outras.

que restaram são a borra e acabam segregados e imersos em si mesmos. Tornam-se indecentes e bestiais. Quando matam, matam com as mãos, e depois se rendem estupidamente a seus carrascos. Não há audácia alguma em suas transgressões. Rasgam um companheiro com uma faca cega ou acertam a cabeça dele com uma caçarola de ferro e depois sentam e esperam pela polícia. Bater na mulher é a prerrogativa masculina do matrimônio. Usam botas impressionantes de metais e ferro e, depois de humilhar a mãe de seus filhos com um olho roxo ou algo do tipo, derrubam-na no chão e a destroçam do mesmo modo que um garanhão destroça uma cascavel.

A mulher das classes mais baixas do gueto é tão escrava de seu marido quanto uma índia. Eu, se fosse mulher e tivesse que escolher entre as duas opções, preferiria ser uma índia. Os homens são economicamente dependentes dos superiores, e as mulheres são economicamente dependentes dos homens. O resultado é que a mulher recebe a surra que o homem deveria dar no seu superior e não pode fazer nada. Há as crianças, e ele é quem garante o pão, e ela não ousaria mandá-lo para a cadeia e fazer os filhos passarem fome. Provas para a condenação são difíceis de obter quando esses casos chegam ao tribunal; em geral, a mãe e esposa destroçada chora histericamente e implora ao magistrado que solte o marido, pelo bem das crianças.

As esposas tornam-se megeras estridentes, ou fracas de espírito e servis. Perdem o pouco da decência e da autoestima que mantinham nos dias de solteiras, e todos afundam juntos, indiferentes, em meio à sujeira e à degradação.

Às vezes fico com medo dessas generalizações sobre a miséria disseminada entre os moradores do gueto e sinto que minhas impressões são exageradas, que estou muito próximo ao assunto e, portanto, não tenho distanciamento. Nesses momentos, acho por bem ouvir o testemunho de outros homens para provar a mim mesmo que não estou carregando nas tintas nem ficando ruim da cabeça. Frederick Harrison sempre me impressionou por ser um sujeito equilibrado, com a cabeça no lugar, e é ele quem diz:

> Para mim, pelo menos, a sociedade moderna representa um avanço praticamente insignificante em relação à escravidão e à servidão, caso a situação da indústria continue desse modo, em que 90% dos verdadeiros produtores de riqueza não têm uma casa que possam chamar de suas; não têm um pedaço de terra, ou ao menos um cômodo que lhes pertença; não têm bens de nenhuma natureza, a não ser a mobília velha que cabe toda dentro de uma carroça; suas chances de obter um salário semanal, que mal bastará para mantê-los com saúde, são precárias; acomodam-se, na maioria das vezes, em lugares que nenhum homem consideraria adequado para seu cavalo; são separados da miséria por uma linha tão tênue que um mês de negócios ruins, doença ou uma perda inesperada os põem face a face com a fome e o pauperismo (...). Mas, ainda abaixo da condição média do trabalhador da cidade e do campo, encontra-se a grande massa de excluídos – os homens do campo, seguidores do exército da indústria –, que representam ao menos um décimo da população proletária, que vivem numa desolação doentia. Se essa é a organização definitiva da sociedade moderna, então a civilização é também uma maldição que se abate sobre a grande maioria da humanidade.

Noventa por cento! Os números são impressionantes, mas o senhor Stopford Brooke, depois de pintar um retrato assombroso de Londres, se vê obrigado a multiplicá-lo por meio milhão. Eis o motivo:

> Quando eu era cura em Kensington, costumava ver famílias arrastarem-se até Londres pela Hammersmith Road. Um dia vinham um trabalhador e a mulher, seu filho e duas filhas. A família tinha vivido por longo tempo numa fazenda no interior e conseguia, com a ajuda de seu trabalho e da propriedade comum, seguir adiante. Mas um dia a terra comunitária foi tomada, o trabalho deles não era mais necessário na fazenda e foram convidados a se retirar da sua cabana. Para onde podiam ir? Para Londres, claro, cidade em que, achavam, haveria fartura de trabalho. Possuíam algumas economias e imaginavam que poderiam alugar dois quartos decentes. Mas a inexorável questão da moradia veio de encontro a eles. Tentaram primeiro nos becos melhores e descobriram que dois quartos custariam dez xelins por semana. A comida era cara e ruim, a água era ruim e, em pouco tempo, estavam mal de saúde. Trabalho não era fácil de arrumar e o salário era tão baixo que logo estavam devendo. Ficaram ainda mais doentes e mais desesperados com as más condições das redondezas, com a escuridão e com as longas horas de trabalho. Foram forçados, então, a procurar acomodações mais baratas. Encontraram num beco que eu conhecia bem – um ninho de criminosos e de horrores inomináveis. Ali alugaram um só quarto por um preço aviltante. Agora era mais difícil conseguir trabalho, já que estavam num lugar de baixíssima reputação e tinham caído nas mãos daqueles que sugam o trabalho de uma família até a última gota e, em troca, dão um salário que alimenta apenas o desespero. A escuridão, a sujeira, a comida ruim, a doença e a necessidade de água, tudo era pior que antes; e o aperto e a má companhia terminaram de roubar o último quinhão de autoes-

tima. O demônio da bebida apoderou-se deles. Claro que havia uma taberna em cada esquina do beco. Para ali fugiram em busca de proteção, calor, pessoas e esquecimento. E saíram ainda mais endividados, com os sentidos inflamados e a mente em chamas, e uma sede insaciável por bebida que fariam de tudo para aplacar. Em poucos meses, o pai estava na prisão, a mulher à beira da morte, o filho no crime, as filhas na rua. Multiplique isso por meio milhão e ainda estará aquém da verdade.

Não há espetáculo mais deprimente nesta terra do que o que se encontra no "horrível leste", onde ficam Whitechapel, Hoxton, Spitalfields, Bethnal Green, Wapping e East India Docks[4]. A cor da vida é cinzenta e sombria. Tudo é sem solução, sem esperança, inexorável, sujo. Banheiras são algo completamente desconhecido, tão míticas quanto a ambrosia dos deuses. As próprias pessoas são sujas e qualquer tentativa de asseio se torna uma farsa gritante, quando não trágica e digna de pena. Cheiros estranhos, erradios, chegam com o vento gorduroso e a chuva, quando cai, se parece mais com gordura do que com água do céu. Mesmo os paralelepípedos estão empastados de gordura.

Aqui vive uma população tão embrutecida e sem imaginação quanto os longos quilômetros cinzentos de tijolos esmaecidos. A religião é coisa do passado, e impera um materialismo indecente e estúpido, tão fatal às coisas do espírito quanto aos instintos mais refinados da vida.

A frase que diz que a casa de todo inglês é seu castelo costumava ser motivo de orgulho. Mas hoje ela é um anacro-

---

4. Nomes de regiões miseráveis da Londres vitoriana, onde albergues e casas de cômodos eram numerosos.

nismo. Os moradores do gueto não têm casas. Não conhecem o significado nem a sacralidade da vida doméstica. Mesmo os abrigos municipais, onde vivem os trabalhadores das melhores classes, são barracões superlotados. Eles não têm vida doméstica. A própria língua o atesta. O pai que volta do trabalho pergunta à criança que está na rua onde está a mãe dela, e a resposta é: "Nos prédios".

Surgiu uma nova raça – o povo das ruas. Passam a vida no trabalho e nas ruas. Eles têm tocas e covis para os quais rastejar na hora de dormir, e é tudo. Não se pode ridicularizar uma palavra chamando aquelas tocas e covis de "casas". O inglês tradicional e reservado não existe mais. O povo das calçadas é barulhento, volúvel, histriônico, excitável – isso quando ainda são jovens. À medida que envelhecem, mergulham na cerveja e ficam entorpecidos. Quando não têm mais nada a fazer, ruminam como uma vaca. É possível encontrá-los por toda a parte, nas esquinas e nas sarjetas, olhando para o vazio. Observe um deles. Ele permanecerá ali, imóvel, durante horas e, quando você for embora, continuará olhando para o vazio. É o mais interessante que lhe resta. Não tem dinheiro para cerveja e sua toca serve apenas para dormir, então, o que fazer? Ele já tinha experimentado o amor juvenil, o amor de uma mulher e o amor paterno, e tudo resultou em desilusões e imposturas, vãs e fugazes como o orvalho, evanescentes diante da ferocidade da vida.

Como digo, os jovens são histriônicos, nervosos, excitáveis; os de meia-idade são cabeças de vento, inertes e estúpidos. É um absurdo pensar que por um instante sequer possam competir com os trabalhadores do Novo Mundo. Brutalizados, degradados e embotados, os moradores do gueto serão incapazes de prestar serviço eficiente à Inglaterra na luta pela supremacia industrial do mundo, luta que, segundo os economistas, já começou. Nem como trabalhadores e nem como soldados eles poderão estar a postos quando a Inglaterra precisar daqueles que esqueceu. Se a Inglaterra for expelida da órbita industrial do mundo, vão perecer como moscas ao fim do verão. Com a Inglaterra numa situação crítica, eles, desesperados como feras, podem se transformar numa ameaça e invadir o West End em resposta à favelização que o West End provocou no leste. Nesse caso, diante dos tiros de armas de fogo e da moderna maquinaria bélica, perecerão de modo mais rápido e suave.

Capítulo 20

CAFÉS E PENSÕES BARATAS

Outro termo que se vai, ceifado do romantismo e da tradição e de tudo aquilo que dá sentido a uma palavra! Para mim, de agora em diante, a palavra "café" poderá ter tudo, menos uma conotação agradável. Lá do outro lado do mundo, a mera menção da palavra era suficiente para que me viessem à mente multidões de frequentadores históricos e para que eu imaginasse filas intermináveis de pensadores e dândis, panfletários e revolucionários, e os boêmios de Grub Street[1].

Mas aqui, deste lado do mundo, infelizmente, o próprio nome é um equívoco. Café: um lugar onde as pessoas bebem café. Nada disso. Você não consegue tomar café num lugar desses, nem sendo simpático, nem tendo dinheiro para pagar. É verdade! Você até pode pedir um, e alguém lhe trará uma xícara contendo algo que finge ser café, e você vai provar e ficar decepcionado, pois aquilo não pode ser chamado de café.

E o que vale para o café vale para o lugar onde é servido. Trabalhadores, principalmente, frequentam esses lugares, que são lugares ensebados e sujos, sem nada que favoreça um homem a cultivar ali o senso de decência e autoestima. Toalhas de mesa e guardanapos inexistem. Um homem come em meio aos detritos deixados pelo freguês que o precedeu, e seus restos também ficam ali, sobre a mesa e no chão. Nas horas de maior

---

1. Rua em Londres atualmente chamada Milton Street, famosa por abrigar escritores novatos, cujos textos têm caráter circunstancial ou experimental. Acabou dando origem à expressão "produção [literária] grubstreet".

movimento, passei com dificuldade em meio à imundície e à confusão que cobria o chão e só consegui comer porque estava tão faminto que seria capaz de comer qualquer coisa.

    Essa parece ser a condição habitual do trabalhador, tendo em vista a avidez com que avança sobre a comida. Comer é uma necessidade, e não há que se fazer firulas. Ele traz consigo uma voracidade primitiva e com certeza tem um apetite bastante saudável. Ao ver um homem desses, pela manhã, a caminho do trabalho, pedir uma caneca de chá, que se parece tanto com chá como com ambrosia, puxar do bolso um naco de pão seco e molhar um no outro, pode estar certo de que ele não está ingerindo nem o alimento adequado, e nem a quantidade suficiente do alimento inadequado para sustentá-lo ao longo de um dia de trabalho. Além do mais, pode ter certeza, ele e mais mil de seus colegas não conseguirão produzir nem a quantidade nem a qualidade de trabalho que conseguiriam outros mil homens que tivessem comido um prato de carne com batatas e bebido um café digno do nome.

    Preso como vagabundo numa prisão da Califórnia, recebi melhor comida e bebida do que a que é servida aos trabalhadores londrinos nos cafés. Como operário americano, tomei um café da manhã de 12 *pence* que um operário inglês jamais sonharia tomar. Claro, ele paga apenas três ou quatro *pence* pelo dele. No entanto, isso equivale à mesma quantia que paguei, pois ganhava o equivalente a seis xelins, e ele apenas dois ou dois e meio. Por outro lado, ao longo do dia eu produzia uma quantidade de trabalho infinitamente superior à dele. Então há dois lados nessa história. O homem com um padrão de vida alto sempre trabalhará mais e melhor do que o homem com um padrão de vida baixo.

Há uma comparação que os marinheiros gostam de fazer entre a marinha mercante inglesa e a americana. Num navio inglês, dizem, o grude é ruim, a grana é ruim e o trabalho é fácil. Num navio americano, o grude é bom, a grana é boa e o trabalho é duro. Isso vale para a população trabalhadora de ambos os países. Os navios transatlânticos têm de pagar por velocidade e vapor, e o mesmo se dá com o trabalhador. Se ele não for capaz de corresponder a isso, não terá nem velocidade nem vapor, e isso é tudo. A prova pode ser tirada quando um trabalhador inglês vai para a América. Ele vai assentar mais tijolos em Nova York do que em Londres, ainda mais em St. Louis, e mais ainda quando chegar a San Francisco[2]. Seu padrão de vida não pára de melhorar.

De manhã cedo, nas ruas por onde passam os trabalhadores a caminho do serviço, diversas mulheres ficam sentadas na calçada com sacos de pão. Quase todos compram pão para comer no caminho. Nem chegam a molhar o pão no chá que se compra por um pêni nos cafés. É incontestável que um homem não está preparado para um dia inteiro de trabalho com uma refeição dessas. E é igualmente incontestável que o prejuízo recairá sobre o empregador e sobre a nação. Há algum tempo, os governantes começaram a bradar: "Acorda, Inglaterra!". Seria mais sensato se mudassem o bordão para: "Alimenta-te, Inglaterra!".

O trabalhador não é apenas mal-alimentado, mas porcamente alimentado. Estive num açougue observando uma horda de donas de casa revirarem as aparas de carne de vaca e de carneiro – aparas que são dadas para cachorros nos Estados

---

2. Um pedreiro em San Francisco recebe 20 xelins por dia e, no momento, está em greve por 24 xelins (Jack London).

Unidos. Não poria minha mão no fogo pela limpeza dos dedos daquelas mulheres, muito menos pela limpeza dos quartos em que vivem com suas famílias. Ainda assim revolviam, manuseavam e descartavam aquela confusão de pedaços na ansiedade de fazer valer seus escassos cobres. Fixei o olhar sobre um pedaço de carne particularmente repugnante e o acompanhei enquanto passava pelas garras de mais de 20 mulheres, até ser comprado por uma mulherzinha de aspecto tímido que foi praticamente obrigada a levá-lo pelo açougueiro. Durante todo o dia aquele monte de refugo fora mexido e remexido, a poeira e a sujeira das ruas caindo sobre ele, moscas pousando, e os dedos sujos revirando-o sem parar.

Ao longo do dia, vendedores carregam montes de frutas machucadas e em decomposição nos seus carrinhos de mão, e muitas vezes as armazenam durante a noite no minúsculo quarto onde dormem. Ficam lá, expostas às doenças e às moléstias, aos eflúvios e exalações da vida nos ambientes superpovoados e imundos. No dia seguinte, estão prontas para serem carregadas e vendidas.

O trabalhador pobre do East End não sabe o que é comer fruta ou carne de boa qualidade – na verdade, quase nunca come fruta ou carne, e nem mesmo o trabalhador qualificado pode se orgulhar do que come. A julgar pelos cafés, que são um bom parâmetro, nunca souberam como é o gosto do chá, do café ou do cacau. As lavagens e águas sujas servidas nesses estabelecimentos, variando apenas em grau, sequer se aproximam ou sugerem o gosto do chá e do café a que você e eu estamos acostumados.

Um pequeno incidente ocorrido num café perto da Jubilee Street, em Mile End Road, vem a minha mente.

"Filha, com isto consigo comprar alguma coisa de comer? Qualquer coisa, não me importo. Faz tempo que não como nada, minha barriga tá tão vazia..."

Era uma mulher idosa, trajada decentemente com uma roupa preta, e uma moeda de um pêni nas mãos. A pessoa a quem se dirigira como "filha" era uma mulher abatida, de uns 40 anos, proprietária e garçonete do lugar.

Esperei, talvez com tanta ansiedade quanto a senhora idosa, para ver como o apelo seria recebido. Eram quatro da tarde, e ela parecia fraca e adoentada. A mulher hesitou por um instante, mas logo trouxe um prato de cordeiro cozido com ervilhas frescas. Eu mesmo estava comendo um prato desses, e achei que o cordeiro na verdade era carneiro, e que as ervilhas bem que poderiam ser um pouco mais frescas. No entanto, e esse é o ponto, o prato era vendido por seis *pence*, e a proprietária o vendeu por um pêni, confirmando mais uma vez a velha verdade: os pobres, de fato, são os mais solidários.

A senhora idosa, profundamente agradecida, abancou-se do outro lado da mesa estreita e atacou vorazmente a carne fumegante. Comemos em silêncio e resolutamente, nós dois, até que de repente, de modo explosivo e alegre, gritou para mim: "Vendi uma caixa de fósforos".

"Isso mesmo!", confirmou, de modo ainda mais expansivo. "Vendi uma caixa de fósforos. Foi assim que consegui o pêni."

"Imagino que esteja conseguindo se virar assim há muitos anos", considerei.

"Setenta e quatro ontem", respondeu, e voltou com gosto para o prato.

"Puxa, eu gostaria de fazer alguma coisa por essa senhora, mas esta é a primeira coisa que como hoje", o jovem a meu lado confidenciou para mim. "E isto só porque consegui ganhar um xelim lavando – santo Deus! – uma montanha de panelas."

"Estou sem trabalho há seis semanas", disse em seguida, em resposta às minhas perguntas. "Só um bico aqui e outro ali pra salvar a lavoura."

Encontra-se gente de todos os tipos nos cafés, e nunca vou me esquecer de uma garota de porte e traços masculinos que encontrei perto da Trafalgar Square[3], a quem gentilmente estendi uma moeda de ouro para pagar a conta. (Aliás, nesses lugares sugere-se que a pessoa pague antes de começar a comer. No caso das pessoas pobres e malvestidas, exige-se que paguem antes de comer.)

A garota mordeu a moeda de ouro, jogou-a no balcão e depois me examinou de alto a baixo.

"Onde conseguiu isso?", perguntou.

"Algum trouxa esqueceu em cima da mesa, não acha?", retorqui.

"Com o que você trabalha?", inquiriu, olhando-me calmamente nos olhos.

"Fabrico moedas de ouro", proferi.

Fez uma expressão de desprezo e me deu o troco em moedas de prata, e eu me vinguei mordendo uma por uma.

"Eu te dou meio pêni por mais um torrão de açúcar no chá", disse.

"Antes disso é melhor ver se estou na esquina", foi a delicada resposta. Aliás, ela amplificou sua réplica cortês de várias maneiras vívidas e impublicáveis.

---

3. Trafalgar Square é a mais famosa praça de Londres, planejada e construída entre 1829 e 1841 em comemoração à vitória do almirante Nelson na batalha de Trafalgar, em 1805, contra a frota franco-espanhola. Ao centro encontra-se uma coluna de 185 pés de altura com a estátua de Nelson.

Nunca fui muito bom em dar respostas rápidas e sarcásticas, mas o pouco que consegui foi imediatamente desmoralizado. Engoli o chá me sentindo um homem derrotado, e ela me desancava com o olhar mesmo depois de já ter saído para a rua.

Enquanto 300 mil pessoas em Londres moram em habitações de um quarto e 900 mil vivem em moradias precárias e ilegais, outras 38 mil são registradas como habitantes de hospedarias comuns, o que em linguagem comum é conhecido como "pensão barata". Há diversos tipos de pensões baratas, mas uma coisa têm em comum, das pequeninas e sujas às monstruosamente grandes que valem 5% e são ruidosamente louvadas pelos homens de classe média que não sabem nada a respeito delas, a não ser que são inabitáveis. Com isso não quero dizer que tenham goteiras ou infiltrações nas paredes, mas que a vida nelas é degradante e insalubre.

Muitas vezes são chamadas de "hotel dos pobres", mas a frase é uma caricatura. Não ter um quarto onde às vezes se possa ficar sozinho; ser forçado a sair da cama nas primeiras horas da manhã; ter de mudar de cama e pagar por ela a cada noite; nunca ter privacidade; tudo isso por certo constitui um modo de vida bastante diferente daquele de um hotel.

Isso não deve ser visto como condenação sumária das grandes hospedarias comuns, públicas ou privadas, ou dos abrigos de trabalhadores. Longe disso. Esses lugares já remediaram muitas atrocidades cometidas nas pensões pequenas e irresponsáveis e dão ao trabalhador mais por seu dinheiro do que ele jamais recebeu antes; mas isso não os torna tão habitáveis ou gratificantes como deveria ser a moradia de um homem que trabalha neste mundo.

As pequenas pensões particulares, em regra, são horrores sem salvação. Dormi numa delas, por isso sei o que digo; mas permita-me deixá-las para lá e me concentrar nas maiores e melhores. Não longe de Middlesex Street, em Whitechapel, entrei numa dessas casas, um lugar habitado quase que somente por trabalhadores. A entrada era por um lance de escadas que descia da calçada em direção ao que era o porão do prédio. Ali havia dois quartos grandes e mal iluminados, nos quais os homens cozinhavam e comiam. Pretendia cozinhar alguma coisa para mim, mas o cheiro do lugar levou meu apetite embora, ou melhor, arrancou-o de mim; então me contentei em observar os outros enquanto cozinhavam e bebiam.

Um trabalhador, de volta do trabalho, sentou à minha frente na mesa de madeira rústica e começou sua refeição. Um punhado de sal sobre a mesa, que não estava limpa, fazia as vezes de manteiga. Ali ele enfiava o pão, mordida por mordida, e o fazia descer com um gole de chá. Um pedaço de peixe completava o cardápio. Comia em silêncio e não olhava para nenhum dos lados, nem para mim. Aqui e ali, nas diversas mesas, outros comiam, no mesmo silêncio. Em todo o quarto mal se ouvia uma conversa. Um sentimento sombrio tomava conta daquele lugar mal iluminado. Muitos sentavam e faziam questão de comer as migalhas de seu repasto, e me faziam pensar, assim como Childe Roland[4], que mal haviam feito para merecer aquilo.

---

4. Título do poema de Robert Browning, extraído da tragédia *Rei Lear*, de William Shakespeare (é um dos três últimos versos da cena quatro do terceiro ato), em que a personagem Edgar diz: "Childe Roland to the dark tower came. His Word was still 'Fie, foh and fum, I smell the blood of a British man'".

Da cozinha vinham os sons de uma vida mais acolhedora, e ousei me aproximar do fogão onde os homens estavam cozinhando. Mas o cheiro que senti ao entrar era ainda mais forte, e uma náusea crescente me obrigou a sair para a rua em busca de ar fresco.

Ao voltar, paguei seis *pence* por um "quarto", peguei meu recibo em forma de uma imensa ficha de metal e subi para a sala de fumar. Ali, duas mesas de bilhar pequenas e diversos tabuleiros de xadrez estavam sendo usados por jovens trabalhadores, que se revezavam nos jogos enquanto vários outros estavam sentados em volta, fumando, lendo e remendando as roupas. Os jovens eram hilariantes; os velhos, sombrios. Na verdade, havia dois tipos de homem: os alegres e os apáticos ou melancólicos, e a idade parecia determinar a classificação.

Mas a sala sugeria remotamente a atmosfera de um lar tanto quanto aqueles dois quartos do porão. Por certo não poderia haver nada de doméstico ali para alguém como eu ou você, que sabemos como é, de fato, um lar. Nas paredes havia as regras mais absurdas e ofensivas regulando a conduta dos hóspedes, e às dez da noite as luzes eram apagadas e não restava nada a não ser a cama. A ela se chegava descendo de volta ao porão, entregando a ficha de metal a um porteiro mal-encarado e escalando um longo lance de escadas de volta às regiões mais altas. Fui para o alto do prédio e para baixo de novo, passando por diversos andares lotados de homens dormindo. Os "quartos" eram a melhor acomodação, onde havia espaço para uma pequena cama e um cômodo ao lado para se despir. A roupa de cama era limpa e nem nela nem na cama encontrei nenhum problema. Mas não havia privacidade, nenhuma possibilidade de ficar sozinho.

Para se fazer uma ideia de como é um desses andares cheios de quartos, amplie uma camada de uma caixa de ovos feita de papelão até que cada compartimento fique com uns dois metros de altura. Ajuste as demais proporções e então ponha a camada ampliada no chão de um cômodo grande como um celeiro. Aí está. Não há forro nos compartimentos, as paredes são finas, os roncos de todos e cada movimento dos seus vizinhos mais próximos são perfeitamente audíveis. E esse quarto só é seu por um tempo. Pela manhã, rua. Não pode deixar a mala ali, nem entrar e sair quando quiser, nem trancar a porta atrás de você ou algo do tipo. Na verdade, nem sequer há uma porta, apenas um corredor. Se quiser continuar como hóspede nesse hotel de pobre, terá de tolerar tudo isso, além do regulamento de prisão que a todo momento lembra que você não é ninguém, que sua alma não é digna de atenção e que você não tem nada a dizer sobre ela.

Pois eu afirmo: o mínimo que um homem que trabalha o dia inteiro deveria ter é um quarto para si, onde possa trancar a porta e se sentir seguro em meio a seus pertences; onde possa sentar e ler à janela ou olhar para fora; onde possa entrar e sair quando bem entender; onde possa acumular alguns bens pessoais para além daqueles que carrega consigo nas costas e nos bolsos; onde possa pendurar fotos de sua mãe, irmã, namorada, bailarinas ou buldogues, ou do que agradar seu coração – enfim, um lugar na terra onde possa dizer: "Isto é meu, meu castelo: o mundo termina na soleira; aqui eu sou o senhor e o patrão". Esse homem será um cidadão melhor e fará render mais o seu dia de trabalho.

Num dos andares do hotel dos pobres parei e escutei. Fui de quarto em quarto e olhei os que dormiam. Eram jovens, entre 20 e 40 anos, na maior parte. Os velhos não podem pagar pelo abrigo de trabalhadores. Então vão para o asilo. Mas olhei os jovens, inúmeros deles, e não eram mal-apessoados. Seus rostos eram feitos para beijos de mulher, seus pescoços, para os braços femininos. Eram dignos de amor, tanto quanto os homens podem sê-lo. Eram capazes de amor. O toque de uma mulher redime e apazigua, e eles precisavam de tal redenção e apaziguamento. Seria uma maneira de não ficarem mais ásperos e soturnos a cada dia que passa. Eu me perguntei onde estariam aquelas mulheres e escutei uma risadinha embriagada de cortesã. Leman Street, Waterloo Road, Piccadilly, The Strand me responderam, e então percebi onde elas estavam.

Capítulo 21

A PRECARIEDADE DA VIDA

Estava conversando com um homem cheio de rancor. Para ele, sua esposa o tinha enganado e a lei o tinha enganado. A moral e os méritos do caso não importam. O fato é que ela conseguiu obter a separação, e ele foi obrigado a pagar dez xelins por semana para o sustento dela e dos cinco filhos. "Mas veja você", disse-me ele, "o que vai ser dela se eu não pago os dez xelins? Vamos supor que aconteça um acidente comigo e eu não possa trabalhar. Vamos supor que tenha uma hérnia, um reumatismo, ou cólera. O que ela vai fazer, hein? O que ela vai fazer?"

Balançava a cabeça com tristeza. "Ela já era. O melhor que pode fazer é ir pro abrigo, e lá é um inferno. E se ela não for pra lá, aí vai ser um inferno pior ainda. Vem comigo, vou mostrar umas mulheres dormindo em plena rua, uma dúzia delas. E vou mostrar coisa pior, vou mostrar o que vai ser dela se por acaso algo acontecer comigo e com os dez xelins."

A certeza da previsão desse homem é algo a se considerar. Ele tinha conhecimento suficiente da situação para saber a precariedade do acesso de sua mulher a comida e abrigo. Para ela o jogo acaba quando a capacidade de trabalho dele for prejudicada ou destruída. Quando esse estado de coisas é visto em seu aspecto mais amplo, o mesmo será dito sobre centenas de milhares e mesmo milhões de homens e mulheres vivendo juntos amigavelmente e cooperando uns com os outros na busca por comida e abrigo.

Os números são impressionantes: 1,8 milhão de pessoas em Londres vivem na linha de pobreza ou abaixo dela, e outro 1 milhão vive separado da miséria apenas por um salário semanal. Em toda a Inglaterra e no País de Gales, 18% de toda a população depende da caridade pública e, em Londres, de acordo com as estatísticas do Conselho do Condado de Londres, o número chega a 21%. Entre isso e ser um miserável com uma mão na frente e outra atrás vai uma grande diferença, mas mesmo assim Londres ajuda 123 mil pobres, mais do que a população inteira de muitas cidades. Uma pessoa em cada quatro, em Londres, morre em instituições de caridade, enquanto 939 em cada 1.000, no Reino Unido, morrem na pobreza. Oito milhões simplesmente lutam para não morrer de fome, e 20 milhões mais não vivem em situação confortável, na acepção mais simples da palavra.

É interessante examinar mais de perto o caso dos londrinos que morrem em instituições de caridade.

Em 1886, e até 1893, a porcentagem de miseráveis era menor em Londres do que no resto da Inglaterra. Mas a partir de 1893, e ano após ano desde então, a porcentagem de miseráveis em Londres tem sido maior do que no resto do país. Ainda assim, no Relatório do Registro Geral de 1886, encontram-se os seguintes números:

De um universo de 81.951 mortes em Londres (1884)	
Em abrigos públicos	9.909
Em hospitais	6.559
Em asilos de loucos	278
Total de instituições públicas	16.746

Comentando estas cifras, um escritor socialista escreve: "Considerando-se que comparativamente poucos entre estes são crianças, é provável que um em cada três londrinos adultos seja levado a esses lugares para morrer, e a proporção no caso dos trabalhadores manuais é certamente maior".

De algum modo, os números indicam a proximidade que há entre o trabalhador médio e a miséria. Muitas coisas levam a ela. Um anúncio como este, por exemplo, publicado no jornal de ontem:

Procura-se escrevente com conhecimento de taquigrafia, datilografia e fatura. Salário: dez xelins (2,5 dólares) por semana. Candidatar-se por carta etc.

No jornal de hoje li sobre um escrevente de 35 anos, habitante de um abrigo público de Londres, que foi levado ao tribunal por não cumprimento de tarefa. Alegou que sempre fizera as tarefas desde que passou a morar no abrigo. Mas quando o superior mandou que quebrasse pedras, suas mãos cobriram-se de bolhas e ele não conseguiu continuar. Disse que nunca havia manuseado um instrumento mais pesado que uma caneta. O magistrado condenou as mãos cheias de bolhas a sete dias de trabalho pesado.

A velhice, claro, leva à miséria. E depois há os acidentes, as desgraças que acontecem, a morte ou a invalidez do marido, do pai e de quem traz o ganha-pão. Aqui está um homem, com a mulher e três filhos, vivendo na periclitante segurança de 20 xelins por semana – e há centenas de milhares de famílias nessa situação em Londres. Por força das circunstâncias, para ao menos tentar existir, precisam viver até o último pêni, de modo que o salário de uma semana (uma libra) é tudo o que separa essa família da miséria ou da fome. A desgraça acontece, o pai fica impossibilitado de trabalhar, e o que resta? Uma mulher com três filhos pode fazer pouco ou nada. Ou ela entrega as crianças à sociedade como jovens miseráveis, de modo a ficar livre para fazer algo para si, ou tem de encontrar um trabalho que possa realizar dentro do buraco aviltante que sua renda reduzida é capaz de manter. Mas, nesses serviços feitos em casa, mulheres casadas que complementam os ganhos dos maridos e mulheres solteiras que só têm a si mesmas para miseravelmente sustentar determinam a escala dos salários. E essa escala, assim determinada, é tão baixa que a mãe e os três filhos só podem viver em estado bestial e no limite da fome, até que a decadência e a morte acabem com seu sofrimento.

Para mostrar como essa mãe, com seus três filhos para sustentar, não tem como competir com esse tipo de serviço, extraio dos jornais os dois casos seguintes:

Um pai escreve indignado que sua filha e uma colega de trabalho recebem oito e meio *pence* por grosa de caixas. Por dia, faziam quatro grosas. As despesas no trabalho eram de oito *pence* de condução, dois de selos, dois e meio pela cola e um pêni por cordão, de modo que o que ganhavam juntas totalizava um xelim e nove *pence*, ou um salário diário de 10,5 *pence* para cada uma.

No segundo caso, ocorrido alguns dias atrás, uma senhora de 72 anos foi pedir ajuda à assistência pública. "Era uma fazedora de chapéus de palha, mas foi forçada a abandonar o trabalho, pois devia exatamente o valor que ganhava por ele – a saber, 2,25 *pence* para cada chapéu. Por esse preço tinha de fazer os trançados, modelar e finalizar os chapéus."

Mas a mulher e os três filhos que estamos levando em consideração não fizeram nenhum mal para serem punidos.

Não cometeram nenhum pecado. A desgraça aconteceu, e isso é tudo; o marido, pai e provedor foi tirado de combate. Não há o que fazer diante disso. É imprevisível. Uma família tem tantas chances de escapar do fundo do Abismo quanto de cair bem no meio dele. As chances podem ser reduzidas a números frios, sem compaixão, os quais creio não ser de todo descabido citar aqui.

> O senhor A. Forwood calcula que:
> Um a cada 1.400 trabalhadores é morto todo ano.
> Um a cada 2.500 trabalhadores fica totalmente incapacitado.
> Um a cada 300 trabalhadores fica parcialmente incapacitado para o resto da vida.
> Um a cada oito trabalhadores fica incapacitado por três ou quatro semanas.

Esses são apenas acidentes de trabalho. A alta mortalidade entre as pessoas que vivem no gueto também tem um papel terrível. A expectativa de vida dos moradores do West End é de 55 anos. A do East End, 30 anos. Isso quer dizer que uma pessoa no West End tem chance de viver o dobro do tempo do que vive uma pessoa no East End. Depois falam de guerra! A mortalidade na África do Sul ou nas Filipinas vai às raias da insignificância. Aqui, em plena paz, é onde o sangue está sendo derramado; e aqui nem as regras civilizadas do código de guerra são respeitadas, pois as mulheres, as crianças e os bebês de colo são mortos com a mesma ferocidade que os homens. Guerra! Na Inglaterra, a cada ano, 500 mil homens, mulheres e crianças, empregados nos vários ramos da indústria, são mortos, ficam incapacitados ou são condenados à invalidez por doença.

No West End, 18% das crianças morrem antes dos 5 anos; no East End, 55% das crianças morrem antes dos 5 anos. Há ruas em Londres onde, a cada cem crianças nascidas durante um ano, 50 morrem no ano seguinte, e das 50 que permanecem, 25 morrem antes dos 5 anos. Extermínio! Nem Herodes foi tão cruel.

De que a indústria causa maior devastação à vida humana do que a guerra, não há melhor exemplo do que este, retirado de um relatório recente da maior autoridade médica de Liverpool e que não se aplica apenas a Liverpool:

> Em muitas circunstâncias, os pátios não recebem luz do sol e a atmosfera dentro das habitações é sempre imunda, em grande parte por causa da condição precária das paredes e dos forros, que por tantos anos absorveram as exalações dos ocupantes, acumuladas no material poroso. Um singular testemunho sobre a falta de luz do sol nesses pátios foi fornecida pelo Comitê de Parques e Jardins, que queria melhorar o clima das casas pobres com flores e jardineiras, mas os presentes não puderam ser oferecidos, pois as plantas eram suscetíveis à insalubridade e não conseguiriam sobreviver naquele ambiente.

O senhor George Haw compilou a seguinte tabela sobre as três paróquias de St. George (paróquias de Londres):

	Porcentagem de superpopulação	Taxa de mortalidade a cada mil
St. George's West	10	13,2
St. George's South	35	23,7
St. George's East	40	26,4

Ainda há os "ramos perigosos" em que incontáveis trabalhadores estão empregados. Seu vínculo com a vida é de fato precário – bem, bem mais precário que o de um soldado do século xx. No ramo de tecidos, na preparação do linho, pés molhados e roupas molhadas causam uma quantidade excepcional de casos de bronquite, pneumonia e reumatismos graves; enquanto isso, nos departamentos de cardação e fiação, a poeira fina produz doenças pulmonares. A mulher que começa a cardar aos 17 ou 18 anos, por exemplo, começa a envelhecer e cair aos pedaços aos 30 anos. Os trabalhadores químicos, escolhidos entre os homens mais fortes e de melhor forma física, vivem, em média, menos de 48 anos.

Diz o doutor Arlidge, do ramo de olarias: "A poeira dos tijolos não mata de uma vez, mas se sedimenta, ano após ano, nos pulmões, até que no fim se forma uma camada de reboco. Respirar fica cada vez mais difícil e torturante, e depois simplesmente se deixa de respirar".

Partículas de aço, de pedra, de barro, de álcali, de lã, de fibra, todas essas coisas matam e são mais mortíferas do que armas de fogo ou canhões automáticos. Mas a pior partícula de todas é a do chumbo. Eis a descrição da dissolução típica de uma jovem saudável e bem constituída que vai trabalhar numa fábrica onde lida com esse metal:

> Ali, depois de variados graus de exposição, ela fica anêmica. Pode acontecer de suas gengivas apresentarem uma leve linha azul, ou ainda que seus dentes e gengivas permaneçam saudáveis, sem linhas azuis discerníveis. Simultaneamente à anemia, vai emagrecendo, mas tão devagar que nem ela nem seus amigos percebem. A doença, contudo, se instala, e dores de cabeça, com intensidade crescente, se

desenvolvem. Estas são frequentemente seguidas de obscurecimento da visão e cegueira temporária. A garota passa pelo que parece a seus amigos e médico como uma histeria comum. Mas o quadro de repente piora, até que ela é acometida por uma convulsão, que começa primeiro num dos lados do rosto, passa para o braço e então para a perna do mesmo lado do corpo, até que a convulsão, violenta e semelhante a um ataque epiléptico, toma conta de tudo. O processo é seguido de perda da consciência e, então, de uma série de convulsões que crescem em intensidade. Em uma dessas, ela morre. Mas também pode voltar à consciência, de modo parcial ou total, e isso pode ser por alguns minutos, algumas horas, ou dias. Durante esse período, ou aparece uma violenta dor de cabeça, ou a pessoa fica delirante e excitada, como em estado agudo de mania, ou ainda apática e taciturna, como em estado de melancolia, e precisa ser despertada por alguém quando delira e a fala se torna desconexa. Sem mais aviso, exceto o do pulso, que se tornou fraco, com quase o número normal de batimentos, ela de repente se enrijece, e é acometida por outra convulsão, na qual morre, ou entra em um estado de coma de que nunca sairá. Em outros casos, as convulsões aos poucos cedem, a dor de cabeça desaparece e o paciente se recupera, apenas para perceber que perdeu completamente a visão, perda que pode ser temporária ou permanente.

Eis alguns casos de envenenamento por chumbo:

Charlotte Rafferty, jovem de esplêndida constituição física que nunca na vida passou um dia doente empregou-se numa refinaria de chumbo. Certo dia, ao pé da escada da oficina, foi surpreendida por convulsões. O doutor Oliver a examinou e encontrou uma linha azul na gengiva, indicando que o sistema estava sob a ação do chumbo. Ele sabia que as convulsões logo voltariam. De fato voltaram, e ela morreu.

Mary Ann Toler, uma garota de 17 anos, que nunca teve nenhum problema de saúde, ficou doente por três vezes e teve de abandonar o trabalho na fábrica. Antes dos 19 anos apresentou sintomas de envenenamento por chumbo: teve espasmos, espumou pela boca e morreu.

Mary A., uma mulher excepcionalmente vigorosa, foi capaz de trabalhar na refinaria de chumbo por *20 anos*, tendo tido cólicas apenas uma vez ao longo de todo esse período. Seus oito filhos morreram na primeira infância em razão de convulsões. Um dia de manhã, enquanto escovava o cabelo, perdeu de repente a força nos dois punhos.

Eliza H., de 25 anos, *depois de cinco meses* de trabalho com chumbo, apresentou cólicas. Foi admitida em outra fábrica (após ter sido recusada pela primeira) e trabalhou ininterruptamente por dois anos. Então os antigos sintomas reapareceram, ela foi acometida por convulsões e morreu de envenenamento agudo por chumbo dois dias depois.

O senhor Vaughan Nash, falando da geração ainda não nascida, diz: "Os filhos de quem trabalha nas refinarias de chumbo vêm ao mundo, em regra, apenas para morrer das convulsões por envenenamento – ou nascem prematuros ou morrem no primeiro ano".

Por fim, permita-me relatar o caso de Harriet A. Walker, uma jovem de 17 anos, morta enquanto cultivava uma esperança impossível no campo de batalha da indústria. Trabalhava como lustradora de produtos finalizados com esmalte, material que contém chumbo. Seu pai e seu irmão estavam ambos sem emprego. Ela escondeu sua doença, andava quase dez quilômetros para ir e voltar do trabalho, ganhava seus sete ou oito xelins por semana, e morreu aos 17 anos.

A maré baixa dos negócios também tem papel importante no arremesso de trabalhadores ao Abismo. Uma vez que em grande parte dos casos o que separa uma família da pobreza total é apenas uma semana de salário, um mês de ócio forçado significa uma dureza e uma miséria quase indescritíveis, e uma devastação da qual as vítimas nem sempre se recuperam quando o trabalho reaparece. Agora mesmo os jornais trazem notícias sobre uma reunião da divisão de Carlisle do sindicato dos estivadores, na qual divulgaram que muitos dos homens, por meses a fio, não tiveram uma média salarial, por semana, superior a quatro ou cinco xelins. Essas condições explicam o estado de estagnação em que se encontra o porto de Londres.

Para os jovens trabalhadores e trabalhadoras, ou para o casal, não há garantia de que chegarão felizes e com saúde à meia-idade, muito menos de que terão uma velhice financeiramente confortável. Trabalhando desse jeito, não podem assegurar o futuro. É tudo uma questão de acaso. Tudo depende de a desgraça acontecer ou não, desgraça com a qual não têm nada a ver. A precaução não pode afastá-la, nem a astúcia pode superá-la. Se continuarem no campo de batalha da indústria, terão de encará-la e arriscar-se com grande probabilidade de insucesso. Naturalmente, caso tenham condições físicas favoráveis e não tenham compromissos familiares, podem fugir do campo de batalha. Nesse caso, a coisa mais segura que o homem pode fazer é alistar-se no exército, e a mulher, possivelmente, tornar-se enfermeira da Cruz Vermelha ou entrar para um convento. Em qualquer caso, têm de abdicar de lar, filhos e de tudo o mais que faz a vida valer a pena – e que possibilita que a velhice não se transforme num pesadelo.

Capítulo 22

SUICÍDIO

Com uma condição de vida tão precária e uma possibilidade tão remota de atingir a felicidade, é inevitável que a vida perca o valor e o suicídio se torne comum. Comum a ponto de ser impossível ler os jornais sem se deparar com algum, e a ponto de um caso de tentativa de suicídio despertar num distrito policial o mesmo interesse que um bêbado, e de ser tratado com a mesma rapidez e indiferença.

Lembro-me de um caso no Distrito Policial do Tâmisa. Orgulho-me de ter bons olhos e ouvidos e um conhecimento razoável sobre os homens e as coisas, mas confesso que, enquanto estava na sala de espera, fiquei perplexo com a impressionante velocidade com que bêbados, desordeiros, vadios, arruaceiros, espancadores de mulher, ladrões, receptadores, trapaceiros e mulheres de rua passavam pela máquina da Justiça. O banco dos réus ficava no meio da sala (onde a luz é melhor) e nele entravam e saíam homens, mulheres e crianças num fluxo tão intenso quanto o das sentenças proferidas pelo magistrado.

Ainda divagava sobre o caso de um "receptador" tuberculoso que alegara incapacidade de trabalhar e necessidade de sustentar mulher e filhos, e que havia sido condenado a um ano de trabalhos forçados, quando um jovem de uns 20 anos apareceu no banco dos réus. "Alfred Freeman", captei o nome, mas não consegui escutar a acusação. Uma mulher corpulenta e com jeito maternal apareceu no banco das testemunhas e começou seu depoimento. Descobri que era esposa do encarregado da eclusa do Britannia. Uma noite, ouviu um "tchibum"; correu então até a comporta e encontrou o réu na água.

Eu disparava olhares para um e para outro. Então esta era a acusação: suicídio. Ele ficou ali, pasmo e perdido, seu viçoso cabelo castanho amarfanhado sobre a testa, o rosto envelhecido pelas preocupações, aflito e ainda com expressão infantil.

"Sim senhor", a esposa do encarregado dizia. "Com a mesma rapidez com que tentei tirar ele dali, ele nadou pra longe. Gritei, pedi ajuda, alguns trabalhadores apareceram, então conseguimos puxar o rapaz de volta e entregar pro guarda."

O magistrado elogiou a força muscular da mulher, o que provocou risadas no tribunal, mas tudo que pude ver foi um homem nos estertores da vida, entregando-se desesperadamente à morte na água barrenta, e não vi graça nenhuma nisso.

Em seguida, havia um homem no banco das testemunhas. Ele depunha em favor do bom caráter do jovem e apresentava uma série de provas do que dizia. Esse homem era contramestre do rapaz, ou havia sido. Alfred era um bom garoto, mas tinha tido muitos problemas em casa, questões financeiras. E depois a mãe ficou doente. Ficou muito preocupado, tão preocupado que depois de certo ponto não conseguia mais trabalhar direito. Ele (o contramestre), para preservar a própria reputação, como o desempenho do jovem estava ruim, foi forçado a pedir que ele se demitisse.

"Algo a dizer?", perguntou o magistrado abruptamente.

O garoto no banco dos réus resmungou alguma coisa incompreensível. Ele ainda estava atordoado.

"O que ele diz, guarda?", o magistrado perguntou com impaciência.

O robusto homem vestido de azul aproximou o ouvido dos lábios do prisioneiro e depois respondeu alto: "Ele diz que sente muito, meritíssimo".

"Continua sob custódia", respondeu o meritíssimo; e o caso seguinte começou a ser julgado, a primeira testemunha já fazendo o juramento. O garoto, pasmo e perdido, foi embora com o carcereiro. E isso foi tudo, cinco minutos do início ao fim; e dois brutamontes no banco dos réus já estavam tentando culpar um ao outro pela posse de uma vara de pesca roubada, provavelmente no valor de dez *cents*.

O principal problema com essa pobre gente é que não sabem como cometer suicídio e, geralmente, precisam fazer duas ou três tentativas até conseguir. Isso, muito naturalmente, é um terrível aborrecimento para os guardas e magistrados e causa-lhes problemas sem fim. Às vezes, no entanto, os magistrados falam francamente sobre o assunto e censuram os réus pela falta de firmeza de suas tentativas. O senhor R. S... por exemplo, chefe dos magistrados de S...B..., sobre o caso ocorrido outro dia com Ann Wood, que tentou dar cabo de sua vida no canal: "Se você queria fazer isso, então por que não fez direito?", inquiriu o indignado senhor R. S... "Por que não afundou e acabou com tudo de uma vez, em vez de nos causar todo esse problema?"

Pobreza, miséria e medo do albergue de pobres são as principais causas de suicídio entre as classes trabalhadoras. "Se tiver de ir para o abrigo, me afogo antes", disse Ellen Hughes Hunt, de 52 anos. Na última quarta-feira foi aberta uma sindicância em Shoreditch a propósito da descoberta de seu corpo. O marido veio do abrigo de Islington para depor. Ele havia sido vendedor de queijo, mas o insucesso na empreitada e a pobreza o obrigaram a ir para o albergue e a esposa se recusara a acompanhá-lo.

Foi vista pela última vez à uma da manhã. Três horas mais tarde, seu chapéu e sua jaqueta foram encontrados na área de rebocamento do Regent's Canal e mais tarde seu corpo foi pescado de dentro d'água. *Veredicto: suicídio por insanidade temporária.*

Veredictos assim são crimes contra a verdade. A lei é uma mentira e, por meio dela, os homens mentem com a maior desfaçatez. Por exemplo, uma mulher desgraçada, abandonada e humilhada por todas as pessoas próximas a ela, toma uma dose de láudano, que também dá a seu bebê. O bebê morre, mas ela se recupera depois de algumas semanas no hospital, é acusada de assassinato, condenada e cumpre uma pena de dez anos de trabalhos forçados. Depois que a mulher está recuperada, a lei a declara responsável por suas ações; porém, caso tivesse morrido, a mesma lei teria chegado ao veredicto de insanidade temporária.

Agora, quanto ao caso de Ellen Hughes Hunt: é tão justo e lógico considerar que seu marido sofria de insanidade temporária quando foi para o abrigo de Islington, quanto considerar que ela sofria de insanidade temporária quando se atirou no Regent's Canal. Saber qual dos dois lugares é o melhor é questão de opinião, de julgamento intelectual. E, a julgar pelo que conheço de canais e de asilos, caso estivesse em situação semelhante, eu, por exemplo, preferiria o canal. E faço questão de declarar que não sou mais insano do que Ellen Hughes Hunt, seu marido e o resto da espécie humana.

O homem não obedece mais a seu instinto com a fidelidade de outros tempos. Ele se desenvolveu e se tornou uma criatura racional, e pode decidir intelectualmente se quer se apegar à vida ou se prefere descartá-la de acordo com o prazer ou a dor que a vida lhe proporcionar. Ouso afirmar que Ellen Hughes Hunt, espoliada e privada de todas as alegrias da vida que 52 anos de serviço no mundo não puderam lhe trazer, sem nada a não ser os horrores do asilo diante de si, foi muito racional e equilibrada quando escolheu atirar-se no canal. Ouso afirmar ainda que o júri teria tomado uma decisão mais sábia caso chegasse a um veredicto acusando toda a sociedade de insanidade temporária por permitir que Ellen Hughes Hunt fosse espoliada e privada de todas as alegrias merecidas por uma pessoa que durante 52 anos se entregou com todas as forças ao trabalho.

Insanidade temporária! Ah, essas frases malditas, essas mentiras da língua, sob as quais pessoas de barriga cheia e decentemente vestidas se abrigam, fugindo à responsabilidade de ajudar seus irmãos e irmãs que não têm nada na barriga e nem roupas decentes para se aquecer.

De uma edição do *Observer*, um jornal do East End, cito os seguintes acontecimentos corriqueiros:

Um foguista de navio, chamado Johnny King, foi acusado por tentativa de suicídio. Na quarta-feira, o réu foi à delegacia de Bow e declarou que havia ingerido uma grande quantidade de fósforo em pasta, pois estava sem dinheiro e não conseguia achar emprego. King foi levado para dentro e recebeu um emético que o fez vomitar boa parte do veneno. O réu então disse que sentia muito. Embora tivesse 16 anos de experiência e fosse conhecido pelo bom caráter, não conseguia emprego de nenhum tipo. O senhor Dickinson encaminhou o réu à Assistência Social.

Timothy Warner, 32 anos, foi detido até novo julgamento por ofensa semelhante. Ele pulou do píer de Limehouse e, quando resgatado, disse: "Fiz de propósito".

Uma jovem de aspecto decente, chamada Ellen Gray, foi detida sob acusação de tentativa de suicídio. Por volta das oito e meia da manhã de domingo, o guarda 834 k encontrou a ré deitada à entrada de uma casa na Benworth Street. Ela estava em estado de grande sonolência. Com uma garrafa vazia numa das mãos, afirmou que duas ou três horas antes havia ingerido láudano. Como estava visivelmente em más condições, um cirurgião foi chamado e, tendo dado a ela um pouco de café, afirmou que tinha de ser mantida acordada. Quando a ré foi acusada, declarou que a razão que a levara a tentar o suicídio foi não ter casa nem amigos.

Não digo que todas as pessoas que cometem suicídio sejam mentalmente equilibradas, nem que todas as pessoas que não cometem suicídio sejam mentalmente equilibradas. Mas digo que instabilidade de alimentação e abrigo é uma grande causa de insanidade entre os vivos. Verdureiros ambulantes e mascates, uma classe de trabalhadores que vive da mão para a boca mais do que qualquer outra, formam a maior porcentagem entre os internos dos asilos de loucos. Entre os homens, a cada ano, 26,9 a cada 10 mil enlouquecem e, entre as mulheres, 36,9. Por outro lado, entre os soldados, que ao menos têm a certeza de que terão comida e um teto, 13 a cada 10 mil ficam loucos. Entre os fazendeiros e criadores de gado, apenas 5,1. Ou seja, um verdureiro ambulante tem duas vezes mais chance de perder a razão do que um soldado, e cinco vezes mais do que um fazendeiro.

A má sorte e a miséria têm impacto muito forte sobre a cabeça das pessoas e podem levá-las para o asilo de loucos, ou para o necrotério, ou para a forca. Quando o pai e marido, por mais amor que tenha pela mulher e pelos filhos, por mais vontade que tenha de trabalhar, não consegue mais trabalho, é preciso muito pouco para sua razão fraquejar e para a luz em sua mente apagar-se. E tudo fica ainda mais rápido quando seu corpo está devastado pela desnutrição e pela doença, o que piora o estado de sua alma já dilacerada pelo sofrimento de sua mulher e de seus pequenos.

"Ele é um homem bem-apessoado, de fartos cabelos escuros, olhos negros e expressivos, nariz e queixo delicadamente esculpidos, e um bigode ondulado e generoso." Essa é a descrição que o repórter fez de Frank Cavilla, neste lúgubre mês de setembro, enquanto o acusado estava no tribunal, "vestido com um terno cinzento bastante gasto e sem colarinho".

Frank Cavilla morava em Londres e trabalhava como decorador. É descrito como bom profissional, homem correto, que não é dado à bebida, e todos os seus vizinhos são unânimes em assegurar que era um marido e pai afetuoso e gentil.

A esposa, Hannah Cavilla, era uma mulher grande, bonita e alegre. Sempre mandava os filhos limpos e em ordem (todos os vizinhos confirmaram o fato) para a escola primária de Childeric Road. E assim, com um homem desses, tão abençoado, trabalhando diligentemente e vivendo com moderação, tudo parecia ir às mil maravilhas.

Então a desgraça aconteceu. Ele trabalhava para um certo senhor Beck, construtor, e morava em uma das casas do patrão em Trundley Road. Um dia o senhor Beck foi atirado para fora de seu cabriolé e morreu. Um cavalo disparou e, como eu digo, a desgraça aconteceu. Cavilla teve de buscar um novo emprego e outra casa para morar.

Isso foi há 18 meses. Por 18 meses lutou com todas as forças. Alugou quartos numa pequena casa em Batavia Road, mas não conseguia fechar as contas do mês. Emprego honesto não havia como conseguir. Batalhou corajosamente em trabalhos ocasionais de todos os tipos, a esposa e os filhos passando fome diante de seus olhos. Passou fome, enfraqueceu e caiu doente. Isso foi três meses atrás, e já então não havia mais comida alguma. Não reclamavam, não diziam uma palavra, embora tivessem se tornado pobres. As donas de casa de Batavia Road mandavam comida para eles, mas os Cavilla eram tão respeitáveis que a comida era enviada anonimamente, misteriosamente, de modo a não lhes ferir o orgulho.

A desgraça tinha acontecido. Ele tinha lutado, passado fome e sofrido por 18 meses. Numa manhã de setembro, acordou cedo. Abriu seu canivete. Cortou a garganta de sua mulher, Hannah Cavilla, de 33 anos. Cortou a garganta de seu primogênito, Frank, de 12 anos. Cortou a garganta de seu filho, Walter, de 8. Cortou a garganta de sua filha, Nellie, de 4. Cortou a garganta de seu caçula, Ernest, de 1 ano e 4 meses. E então fez companhia aos mortos até de noite, quando veio a polícia e disse aos policiais para colocarem um pêni no gasômetro pois assim teriam luz para enxergar.

Frank Cavilla estava no tribunal. Vestia um terno cinzento bastante gasto e sem colarinho. Era um homem bem-apessoado, de fartos cabelos escuros, olhos negros e expressivos, nariz e queixo delicadamente esculpidos, e um bigode ondulado e generoso.

Capítulo 23

AS CRIANÇAS

Quando se vive num barraco e duro se trabalha, é aceitável esquecer o mundo.[1]

Há uma visão agradável no East End, e apenas uma, e ela é feita das crianças dançando na rua quando passa o tocador de realejo. É fascinante observá-los, os pequenos, a futura geração, ondeando e sapateando, com pequeninas mímicas e graciosas invenções todas deles, com músculos que se movem de modo fácil e suave e corpos que pulam, lépidos, tecendo ritmos jamais ensinados nas escolas de dança.

Conversei com essas crianças, aqui, ali, por toda parte. Elas me impressionaram por serem tão espertas quanto as outras crianças e, em diversos aspectos, ainda mais espertas. Elas têm uma imaginação ativa, e é notável a capacidade que têm para se projetar no mundo da aventura e da fantasia. Uma vida pulsante lhes corre nas veias. Adoram música, movimento e cor, e muitas vezes deixam transparecer uma impressionante beleza de rosto e de formas por trás da imundície dos seus trapos.

Mas há um "Flautista de Hamelin" em Londres que as rouba. Elas desaparecem. Nunca mais são vistas nem deixam vestígio algum. Pode procurar entre os adultos. Aí você encontrará formas mal desenvolvidas, rostos feios, mentes embotadas e lerdas. Graça, beleza, imaginação, toda a elas-

---

[1] "Where home is a hovel, and dull we grovel,/ Forgetting the world is fair." Versos do poema "The Voice of Toil", de William Morris.

ticidade mental e muscular, nada disso existe mais. Às vezes, no entanto, é possível ver uma mulher, não necessariamente velha, mas alquebrada e deformada, sem traço algum de feminilidade, inchada e embriagada, levantar a saia encardida e executar alguns passos grotescos e desajeitados sobre a calçada. É um indício de que um dia ela foi uma daquelas crianças que dançavam ao som do tocador de órgão. Os passos grotescos e desajeitados são tudo o que lhe resta das promessas da infância. Nas regiões recônditas e nebulosas de seu cérebro aflorou a memória evanescente de que um dia ela foi criança. As pessoas se aproximam. Garotinhas começam a dançar ao lado dela, em volta dela, com todos aqueles gracejos de que ela se lembra vagamente, mas dos quais não consegue executar senão uma paródia com seu corpo. Então fica ofegante, exausta e, aos tropeços, deixa a roda. E as garotinhas continuam dançando.

As crianças do gueto são dotadas de todas as qualidades nobres e edificantes; mas é o próprio gueto, como uma tigresa furiosa que ataca a própria cria, que se volta contra elas e destrói suas qualidades, eclipsa a luz e o sorriso e transforma aquelas que ele não mata em criaturas embrutecidas e desamparadas, indefesas, degradadas e devastadas pelas feras da arena.

A maneira como isso ocorre, já a descrevi detidamente em capítulos anteriores; aqui, deixemos que o professor Huxley emita seu breve parecer:

> Qualquer um que esteja familiarizado com o estado da população de todos os grandes centros industriais, seja neste ou em outros países, está ciente de que entre uma parte grande e cres-

cente dessa população reina suprema (...) aquela condição que os franceses chamam de *la misère*, palavra para a qual, acredito, não existe equivalente exato em inglês. É uma condição em que comida, proteção contra o frio, vestimentas e outras coisas necessárias para a mera manutenção das funções do corpo em seu estado normal não podem ser obtidas; em que homens, mulheres e crianças são forçados a se amontoar em tocas onde a decência está abolida e as condições mais básicas para uma existência saudável são impossíveis de se conseguir; em que os prazeres estão reduzidos à brutalidade e à embriaguez; em que as dores se acumulam em progressão geométrica na forma de fome, doença, impossibilidade de se desenvolver e degradação moral; em que a perspectiva mesmo para quem se dispuser a uma conduta diligente e honesta é uma vida de batalha sem sucesso contra a fome, rodeada por uma vala comum.

Nessas condições, o panorama para as crianças é desolador. Morrem como moscas e, aquelas que sobrevivem, sobrevivem porque possuem excessiva vitalidade e enorme capacidade de adaptação à degradação que as rodeia. Não têm vida doméstica. Nas tocas e covis em que vivem estão expostas a tudo o que existe de obsceno e indecente. Assim como suas mentes, também seus corpos são afetados pelas más condições de saneamento, pela superpopulação e pela desnutrição. Quando três ou quatro crianças moram com os pais num quarto onde é preciso se revezar para espantar os ratos, quando nunca têm o bastante para comer e quando são picadas, enfraquecidas e arrasadas pelas pulgas e piolhos que infestam o ambiente, o tipo de homens e mulheres em que se transformarão pode ser facilmente imaginado.

*Miséria e triste desespero
Abatem-se sobre eles desde o nascimento;
Maldições terríveis, nenhum contentamento,
São para eles a primeira canção de ninar[2].*

Um homem e uma mulher se casam e passam a morar num quarto. Sua renda não aumenta, mas a família sim, e o homem pode se considerar de muita sorte caso consiga manter seu emprego e sua saúde. Um filho vem, e então outro. Isso significa que é preciso conseguir mais espaço; mas as pequenas bocas e os pequenos corpos significam despesa adicional e tornam completamente impossível a obtenção de acomodações mais espaçosas. Novos bebês juntam-se à família. Não há espaço para se movimentar. Os jovens correm às ruas, e quando têm 12 ou 14 anos a questão de arrumar um quarto se impõe, e eles saem às ruas atrás de um. O garoto, se tiver sorte, consegue arrumar lugar num abrigo público e pode acabar de diversas maneiras. Mas a garota de 14 ou 15 anos, forçada a abandonar o quarto que chama de casa e capaz de ganhar, na melhor das hipóteses, escassos cinco ou seis xelins por semana, só pode acabar de um jeito. E esse jeito é um jeito amargo, como o mostra a mulher cujo corpo foi encontrado pela polícia essa manhã à entrada de uma casa em Dorset Street, Whitechapel. Sem casa, sem abrigo, doente, sem ninguém a seu lado em seus últimos momentos, morreu ao relento durante a noite. Tinha 62 anos e era uma vendedora de fósforos. Morreu como morre um animal selvagem.

Viva na minha memória está a imagem de um garoto no

---

2. "Dull despair and misery/ Lie about them from their birth;/ Ugly curses, uglier mirth,/ Are their earliest lullaby."

banco dos réus de um distrito policial do East End. Estava sendo condenado por roubar dois xelins de uma mulher, os quais não gastou em guloseimas, divertimentos ou supérfluos, mas em comida.

"Por que você não pediu comida a ela?", o magistrado perguntou num tom algo ofendido. "Por certo ela lhe teria dado algo para comer."

"Se tivesse pedido, seria preso por mendigar", foi a resposta do garoto.

O magistrado franziu o cenho e aceitou a réplica. Ninguém conhecia o garoto, nem seu pai ou sua mãe. Ele não tinha ficha ou antecedentes, era um pária, um desgarrado, um jovem filhote em busca de comida na selva do império, atacando os mais fracos e sendo atacado pelos mais fortes.

As pessoas que tentam ajudar, que reúnem as crianças do gueto e as levam para passar um dia no campo, acreditam que são poucas as crianças que chegam aos 10 anos sem ter passado ao menos um dia por lá. A esse respeito, diz um escritor: "A mudança mental causada por um dia como esse não deve ser subestimada. Sejam quais forem as circunstâncias, as crianças aprendem o significado dos campos e dos bosques, de modo que as descrições das paisagens do campo nos livros que leem, que antes não despertavam impressão alguma, tornam-se agora inteligíveis".

Um dia nos campos e bosques, isso se tiverem a sorte de ser escolhidas pelas pessoas que tentam ajudar! Elas estão nascendo com mais rapidez do que é possível juntá-las para fazer esse único passeio de suas vidas. Um dia! Em toda a vida, um dia! E pelo resto dos dias fazem como disse um garoto a um certo bispo: "Aos 10 a gente cabula, aos 13 afana, aos 16 detona o guarda". O que significa dizer que aos 10 eles matam aulas, aos 13 roubam e aos 16 são marginais suficientemente fortes e desenvolvidos para agredir um policial.

O reverendo J. Cartmel Robinson conta o caso de um garoto e uma garota de sua paróquia que saíram para conhecer a floresta. Andaram e andaram por ruas intermináveis, sempre na esperança de que a floresta estaria logo à frente; por fim, sentaram-se, extenuados e em desespero, até serem resgatados por uma senhora gentil que os levou de volta. Evidentemente, não tinham sido escolhidos pelas pessoas que tentam ajudar.

O mesmo cavalheiro afirma que, numa rua de Hoxton (um distrito do vasto East End), mais de 700 crianças, entre 5 e 13 anos, moram em 80 casas pequenas. E acrescenta: "Eles se transformam em homens e mulheres inaptos fisicamente porque, quando crianças, a cidade de Londres os prendeu no seu emaranhado de ruas e casas e lhes usurpou o direito a herdarem céu, campo e ao menos um riacho".

Ele também conta a história de um membro de sua congregação que alugou um quarto para um casal. "Disseram que tinham dois filhos. Quando se mudaram, percebeu-se que tinham quatro. Depois de um tempo o quinto apareceu, e o senhorio entrou com pedido de despejo. Não deram atenção. Então o inspetor sanitarista, que vez ou outra tem de respeitar a lei, veio e ameaçou processar meu amigo. Alegou que não podia expulsá-los. Os inquilinos diziam que, com o aluguel que podiam pagar, ninguém os aceitaria com tantas crianças, o que, por sinal, é uma das reclamações mais frequentes entre os pobres. O que se podia fazer? O senhorio estava numa encruzilhada. Por fim encaminhou um pedido ao juiz, que encarregou um oficial de examinar o caso. Desde então 20 dias se passaram, e nada foi feito até agora. Essa é uma exceção? De forma alguma; casos assim são muito comuns."

Semana passada a polícia fez uma batida numa casa de má reputação. Num quarto acharam duas meninas pequenas. Acusadas de trabalhar ali, foram presas junto com as outras mulheres. O pai das crianças apareceu no julgamento e declarou que ele, a mulher e dois outros filhos, além das duas no banco dos réus, ocupavam aquele quarto; declarou também que morava lá porque não conseguiria outro quarto pela meia-coroa que pagava de aluguel. O magistrado absolveu as duas infratoras juvenis e advertiu o pai de que estava criando os filhos de modo pouco saudável.

Mas não é preciso multiplicar os exemplos. Em Londres, o extermínio de inocentes ocorre numa escala mais estupenda do que em qualquer outra época na história da humanidade. Igualmente estupenda é a insensibilidade das pessoas que acreditam em Cristo, são tementes a Deus e vão à igreja todos os domingos. No resto da semana, lutam ferozmente para receber os aluguéis e lucros que vêm do East End manchados com o sangue das crianças. Depois, para aliviar a consciência, separam meio milhão desses aluguéis e lucros e enviam para educar os garotos negros do Sudão.

Capítulo 24

UMA VISÃO DA NOITE

Todas essas, anos atrás, eram crianças coradas, suculentas, passíveis de ser misturadas, assadas e servidas na forma social que você escolhesse.[1]
                                                                       Carlyle

    Ontem à noite andei pela Commercial Street, de Spitalfields até Whitechapel, e continuei para o sul, Leman Street abaixo até o cais. Enquanto andava, ria das matérias dos jornais do East End, os quais, cheios de orgulho cívico, gabavam-se de que o East End era um lugar excelente para morar.
    É difícil dar uma ideia, mesmo vaga, do que vi. É em grande parte inenarrável. Mas de modo genérico posso dizer que vi um pesadelo, um lodaçal amedrontador que enchia a calçada de vida, uma confusão de inenarrável obscenidade que eclipsa o "horror noturno" de Piccadilly e The Strand. Era uma horda de bípedes vestidos que guardavam alguma semelhança com humanos, embora parecessem muito mais com animais e, para completar o quadro, guardas uniformizados mantinham a ordem entre eles quando algum rosnava muito ferozmente.
    Achei bom que os guardas estivessem lá, pois eu não estava com meu "disfarce de viagem" e era o que se chama de

---

[1]. "All these were years ago little red-coloured, pulpy infants, capable of being kneaded, baked, into any social form you chose."

"presa fácil" para aquelas criaturas predadoras que ficam de um lado para o outro, à espreita. Às vezes, aqueles machos me encaravam firme, ávidos, lobos da sarjeta que eram, e eu tinha medo de suas mãos, de suas mãos nuas, assim como se temem as patas de um gorila. Eles me lembravam gorilas. Seus corpos eram pequenos, atarracados e de formas doentias. Não havia músculos protuberantes, nem tendões rijos, nem ombros largos. Exibiam, em vez disso, uma economia natural, elementar, tal como a dos homens das cavernas. Mas havia força naqueles corpos ressequidos, a força feroz, primordial, para agarrar, prender, rasgar e despedaçar. Quando avançam sobre suas presas humanas, são conhecidos por dobrar a vítima para trás em duas partes até parti-las ao meio. Eles não têm consciência ou sentimento e matam por meia moeda de ouro, sem medo ou perdão, sempre que lhes é dada a menor chance. São uma nova espécie, uma raça de selvagens urbanos. As ruas e as casas, becos e vielas são seus campos de caça. As ruas e construções são para eles o que os vales e montanhas são para o selvagem natural. Os bairros miseráveis são sua selva, e eles moram e caçam na selva.

As pessoas bondosas e delicadas que frequentam os teatros e vivem nas belas mansões do West End não veem essas criaturas nem sonham que elas existem. Mas elas estão ali, vivas, bem vivas em sua selva. Maldito seja o dia em que a Inglaterra estiver lutando em sua última trincheira, com seus homens mais preparados na linha de tiro! Porque nesse dia eles vão rastejar para fora de suas tocas e covis e as pessoas do West End vão vê-los, assim como os bondosos e delicados aristocratas da França feudal os viram e perguntaram uns aos outros: "De onde vieram? São humanos?".

Mas eles não eram os únicos animais a engrossar a horda. Estavam apenas aqui e ali, sorrateiros, nos becos escuros, e passavam como sombras cinzentas pelos muros; mas as mulheres de cujas entranhas podres eles nasceram estavam por toda parte. Elas choramingavam insolentemente e, em tons suplicantes, imploravam por trocados ou coisa pior. Andrajosas, imundas, recendiam a álcool até o último poro. Com os olhos marejados, desgrenhadas, lascivas e gaguejantes, transbordavam asco e abjeção, e escarrapachavam-se pelos bancos e bares, corrompidas, inominavelmente repulsivas, de dar medo de olhar.

Havia outros rostos estranhos, formas esquisitas e monstruosidades distorcidas que ombreavam comigo por todo o canto, tipos inconcebíveis de feiúra embrutecida, a escória da sociedade, as carcaças ambulantes, os mortos-vivos – mulheres, atingidas pela doença e pela bebida até que seu pudor não valha mais que um tostão furado, e homens em trapos fantásticos, devastados pela falta de dinheiro e de abrigo até deixarem de se parecer com homens, os rostos numa perpétua contorção de dor, rangendo os dentes estupidamente, trôpegos como macacos, morrendo a cada passo e a cada respiro. E havia garotas, de 18, 20 anos, com corpos vistosos e rostos ainda não vincados ou intumescidos, que haviam sido arremessadas, com estrondo, direto para o fundo do Abismo. Eu me lembro de um rapaz de 14 anos, e de um menino de 6 ou 7, pálidos e adoentados, ambos sem casa para morar, sentados sobre a calçada com as costas contra uma cerca assistindo a tudo.

Os rejeitados e os inúteis! A indústria não clama por eles. Não há empregos reclamando por falta de homens ou mulheres. Os estivadores amontoam-se no portão de entrada, praguejam e fazem meia-volta se o contramestre não os chama. Os engenheiros que têm trabalho pagam seis xelins por semana aos seus irmãos engenheiros que não têm o que fazer; 514 mil trabalhadores da indústria têxtil se opõem à resolução que condena que crianças menores de 15 anos sejam empregadas. Há mulheres de sobra dispostas a trabalhar em casa e ganhar dez *pence* por um dia de 14 horas. Alfred Freeman nada em direção à morte na água barrenta porque perdeu o emprego. Ellen Hughes Hunt prefere o Regent's Canal ao asilo de Islington. Frank Cavilla corta a garganta da mulher e dos filhos por não poder lhes dar abrigo e comida.

Os rejeitados e os inúteis! Os miseráveis, os humilhados, os esquecidos, todos morrendo no matadouro social. Os frutos da prostituição – prostituição de homens e mulheres e crianças, de carne e osso, e fulgor e espírito; enfim, os frutos da prostituição do trabalho. Se isso é o melhor que a civilização pode fazer pelos humanos, então nos deem a selvageria nua e crua. Bem melhor ser um povo das vastidões e do deserto, das tocas e cavernas, do que ser um povo da máquina e do Abismo.

Capítulo 25
O CLAMOR DA FOME

"Meu pai tem mais força que eu, porque ele nasceu no campo."

O rapaz que dizia isso, um jovem brilhante do East End, lamentava seu fraco desenvolvimento físico.

"Veja meu braço esquelético." Arregaçou a manga. "Falta do que comer, esse foi o problema. Não agora. Agora como bastante. Mas é tarde demais. Não dá pra compensar o que deixei de comer quando era criança. Meu pai era da região de Fen e migrou pra Londres. Minha mãe morreu, e éramos seis crianças morando com meu pai em dois quartos pequenos."

"Ele passou por momentos difíceis, meu pai. Podia ter maltratado a gente, mas nunca fez esse tipo de coisa. Dava duro o dia inteiro e à noite vinha pra casa, cozinhava e cuidava da gente. Ele era pai e mãe, os dois. Fazia o máximo que podia, mas a gente não tinha o suficiente pra comer. Era raro ter carne e, quando tinha, era da pior qualidade. Não é bom criar filhos tendo pro almoço só um pedaço de pão e uma fatia de queijo pra todo mundo."

"Qual foi o resultado? Cresci pouco e não tenho a força do meu pai. A fome levou embora. Daqui a duas gerações eu não estarei mais aqui. Mas tem meu irmão mais novo; ele é maior e mais forte. Você sabe, tinha muita solidariedade entre a gente, e isso conta muito."

"Mas não entendo", objetei. "Nessas condições, não seria mais lógico que a vitalidade fosse diminuindo e as crianças mais novas nascessem cada vez mais fracas?"

"Não quando as pessoas são solidárias", respondeu. "Sempre que no East End você topar com uma criança entre 8 e 12 anos, alta, forte e de aspecto saudável, é só perguntar e verá que é a mais nova da família, ou uma das mais novas. A coisa é assim: as crianças mais velhas passam mais fome que as mais novas. Porque quando as mais novas chegam, as mais velhas já estão começando a trabalhar, então tem mais dinheiro entrando e, portanto, mais comida."

Esticou a manga da camisa, encobrindo o exemplo concreto de que a falta crônica de alimentação pode não matar, mas debilita. Sua voz era parte das miríades que engrossam o clamor da fome no maior império do mundo. A cada dia, mais de 1 milhão de pessoas recorrem à assistência pública em busca de um prato de comida no Reino Unido. Ao longo de um ano, uma em cada 11 pessoas da classe trabalhadora terá recorrido a esse tipo de auxílio; 37,5 milhões de pessoas recebem menos de 12 libras por mês, por família; e um exército constante de 8 milhões vive no limiar da fome.

Um comitê do conselho de educação do município de Londres fez a seguinte declaração: "*Quando não há nenhuma atribulação excepcional*, apenas em Londres há 55 mil crianças com fome frequentando as escolas, o que torna inútil a tentativa de educá-las". Os itálicos são meus. "Quando não há nenhuma atribulação excepcional" significa bons tempos na Inglaterra, pois as pessoas da Inglaterra já se acostumaram a encarar a fome e o sofrimento, que chamam de "atribulação", como parte da ordem social. A fome crônica é vista como natural. Só quando a fome aguda se faz presente em larga escala é que acham que há algo de errado.

Nunca esquecerei o lamento amargurado de um cego numa pequena loja do East End, num entardecer cinzento. Era o mais velho de cinco filhos, com uma mãe, mas nenhum pai. Sendo o mais velho, tinha passado fome e trabalhado quando ainda era criança para levar pão às bocas de seus pequenos irmãos. Durante três meses, sequer experimentou carne. Não sabia o que era ter a fome completamente saciada. E alegava que a fome crônica da infância lhe roubara a visão. Seu argumento vinha do relatório da Comissão Real sobre os Cegos: "A cegueira é mais frequente nos bairros pobres, e a pobreza intensifica esse terrível padecimento".

Ele ia mais longe, esse homem cego, e sua voz tinha a amargura do homem aflito para quem a sociedade não deu o bastante para comer. Fazia parte do enorme exército de cegos de Londres e dizia que nos abrigos de cegos não recebiam nem a metade do que precisariam para se alimentar decentemente. Eis sua dieta diária:

Café da manhã: 300ml de *skilly* e pão seco.
Almoço: 100g de carne. Uma fatia de pão e 250g de batata.
Jantar: 300ml de *skilly* e pão seco.

Oscar Wilde, que Deus o tenha, dá voz à agonia das crianças da prisão. Em graus variados, ela é também a agonia do homem e da mulher da prisão:

A fome é o segundo motivo pelo qual uma criança mais sofre na prisão. A comida que lhe dão consiste num pedaço mal assado de pão e numa caneca d'água, às sete e meia, à guisa de café da manhã. Ao meio-dia recebe o almoço, composto por uma caneca de papa ordinária (o *skilly*) feita de milho e aveia, e, às cinco e meia, para o jantar, ganha um pedaço de pão seco e uma caneca d'água. Essa dieta, para um homem forte e crescido, é sempre causa de doenças de algum tipo, principalmente a diarreia, com a fraqueza que dela decorre. Não por acaso, remédios adstringentes são servidos regularmente pelos carcereiros numa grande prisão. No que diz respeito às crianças, é claro que são simplesmente incapazes de comer daquela comida. Quem conhece um mínimo sobre crianças sabe como a digestão delas pode ser facilmente afetada por um acesso de choro, ou por problemas ou inquietações mentais de qualquer espécie. Uma criança que tenha chorado durante o dia inteiro, e talvez por boa parte da noite, solitária numa cela mal iluminada, e é acossada pelo terror, simplesmente não pode comer comida tão grosseira e horrível. No caso da criança para quem o carcereiro Martin deu biscoitos, ela estava chorando de fome numa terça de manhã e era completamente incapaz de comer o pão e a água que lhe eram dados de café. Depois que a refeição foi servida, Martin saiu e comprou biscoitos doces para ela, pois não conseguia vê-la passar fome. Foi um gesto bonito de sua parte, e, como tal, reconhecido pela criança, que, totalmente inconsciente das regras da diretoria da prisão, disse a um dos carcereiros-chefes o quanto aquele carcereiro iniciante havia sido bom para ela. O resultado, claro, foi um relatório e uma demissão.

Robert Blatchford compara a dieta diária do pobre de um asilo à de um soldado, a qual não era considerada generosa pelos soldados e ainda assim é duas vezes mais generosa que a do pobre.

Dieta	Pobre	Soldado
Carne	90g	336g
Pão	435g	672g
Legumes	168g	224g

Um pobre do sexo masculino e adulto recebe carne (fora a sopa) apenas uma vez por semana, e os pobres têm "quase todos aquela expressão pálida, anêmica, que é a marca indefectível da fome".

Eis uma tabela comparando a cota semanal de um pobre do asilo à de um funcionário do mesmo estabelecimento:

Dieta	Funcionário	Pobre
Pão	3,2kg	3,00kg
Carne	2,3kg	510g
Toucinho	340g	70g
Queijo	227g	57g
Batatas	3,2kg	680g
Legumes	2,7kg	----
Farinha(?)	450g	----
Banha de porco	57g	----
Manteiga	340g	198g
Pudim de arroz	-----	450g

Como frisa o mesmo escritor:

> O regime do funcionário é mais abundante que o do pobre; mas é claro que não é considerado suficiente, pois há uma nota sob o quadro de funcionários que diz que "um pagamento de dois xelins e seis *pence* por semana é feito para cada funcionário residente e cada serviçal". Se a comida basta para o pobre, por que não basta para o funcionário? E se não se considera que o

funcionário tem o bastante para comer, como pode o pobre se alimentar adequadamente com a metade dessa quantidade?

	Xelins	Pence
Pão (9kg)	1	10
Farinha (191) (?)	---	4
Chá (113g)	---	6
Manteiga (454g)	1	3
Banha de porco (454g)	---	6
Açúcar (2,7Kg)	1	---
Toucinho ou outra carne (1,8Kg)	2	8
Queijo (454g)	---	8
Leite (meia lata condensado)(?)	---	3,25
Óleo, velas, sabão, sal, pimenta etc.	1	---
Carvão	1	6
Cerveja	---	---
Tabaco	---	---
Seguro (precaução)	---	3
Sindicato	---	1
Madeira, ferramenta, remédio etc.	---	6
Seguro e roupas	1	1,75
Total	13	6

Mas não é apenas o habitante do gueto, o preso e o pobre que passam fome. O joão-ninguém que mora no campo também não sabe o que é estar com a barriga cheia. Na verdade, foi por causa da barriga vazia que teve de vir à cidade. Examinemos o modo de vida de um trabalhador de uma paróquia em Bradfield, na região de Berks. Supondo que tenha dois filhos, trabalho constante, uma cabana pela qual não tem de pagar aluguel e uma renda semanal média de 13 xelins, o que equivale a US$ 3,25, então este seria seu orçamento semanal:

Os responsáveis pelo asilo de pobres dessa mesma paróquia orgulham-se de sua rígida economia. Cada pobre custa-lhes por semana:

	Xelins	Pence
Homens	6	1,5
Mulheres	5	6,5
Crianças	5	1,25

Se o trabalhador cujo orçamento foi descrito acima abandonasse o trabalho e fosse viver num asilo, ele custaria o seguinte:

	Xelins	Pence
Ele	6	1,5
Sua esposa	5	6,5
Dois filhos	10	2,5
Total	21	10,5

Ou, aproximadamente, US$ 5,46.

Seria necessário mais de 1 guinéu[1] para o asilo cuidar dele e de sua família, que ele, de algum modo, é capaz de sustentar com 13 xelins. Para piorar, sabe-se que é mais barato dar de comer para muitas pessoas – comprar, cozinhar e servir no atacado – do que para um número menor de pessoas, digamos, para uma família.

Entretanto, no momento em que o orçamento foi feito, havia naquela paróquia uma outra família, não de quatro,

---
1. Equivalente a 21 xelins.

mas de *11* pessoas, que tinha de viver com uma renda não de 13, mas de 12 xelins por semana (11 xelins durante o inverno), e que tinha não um chalé pelo qual não pagava aluguel, mas um chalé que custava três xelins semanais.

Isto tem de ser entendido, e entendido com clareza: *o que vale para Londres, em termos de pobreza e degradação, também vale para o restante da Inglaterra*. Enquanto Paris de forma alguma é a França, a cidade de Londres é a Inglaterra. As condições arrepiantes que fazem de Londres um inferno também fazem do Reino Unido um inferno. O argumento segundo o qual a descentralização de Londres melhoraria as condições de vida é vão e falso. Se os 6 milhões de pessoas de Londres se dividissem em cem cidades, cada uma com uma população de 60 mil, a miséria seria descentralizada, mas não diminuída. A soma total continuaria igualmente grande.

Nesse sentido, o senhor B. S. Rowntree, por uma análise exaustiva, provou para as cidades do interior o que o senhor Charles Booth provou para a metrópole: que um quarto de seus habitantes estão condenados a uma pobreza que os destrói física e espiritualmente; que um quarto de seus habitantes não têm o suficiente para comer, vestir, morar ou se proteger do inverno rigoroso e estão fadados a uma degeneração moral que os põe abaixo dos selvagens em termos de limpeza e decência.

Depois de escutar o lamento de um velho camponês da Irlanda em Kerry, Robert Blatchford perguntou o que ele queria. "O velho se apoiou em sua pá e olhou ao longe para os campos negros de turfa que se perdiam no horizonte. 'O que eu quero?', disse; então, num tom lastimoso, prosseguiu, mais para si que para mim: 'Os nossos meninos mais corajosos e nossas queridas meninas estão longe, do outro lado do mundo, o imposto levou tudo que eu tinha, a chuva estragou as batatas, estou velho e *tudo que quero é o dia do Juízo Final*."

O Juízo Final! Não só ele espera por esse dia. De toda a terra se ergue o clamor da fome, dos guetos aos campos, das prisões aos abrigos, dos asilos aos albergues noturnos – o clamor das pessoas que não têm o bastante para comer. Milhões de pessoas, homens, mulheres, crianças, bebês, os cegos, os surdos, os aleijados, os doentes, os vagabundos e os trabalhadores, os presos e os pobres, o povo da Irlanda, da Inglaterra, da Escócia, do País de Gales, que não têm o suficiente para comer. E sabemos que cinco homens são capazes de produzir pão para mil pessoas; que um trabalhador pode produzir roupa de algodão para 250 pessoas; de lã, para 300, e botas e sapatos para mil. É como se 40 milhões de pessoas cuidassem de uma casa enorme, e cuidassem mal. A renda é suficiente, mas há algo criminosamente errado na administração. Quem ousaria dizer que essa enorme casa não é criminosamente administrada, quando cinco homens podem produzir pão para mil, e ainda assim milhões não têm o que comer?

Capítulo 26

BEBIDA, TEMPERANÇA E PARCIMÔNIA

P ode-se dizer que as classes trabalhadores da Inglaterra estão afundadas na cerveja. Tornam-se entorpecidas e apáticas por causa dela. Sua eficiência é tristemente prejudicada e perdem o pouco de imaginação, inventividade e rapidez que podiam ser delas por direito de raça. Não se pode chamar isso de hábito adquirido, pois estão acostumadas ao álcool desde a primeira infância. As crianças são concebidas na embriaguez, saturadas em bebida desde a barriga da mãe, paridas em seu cheiro e sabor e criadas em meio a ela.

As tabernas estão por toda parte. Florescem em cada esquina e entre esquinas, e são frequentadas tanto por homens como por mulheres. As crianças também são encontradas ali. Enquanto esperam seus pais e mães decidirem ir para casa, tomam goles dos copos de seus velhos, ouvem a linguagem grosseira e a conversa degradante, familiarizam-se com a licenciosidade e o deboche, e são contagiadas por tudo isso.

A senhora Grundy[1] reina soberana tanto sobre os trabalhadores como sobre a burguesia, mas, no caso dos trabalhadores, a única coisa para a qual ela não torce o nariz são as tabernas. Nenhuma desonra ou vergonha está associada a elas, nem às jovens mulheres ou garotas que as frequentam.

Lembro de uma garota num café que dizia: "Nunca bebo destilados quando vou a uma taberna". Era uma garçonete

---

1. Personagem da comédia *Speed the Plough* (1798), de Thomas Morton, que se tornou sinônimo de decoro e convencionalismo.

jovem e bonita e gabava-se de sua respeitabilidade e discrição diante de outra garçonete. A senhora Grundy vetava os destilados, mas não via nenhum problema em que uma garota direita bebesse cerveja, nem que fosse a uma taberna para fazê-lo.

Não apenas a cerveja é imprópria para as pessoas beberem, como geralmente os homens e mulheres que a bebem são impróprios para bebê-la. Por outro lado, é essa mesma impropriedade que os conduz a ela. Mal-alimentados, sofrendo de desnutrição e dos efeitos maléficos da superpopulação e da sordidez, suas constituições desenvolvem uma avidez mórbida pela bebida, assim como o estômago doentio do agitado operário das fábricas de Manchester clama por quantidades excessivas de picles e outras comidas igualmente esquisitas. Trabalho e tipo de vida pouco saudáveis engendram apetites e desejos que também são pouco saudáveis. Não se pode exigir que um homem trabalhe em condições piores que um cavalo e que tenha a moradia e a alimentação de um porco e, ainda assim, tenha ideais e aspirações puras e edificantes.

Quando a vida doméstica se esvai, a taberna aparece. Os homens e mulheres que têm uma avidez anormal por bebida não são apenas os que trabalham em excesso, estão exaustos, sofrem com estômagos debilitados e saneamento ruim e estão mortificados pela feiúra e pela monotonia da existência, mas também os homens e mulheres de espírito gregário que não têm vida doméstica e fogem para a ofuscante e barulhenta taberna numa vã tentativa de exprimir sua sociabilidade. E quando uma família é abrigada em um quarto minúsculo, não há vida doméstica possível.

Um breve exame desse tipo de habitação basta para trazer à luz uma causa importante da embriaguez. Ali a família acorda de manhã, veste-se, faz sua higiene, pai, mãe, filhos e filhas e, no mesmo quarto, ombro com ombro (pois o quarto é pequeno), a esposa e mãe prepara o café da manhã. A refeição é feita no mesmo quarto, com seu ar pesado e doentio pelas exalações dos corpos amontoados durante a noite. O pai vai para o trabalho, as crianças mais velhas vão para a escola ou para as ruas e a mãe fica com os bebês, ainda engatinhando, ainda aprendendo a andar, para fazer o serviço doméstico – tudo no mesmo quarto. Ali lava as roupas, enchendo o espaço exíguo com o cheiro de sabão e de roupas sujas, e no alto as pendura para secar.

Ali, à noite, em meio aos múltiplos odores do dia, a família se prepara para o merecido sono. Quer dizer, a maior parte possível se amontoa na cama (caso tenham uma cama) e o resto se ajeita no chão. A isso se resume sua existência, mês após mês, ano após ano, pois nunca têm férias, a não ser quando são despedidos. Quando morre uma criança, e uma está sempre prestes a morrer, já que 55% das crianças do East End morrem antes de completar 5 anos, o corpo é velado no mesmo quarto. Se a família é muito pobre, o corpo fica ali por algum tempo, até conseguiram enterrá-lo. Durante o dia, ele jaz na cama; durante a noite, quando os vivos precisam da cama, o morto ocupa a mesa, na qual, de manhã, depois que o corpo é retirado de volta para a cama, eles tomam café. Por vezes, o corpo é acomodado na prateleira que serve de despensa para a família. Duas semanas atrás, uma mulher do East End estava com problemas porque, sem meios para enterrá-lo, guardou o corpo do filho por três semanas.

Então um quarto como esse que descrevi não é um lar, mas um horror, e os homens e mulheres que fogem dele para a taberna são dignos de pena, não de acusação. Há 300 mil pessoas, em Londres, divididas em famílias que moram em apenas um quarto, e, de acordo com o Ato de Saúde Pública de 1891, há 900 mil que moram ilegalmente – um campo de recrutamento respeitável para o tráfico de bebida.

E ainda há a incerteza da felicidade, a precariedade da existência, o justificado medo do futuro – todos fatores em potencial para levar as pessoas a beber. A devastação rasteja em direção ao alívio e, na taberna, a dor é atenuada e o esquecimento é obtido. Não é um hábito saudável. Claro que não, mas nada na vida dessas pessoas é saudável, ao passo que isso ao menos traz um consolo único, e mais eficaz que todos os outros. A bebida os deixa exaltados, faz com que se sintam maiores e melhores do que são. Ao mesmo tempo, arrasta-os para baixo e os torna mais bestiais do que nunca. Para esses homens e mulheres desafortunados, trata-se de uma corrida contra a miséria que só termina com a morte.

Seria ocioso pregar moderação e temperança para essas pessoas. O hábito de beber pode ser a causa de muitas misérias, mas é também, em contrapartida, o efeito de outras misérias anteriores. Os partidários da temperança podem pintar o mais terrível dos quadros sobre os males da bebida, mas enquanto os males que levam as pessoas a beber não forem abolidos, a bebida e seus males persistirão.

Enquanto as pessoas que tentam ajudar não perceberem isso, seus esforços bem-intencionados terão sido vãos, e presenciarão um espetáculo feito apenas para provocar gargalhadas nos deuses do Olimpo. Estive numa exposição de arte japonesa, realizada para os pobres de Whitechapel com o propósito de os elevar, de semear neles o desejo do Belo, do Bom e do Verdadeiro. Supondo-se (o que não é verdade) que os pobres assim seriam ensinados a apreciar e a desejar o Belo, o Bom e o Verdadeiro, os fatos abomináveis de sua existência e a lei social, que condena um em cada três a morrer em instituições de caridade, demonstram que esse conhecimento e esse desejo só acrescentarão sofrimento a suas vidas. Eles terão muito mais a esquecer do que se nunca tivessem conhecido ou desejado algo melhor. Se hoje o destino me condenasse a viver no East End pelo resto dos meus dias, e se o destino me permitisse a realização de um desejo, pediria para esquecer tudo sobre o Belo, o Bom e o Verdadeiro; pediria para esquecer tudo o que aprendi com os livros, para esquecer as pessoas que conheci, as coisas que ouvi, os lugares que vi. Se o destino não me concedesse esse desejo, tenho certeza de que sempre que possível eu me embebedaria para esquecer tudo isso.

As pessoas que tentam ajudar! Suas obras sociais, missões, demonstrações de caridade, e todo o resto, são embustes. Ainda que bem-intencionados, seus projetos são concebidos equivocadamente. Essas pessoas pensam na vida a partir de um juízo malfeito sobre a vida dos pobres. Não entendem o West End e, mesmo assim, vêm para o East End como se fossem professores e sábios. Não entendem a sociologia simples de Cristo e, mesmo assim, vão aos miseráveis e aos despossuídos com a pompa de redentoras sociais. Agiram de boa-fé, mas além de aliviar uma fração infinitesimal da miséria e de coletar alguns dados que poderiam ter sido coletados de modo mais científico e menos dispendioso, não conseguiram mais nada.

Como disse alguém, fazem tudo pelos pobres, menos descer de suas costas. Mesmo os trocados que pingam para o bem das crianças pobres foram sugados das próprias famílias pobres. Essas pessoas vêm de uma raça de bípedes bem-sucedidos e predatórios que se metem entre o trabalhador e seus ganhos e tentam dizer a ele o que fazer com a ínfima quantia que lhe sobra. Qual a utilidade, meu santo Cristo, de criar creches para ajudar as mulheres que trabalham? Qual a vantagem de criar um lugar para que as crianças sejam deixadas enquanto a mãe confecciona violetas artificiais em Islington por três quartos de pêni a grosa, se enquanto isso mais e mais crianças e fazedoras de violetas do que seria possível ajudar continuam a nascer? A flor passa quatro vezes por sua mão, 576 vezes por três quartos de pêni, e durante o dia inteiro 6.912 vezes por nove *pence*. Ela está sendo roubada. Alguém a está explorando. E um desejo pelo Belo, Bom e Verdadeiro não vai aliviar seu fardo. Essas pessoas mesquinhas não fazem nada por ela; e o que elas não fazem pela mãe, quando a criança chega em casa, à noite, desfaz o trabalho que fizeram durante o dia.

De uma vez por todas: essas pessoas se juntam para ensinar uma mentira fundamental. Não sabem que é mentira, mas a ignorância não contribui para torná-la mais verdadeira. A mentira que ensinam chama-se parcimônia. É possível demonstrar isso num instante. Na Londres superpovoada, a luta por uma oportunidade de trabalho é feroz e por causa dessa luta os salários descem aos níveis mais baixos de subsistência. Ser parcimonioso para um trabalhador significa gastar menos do que ganha – em outras palavras, viver com menos. Isso é o equivalente a uma diminuição no padrão de vida. Na competição por uma chance de trabalho, o homem com padrão de vida mais baixo passa na frente do homem com padrão mais elevado. E basta um grupo desses trabalhadores parcimoniosos numa indústria saturada pela oferta de trabalho para reduzir permanentemente os salários dessa indústria. E os parcimoniosos logo deixarão de sê-lo, pois sua renda será reduzida até se equilibrar com as despesas.

Em poucas palavras, a parcimônia nega a parcimônia. Se cada trabalhador da Inglaterra der ouvidos à ladainha dos pregadores de parcimônia e cortar suas despesas pela metade, o fato de haver mais homens para trabalhar do que trabalho para fazer prontamente reduziria os salários pela metade. Assim, nenhum dos trabalhadores pode ser parcimonioso, pois teria de extrair o máximo de seus ganhos rebaixados. Os pregadores ficariam impressionados com o resultado. A medida de seu fracasso seria precisamente a medida do sucesso de sua propaganda. Afinal de contas, não faz sentido algum incentivar os 1,8 milhão de trabalhadores de Londres, divididos em famílias que têm uma renda total de 21 xelins por semana, um quarto ou metade dos quais destinados ao aluguel, a fazer algum tipo de economia.

Em relação à futilidade das pessoas que tentam ajudar, gostaria de destacar uma notável, honrosa exceção, a saber, o doutor Barnardo Homes. O doutor Barnardo é um apanhador de crianças. Primeiro, ele as apanha quando são pequenas, antes que se estabeleçam e se enrijeçam nessa viciada forma social, e então as envia para crescerem e serem criadas numa forma social bem diferente e melhor. Até hoje ele já mandou 13.340 garotos para fora do país, a maioria dos quais para o Canadá, e a cada 50, 49 deram certo. Um recorde esplêndido, quando se considera que esses rapazes são párias e desgarrados, sem casa ou família, expelidos direto do fundo do Abismo, e 49 em 50 são transformados em homens de verdade.

A cada 24 horas, o doutor Barnardo apanha nove párias nas ruas; por aí se pode ver o tamanho do universo com que ele trabalha. As pessoas que tentam ajudar têm algo a aprender com ele. Ele não brinca com paliativos. Vai direto às origens da miséria e da corrupção social. Retira os filhos do povo da sarjeta de seu ambiente pestilento e lhes dá um ambiente saudável e construtivo em que podem ser preparados, estimulados e moldados para se tornarem homens.

Quando aqueles que tentam ajudar pararem de brincar e de ser mesquinhos, oferecendo creches e exposições de arte japonesa, e tentarem compreender melhor o West End e a sociologia de Cristo, estarão mais preparados para se lançar ao trabalho que deveriam fazer neste mundo. Se de fato se lançarem a ele, seguirão o exemplo do doutor Barnardo, mas numa escala tão grande quanto a escala da nação. Não tentarão enfiar anseios pelo Belo, Bom e Verdadeiro garganta abaixo da mulher que confecciona violetas por três quartos de pêni a grosa. Em vez disso, farão com que exploradores aprendam o que é bom para a tosse e parem de tirar vantagem do seu trabalho com as violetas. E perceberão, consternados, que também terão de sair das costas daquela mulher, e de tantas outras mulheres e crianças que eles nem sonhavam estar prejudicando.

Capítulo 27

A ADMINISTRAÇÃO

Neste capítulo final, convém encarar o Abismo Social em seu aspecto mais amplo e fazer certas perguntas à Civilização, sobre cujas respostas a Civilização deve se assentar ou ruir. A propósito, a Civilização melhorou a condição do homem? Uso o termo "homem" em seu sentido democrático, querendo dizer o homem comum. Então, reformulo a questão: *A Civilização melhorou a condição do homem comum?*

Vejamos. No Alasca, ao longo das margens do rio Yukon, perto de sua foz, moram os Inuit. Eles são um povo muito primitivo, que não manifesta senão lampejos desse artifício tremendo, a Civilização. Sua renda *per capita* atinge, no máximo, o valor de duas libras. Caçam e pescam seus alimentos com lanças e flechas feitas de osso. Nunca sofrem por falta de abrigo. As roupas, feitas em geral da pele de animais, são quentes. Sempre têm combustível para as fogueiras, assim como madeira para suas casas, que são construídas em parte sob a terra e nas quais se deitam confortavelmente durante os períodos de frio intenso. No verão vivem em barracas, abertas à brisa e ao ar fresco. São saudáveis, fortes e felizes. O único problema é a comida. Eles vivem épocas de fartura e épocas de escassez. Nos tempos bons, refestelam-se; nos ruins, morrem de fome. Mas a fome, como condição crônica, presente entre vários deles o tempo inteiro, é algo desconhecido. Além disso, não têm dívidas.

No Reino Unido, nas bordas do Oceano Atlântico, vive o povo inglês. São definitivamente um povo civilizado. Sua renda *per capita* chega a 300 libras. Conseguem comida não pela caça ou pela pesca, mas pelo trabalho em fábricas colossais. Em sua maior parte, sofrem com a falta de abrigo. A maior parte deles mora em condições miseráveis e não tem combustível suficiente para se manter aquecida nem roupa para vestir. Um certo número sequer chega a ter casa e dorme ao relento, sob as estrelas. Muitos são encontrados, no inverno e no verão, perambulando pelas ruas e tremendo dentro de seus trapos. Vivem épocas boas e épocas ruins. Nas boas, conseguem o suficiente para comer; nas ruins, morrem de fome. Eles estão morrendo agora, estavam morrendo ontem e no ano passado, e morrerão amanhã e no ano que vem, de fome. O povo inglês compõe-se de 40 milhões de pessoas, e 939 em cada mil morrem na pobreza, enquanto um exército constante de 8 milhões batalha no tênue limiar da fome. Além disso, cada bebê nasce devendo 22 libras. Isso por causa de um ardil chamado dívida nacional.

Uma breve comparação entre o Inuit médio e o inglês médio mostra como a vida é menos rigorosa para o Inuit; que enquanto os Inuit sofrem de fome apenas nas épocas ruins, os ingleses também sofrem nas épocas boas; que nenhum Inuit fica sem combustível, roupa ou abrigo, ao passo que o inglês está em perpétua necessidade desses três artigos essenciais. A respeito dessa comparação, convém destacar o juízo de um homem como Huxley. A partir do conhecimento obtido como oficial médico no East End de Londres, e como cientista que realiza pesquisas entre os selvagens mais primitivos, ele conclui: "Se me fosse dada essa alternativa, eu por certo preferiria a vida dos selvagens à vida das pessoas da cidade cristã de Londres".

Os bens materiais de que o homem desfruta são produtos do trabalho humano. Como a Civilização fracassou em dar ao inglês médio abrigo e comida na mesma proporção usufruída pelos Inuit, a questão se impõe: *A Civilização aumentou o poder de produção do homem comum?* Se não aumentou o poder de produção do homem, então ela não pode se sustentar.

Mas imediatamente se admite que a Civilização aumentou o poder de produção do homem. Cinco homens podem produzir pão para mil. Um homem é capaz de produzir roupas de algodão para 250 pessoas, de lã para 300, e botas e sapatos para mil. Mas ainda assim mostrou-se nas páginas deste livro que milhões de integrantes do povo inglês não recebem comida suficiente, nem roupas, nem botas. Coloca-se então uma terceira e inexorável questão: *Se a Civilização aumentou o poder de produção do homem comum, então por que não melhorou a condição do homem comum?*

Só há uma resposta: MÁ ADMINISTRAÇÃO. A Civilização criou todo tipo de conforto material e de prazer espiritual. Mas o inglês médio não usufrui de nada disso. E se ele nunca for capaz de usufruir, a Civilização decai. Não há razão para que continue a existir um artifício cujo fracasso é tão reconhecido. E é impossível que o homem tenha erigido em vão esse tremendo artifício. Seria uma agressão à inteligência. Reconhecer sua derrota retumbante é dar o golpe de misericórdia no esforço e no progresso.

Uma outra alternativa, e apenas uma, se apresenta. *A Civilização deve ser forçada a melhorar a condição do homem comum.* Isso posto, tudo se torna uma questão de administração dos negócios. As coisas lucrativas devem ser mantidas; as que não dão lucro, eliminadas. Ou o império dá lucro à Inglaterra, ou ele implica perdas. Caso implique perdas, deve ser eliminado. Se dá lucro, precisa ser administrado de modo a permitir que o homem comum possa dividir uma parcela do lucro.

Se a luta pela supremacia comercial é lucrativa, que continue. Senão, se ela prejudica o trabalhador e torna sua condição pior que a condição do selvagem, então às favas com os mercados estrangeiros e o império industrial. Pois é um fato notório que se 40 milhões de pessoas, auxiliadas pela Civilização, possuem um poder individual de produção maior que o dos Inuit, então esses 40 milhões de pessoas deveriam desfrutar de mais conforto material e prazer espiritual do que desfrutam os Inuit.

Se 400 mil cavalheiros ingleses "sem ocupação", de acordo com sua própria declaração no Censo de 1881, não dão lucro, então que se dê um jeito neles. Que sejam postos para cuidar de reservas florestais ou para plantar batatas. Se dão lucro, que sejam mantidos com todas as forças, mas deixando claro para o inglês médio como ele pode participar dos lucros produzidos pelos que não trabalham.

Em poucas palavras, a sociedade precisa ser reorganizada e uma administração capaz posta no comando. Que a atual administração é incapaz, disso não há dúvidas. Ela sugou o sangue do Reino Unido. Enfraqueceu os que ficaram no país até torná-los incapazes de atuar na dianteira da competição entre as nações. Construiu um West End e um East End tão amplos quanto o reino, sendo que uma das pontas é gananciosa e fragilizada, e a outra, doentia e subnutrida.

Um vasto império está soçobrando nas mãos dessa administração incapaz. Com império quero dizer a maquinaria política que aglutina o mundo de língua inglesa, à exceção dos Estados Unidos. Não que isto seja animado por um espírito pessimista. O império de sangue é maior que o império político, e os ingleses do Novo Mundo e das ilhas Antípodas estão mais fortes e vigorosos que nunca. Mas o império político sob o qual eles estão legalmente reunidos está perecendo. A máquina política conhecida como Império Britânico está falhando. Nas mãos dessa administração, perde ímpeto a cada dia.

É inevitável que essa administração, que administrou criminosamente mal, seja varrida para longe. Não apenas foi devastadora e ineficiente, como geriu mal os recursos. Cada pobre extenuado de rosto macilento, cada cego, cada bebê na prisão, cada homem, mulher e criança cuja barriga está roncando de fome, tem fome porque os recursos foram mal administrados.

Um membro dessa classe dominante não pode se declarar inocente diante do tribunal da Humanidade. "Os vivos em suas casas, e em suas tumbas os mortos." O verso é desmentido por cada bebê que morre de desnutrição, cada garota que foge do covil familiar para os passeios noturnos de Piccadilly, cada trabalhador exaurido que mergulha no canal. A comida que a classe dominante come, o vinho que bebe, as festas que faz e as roupas finas que usa são desafiados por 8 milhões de bocas que nunca tiveram o bastante para saciá-las e pelos 16 milhões de corpos que nunca foram suficientemente vestidos ou abrigados.

Não há como errar. A Civilização aumentou o poder de produção do homem em cem vezes e, por uma administração equivocada, os homens da Civilização vivem em piores condições que os animais e têm menos para comer e vestir e se proteger dos elementos da natureza do que o selvagem Inuit, que, num clima gélido, vive hoje do mesmo modo que vivia na idade da pedra 10 mil anos atrás.

Desafio

*Tenho vaga lembrança
De uma história que se conta
Em alguma antiga lenda espanhola
Ou em crônicas de outrora.*

*Foi quando, diante de Zamora,
Assassinaram o valente rei Sanchez,
Enquanto seu exército sitiante
Estava acampado na planície.*

*Don Diego de Ordenez
Postou-se à frente de todos
E com ímpeto desafiou
Os guardiões da cidade.*

*Todo o povo de Zamora,
Os nascidos e os por nascer,
Como traidores denunciou
Com palavras de desprezo.*

*Os vivos em suas casas,
E em suas tumbas os mortos,*

E as águas em seus rios,
E seu vinho e óleo e pão.

Há um exército maior
Que com ferocidade nos sitia,
Um exército incontável, faminto,
Cercando os portões da vida.

Os milhões tomados pela pobreza
Que desafiam nosso pão e nosso vinho,
E de traidores nos acusam,
Tanto aos vivos como aos mortos.

E sempre que sento para o banquete,
Onde não faltam festa e música,
Em meio à alegria e à música,
Ouço os gritos lancinantes.

E rostos esquálidos e abatidos
Olham pelo salão iluminado,
E mãos rejeitadas se estendem
Em busca de migalhas que sobram.

Enquanto dentro há luz e fartura,
E os aromas enchem o ar;
Fora o que há é frio e escuridão,
E fome e desespero.

E nos campos dos que têm fome,
Sob o frio, a chuva e o vento,

Cristo, o grande senhor do Exército,
Está morto na planície.

Longfellow[1]

---

1. "CHALLENGE: I have a vague remembrance/ Of a story that is told/ In some ancient Spanish legend/ Or chronicle of old. It was when brave King Sanchez/ Was before Zamora slain,/ And his great besieging army/ Lay encamped upon the plain. Don Diego de Ordenez/ Sallied forth in front of all,/ And shouted loud his challenge/ To the warders on the wall. All the people of Zamora,/ Both the born and the unborn,/ As traitors did he challenge/ With taunting words of scorn. The living in their houses/ And in their graves the dead,/ And the waters in their rivers,/ And their wine, and oil, and bread. There is a greater army,/ That besets us round with strife,/ A starving, numberless army,/ At all the gates of life. The poverty-stricken millions/ Who challenge our wine and bread,/ And impeach us all as traitors,/ Both the living and the dead. And whenever I sit at the banquet,/ Where the feast and song are high,/ Amid the mirth and music/ I can hear that fearful cry. And hollow and haggard faces/ Look into the lighted hall,/ And wasted hands are extended/ To catch the crumbs that fall. And within there is light and plenty,/ And odours fill the air;/ But without there is cold and darkness,/ And hunger and despair. And there in the camp of famine,/ In wind, and cold, and rain,/ Christ, the great Lord of the army,/ Lies dead upon the plain."

Posfácio

JACK LONDON EM LÍNGUA PORTUGUESA

Maria Sílvia Betti

Poucos autores estrangeiros tiveram o privilégio de contar, entre seus tradutores, com escritores de tanto valor literário como Jack London. Nomes como Monteiro Lobato, Jorge de Lima, Rachel de Queiroz, Clarice Lispector e Geraldo Galvão Ferraz assinam inúmeros dos títulos em circulação no Brasil e ilustram essa afirmação.

Dentre os brasileiros, Monteiro Lobato foi o tradutor mais prolífico, tendo sido responsável por quatro dos mais significativos títulos para o público leitor brasileiro: *A filha da neve, Caninos brancos, O lobo do mar* e *O grito da selva*. Já entre os portugueses, é Aureliano Sampaio o responsável pelo maior número de obras traduzidas: *A febre do ouro, A paixão de Martin Eden, Nas florestas do norte* e *O tacão de ferro*.

White Fang e *Call of the Wild* são os livros que receberam o maior e mais variado número de traduções: no caso do primeiro figuram *Caninos Brancos* (traduzido por Monteiro Lobato, Geraldo Galvão Ferraz e Antivan Guimarães Mendes/ Olinda Gomes Fernandes); no caso do segundo constam *O grito da selva* (Monteiro Lobato), *Chamado selvagem* (Clarice Lispector), *O apelo da selva* (Emília Maria Bagao e Silva), *O chamado da floresta* (Sonia Robatto), *As vozes da floresta* (Luís Roberto Godói Vidal), *O chamado selvagem* (William Lagos).

Outros títulos que apresentam mais de uma tradução disponível são *O lobo do mar* (Monteiro Lobato, Rachel de

Queiroz, Olinda Gomes Fernandes), *O tacão de ferro* (Aureliano Sampaio) e *Tacão de ferro* (Afonso Freitas Filho).

Um levantamento não rigoroso dos títulos traduzidos para o português aponta para uma lista surpreendentemente numerosa dos trabalhos. A variedade das classificações com que são catalogados comprova o interesse que a literatura de Jack London apresenta dentro do mercado editorial: a relação completa apresenta tanto variantes classificatórias mais generalizantes ("obras-primas universais", "literatura americana", "ficção americana", "romance americano", "contos americanos") como mais específicas ("fantasia e aventura", "literatura de viagens", "memórias e literatura infanto-juvenil").

Assim como ocorre com a produção literária de Mark Twain, os livros de Jack London tendem a ser frequentemente incluídos em coleções destinadas à formação do hábito da leitura.

Em grande parte isso se deve à própria natureza das narrativas, construídas a partir de enredos combinados a relatos de viagens e experiências de contato com outros contextos geográficos e culturais. O caráter de exótico ou pitoresco que apresentam presta-se facilmente a um tratamento editorial que ressalta a possibilidade da aquisição de conhecimentos combinada ao prazer da leitura, aspecto que torna seus trabalhos atraentes para o setor de paradidáticos e de infanto-juvenis. A variedade dos temas e a possibilidade de seus desdobramentos de estudo propiciam a inclusão de vários títulos em coleções dirigidas também a professores do ensino médio, seguindo os preceitos dos chamados temas transversais, recomendados nos Parâmetros Curriculares Nacionais. Alguns dos títulos são acompanhados de "roteiros de trabalhos" e sugestões de atividades didáticas, como é o caso de *O lobo do mar*, da Editora Ática.

A possibilidade de explorar o conteúdo no sentido de fomentar o prazer da leitura é o que fundamenta a inclusão de títulos seus nas coleções Para Gostar de Ler (no volume "Contos universais") e Eu Leio (*O chamado da floresta*), ambas da Editora Ática, Grandes Clássicos Juvenis, da Editora Globo (*O chamado da floresta*), Círculo de Aventuras, do Círculo do Livro (*Chamado selvagem*), e Terramarear, da Editora Nacional (*A febre do ouro*).

Esses mesmos fatores que aproximam a obra literária de Jack London do público mais jovem asseguram sua presença de forma expressiva no setor voltado à difusão da leitura também entre um público adulto. É o que ocorre no caso da inclusão de trabalhos seus nas coleções Paratodos, da Editora Nacional (*O lobo do mar*, *O grito da selva*), Obras-primas Universais, da Melhoramentos (*O chamado selvagem*) e da L&PM Pocket (*Antes de Adão*).

A popularidade literária de Jack London é frequentemente citada nos textos de divulgação editorial de seus livros como fator de motivação para o leitor em potencial, assim como o sucesso editorial que obteve e que fez dele um autêntico autor de

O caráter biográfico de inúmeros dos trabalhos disponíveis é ressaltado com frequência nos textos de divulgação infanto-juvenil e no de literatura de viagens e de memórias. Os trechos abaixo ilustram bem essas tendências e procuram motivar o interesse pelo livro a partir da valorização da conturbada e surpreendente trajetória biográfica de Jack London:

> Contos de ação e aventura que têm por cenário as paisagens desoladas do Alasca e ilhas ensolaradas dos Mares do Sul. A ligação de Jack London com o mar sempre foi muito forte.

Atuou como marinheiro durante anos, e nesse período conheceu lugares exóticos e diferentes tipos humanos que mais tarde deram um estilo especial à sua produção literária, uma das mais bem pagas da época.
(Divulgação de *Navegar é preciso?*, lançado em 2000 pela Editora Campus.)

Aventureiro e jornalista, Jack London conhecia a fama e a decadência, sendo considerado um dos escritores mais bem pagos de seu tempo. Mais tarde mergulhou no álcool e foi protagonista de alguns desastres financeiros. Mas o certo é que sua obra sobreviveu aos problemas que enfrentou no final da vida e hoje é considerado um dos maiores escritores da língua inglesa em todos os tempos. Entre sua vasta obra destacam-se *Martin Eden* (1909), *O filho do lobo* (1904) e *Caninos brancos* (1906).
(Divulgação de *Antes de Adão*, lançado em 1999 pela L&PM Pocket.)

O aspecto biográfico tem sido um componente enfatizado, também, nos lançamentos e nas resenhas críticas de seus trabalhos de cunho político, cuja circulação no Brasil é extremamente recente. O perfil militante de Jack, sua alcunha de "socialista garoto" ("boy socialist"), o grande prestígio de que desfrutou dentro do partido e a extraordinária ressonância de seus textos políticos são alguns dos aspectos ressaltados, como se pode verificar no trecho abaixo, extraído do material de divulgação de seus *Escritos políticos*, pela Editora Xamã:

Na juventude, antes de conquistar fama como escritor, o americano Jack London (1876-1916) ficou conhecido como "o garoto

socialista". Assim o chamavam os amigos da Universidade da Califórnia. Os sete textos reunidos no livro exibem essa faceta política de London. São relatos do início do século XX, tempo em que os movimentos grevistas cresciam nos Estados Unidos e na Europa. Ancorado nas ideias de Karl Marx, ele burilou panfletos com a mesma elegância da prosa que o tornaria célebre em livros como *O apelo da selva*.
(Divulgação de *Escritos políticos*, Editora Xamã.)

Tal como ocorreu com Mark Twain, Jack London entrou em circulação entre os leitores brasileiros a partir das traduções de Monteiro Lobato, na década de 1930. O período e as circunstâncias eram significativos: o país ingressava decididamente na esfera política e econômica de influência dos Estados Unidos; Lobato tinha grande familiaridade com a língua inglesa e com o contexto cultural norte-americano, e havia morado nos Estados Unidos no período em que atuou como adido comercial do Brasil.

A produção literária de Jack London apresentava afinidade com o projeto formativo inerente ao trabalho literário e crítico de Lobato. Os enredos repletos de aventuras e de descrições de outras terras e costumes colocava sua produção numa relação de proximidade com a de outros autores também traduzidos por Lobato nessa mesma época, como Kipling e o já citado Twain.

Esse conjunto de circunstâncias acabou determinando, de certa forma, o destino editorial que sua produção literária viria a ter no país e associando-a predominantemente a uma modalidade não acadêmica ou erudita de leitura, destinada ao prazer e à diversão, e paralelamente à aquisição de conhecimento e formação do gosto pela literatura.

A publicação de *O povo do Abismo* aqui apresentada consiste num importante passo adiante no sentido de aprofundar e ampliar o conhecimento da dimensão política de seu trabalho, permitindo, ao mesmo tempo, o contato com um relato de enorme valor documental e histórico para a discussão da miséria e da exploração inerentes ao contexto do capitalismo industrial do início do século xx.

LISTA DE OBRAS DE JACK LONDON PUBLICADAS EM PORTUGUÊS

- Caninos brancos
  Tradução de Rosaura Eichenberg, Porto Alegre, L&PM, 2002.
- O chamado da floresta
  Tradução de William Lagos, Porto Alegre, L&PM, 2003.
- Martin Eden
  Tradução de Aureliano Sampaio, São Paulo, Nova Alexandria, 2003.
- Os melhores contos de Jack London
  Seleção, tradução e prefácio de Olivia Krahenbuhl, São Paulo, Círculo do Livro, 1988.
- Contos de Jack London
  Seleção, tradução e prefácio de Olivia Kraenbiihl, São Paulo, Cultrix, 1987.
- Contos fantásticos
  Tradução de Ana Bastos, Lisboa, Antígona Editores Refractários, 2002.
- Contos
  Tradução de Liege Christina Simões de Campos, Luiz Bernardo Pericás e Ana Corbisier, São Paulo, Expressão Popular, 2001.

- CARTAS DE JACK LONDON
  Tradução de Ana Barradas, Lisboa, Antígona Editores Refractários, 2001.
- O SILÊNCIO BRANCO E OUTROS CONTOS
  Seleção e tradução de Olivia Krahenbuhl, Ediouro, 1993, Coleção Clássicos de Bolso.
- A FOGUEIRA E OUTROS CONTOS
  Tradução de Ana Barradas, Lisboa, Antígona Editores Refractários, 2004.
- O FILHO DO LOBO
  Tradução de Ana Barradas, Lisboa, Antígona Editores Refractários, 2000.
- JOHN BARLEYCORN OU MEMÓRIAS ALCOÓLICAS
  Tradução de Ana Barradas, Lisboa, Antígona Editores Refractários, 2001.
- CONTOS DO EXTREMO NORTE
  Tradução de Ana Barradas, Lisboa, Antígona Editores Refractários, 1999.
- CONTOS DO PACÍFICO
  Tradução de Ana Barradas, Lisboa, Antígona Editores Refractários, 1999.
- O CRUZEIRO DO SNARK
  Tradução de Ana Barradas, Lisboa, Antígona Editores Refractários, 1998.
- VAGABUNDOS CRUZANDO A NOITE
  Tradução de Ana Barradas, Lisboa, Antígona Editores Refractários, 1997.
- A PRAGA ESCARLATE
  Tradução de Roberto Denice, Ilustrações de Gordon Grant, São Paulo, Conrad do Brasil, 2003.

- Agência de assassínios, Lda
  Tradução de Ana Barradas, Lisboa, Antígona Editores Refractários, 1993.
- Nas florestas do Norte
  Tradução de Aureliano Sampaio, Porto, Civilização, 1966, Série Popular.
- O lobo do mar
  Tradução de Monteiro Lobato, São Paulo, Nacional, 2002.
- O grito da selva
  Tradução de Monteiro Lobato, São Paulo, Nacional, 2002.
- Navegar é preciso?
  Rio de Janeiro, Campus, 2001.
- Cabeça baixa e outros contos
  Porto, Civilização, 1972.
- O andarilho das estrelas
  Tradução de Merle Scoss, São Paulo, Axis Mundi, 2001.
- A paixão de Martin Eden
  Porto, Civilização, 1973.
- Três histórias de aventura
  Rio de Janeiro, Ediouro, 1997.
- Jerry
  Porto, Civilização, 1974.
- Michael, irmão de Jerry
  Porto, Civilização, 1974.
- O tacão de ferro
  Tradução de Afonso Teixeira Filho, São Paulo, Boitempo, 2003.
- Sol ardente
  Rio de Janeiro, Civilização Brasileira, 1977.
- A filha da neve
  Tradução de Monteiro Lobato, São Paulo, Nacional, 2002.

- A FEBRE DO OURO
  Porto, Civilização, 1967.
- HISTÓRIA DE UM SOLDADO
  Tradução Carlos Rizzi, Ilustração Decio Guedes, São Paulo, Hemus, 1986, Fantasia & Aventura.
- DE VAGÕES E VAGABUNDOS: MEMÓRIAS DO SUBMUNDO
  Tradução de Alberto Alexandre Martins, Porto Alegre, L&PM, 2001.
- A TRAVESSIA DO SNARK
  Tradução de Thereza Monteiro Deutsch, São Paulo, Best Seller, 1995.
- ANTES DE ADÃO
  Tradução de Maria Inês Arieira e Luís Fernando Brandão, Porto Alegre, L&PM, 2001.
- O MEXICANO
  Tradução e adaptação em português de Julio Emilio Braz, ilustrações Getulio Delphin, São Paulo, Scipione, 1996, Coleção Reencontro.
- ILHAS DO PACÍFICO
  São Paulo, Clube do Livro, 1944.
- ESCRITOS POLÍTICOS
  Seleção de textos e tradução de Luiz Bernardo Pericás, São Paulo, Xamã, 2003.
- A AVENTUREIRA
  Tradução de Americo R. Neto, São Paulo, Nacional, 2002.

OBRAS TRADUZIDAS E DISPONÍVEIS NA INTERNET

- FAZER UMA FOGUEIRA
  Tradução de Luís Varela Pinto, http://luisvpinto.no.sapo.pt/fogueira.html

- A LEI DA VIDA
Tradução de Luís Varela Pinto, Maria Inês Arieira e Luís Fernando Brandão.
http://luisvpinto.no.sapo.pt/plondon.html
http://luisvpinto.no.sapo.pt/leivida.html

COLETÂNEAS

- CONTOS UNIVERSAIS
Autores: Miguel de Cervantes, Franz Kafka, Jack London, Guy de Maupassant, Edgar Allan Poe, Anton Tchekhov, Voltaire, 9ª. edição, São Paulo, Ática, 2003, Coleção Para Gostar de Ler, vol. 11.
- HISTÓRIAS DE AVENTURAS
Autores: Ambrose Bierce, Stephen Crane, Alphonse Daudet, O. Henry, Rudyard Kipling, Jack London, Domingos Pellegrini, Afonso Schmidt, Boris Schnaiderman, 4ª. edição, São Paulo, Ática, 2003, Coleção Para Gostar de Ler, vol. 25.
- O OUTRO – TRÊS CONTOS DE SOMBRA
1ª. edição, Rio de Janeiro, Dantes, 2002. Autores: Hans Christian Andersen, Robert Louis Stevenson, Jack London.
- A HISTÓRIA MAIS BELA DO MUNDO – TRÊS CONTOS DO MAR
Tradução de Pedro Sussekind, Rio de Janeiro, Dantes, 2000. Autores: Rudyard Kipling, Stephen Crane e Jack London.
- AMÉRICA – CLÁSSICOS DO CONTO NORTE-AMERICANO
São Paulo, Iluminuras, 2001, Conto de Jack London: "O pagão".

LISTA CRONOLÓGICA DOS TRABALHOS DE JACK LONDON

1900 – *The Son of the Wolf*
1901 – *The God of His Fathers*
1902 – *Children of the Frost*
1902 – *The Cruise of the Dazzler*
1902 – *A Daughter of the Snows*
1903 – *The Kempton-Wace Letters*
1903 – *The Call of the Wild*
1903 – *The People of the Abyss*
1904 – *The Faith of Men*
1904 – *The Sea-Wolf*
1905 – *War of the Classes*
1905 – *The Game*
1905 – *Tales of the Fish Patrol*
1906 – *Moon Face*
1906 – *White Fang*
1906 – *Scorn of Women*
1907 – *Before Adam*
1907 – *Love of Life*
1907 – *The Road*
1908 – *The Iron Heel*
1909 – *Martin Eden*
1910 – *Lost Face*
1910 – *Revolution and Other Essays*
1910 – *Burning Daylight*

1910 – *Theft*
1911 – *When God Laughs*
1911 – *Adventure*
1911 – *The Cruise of the Snark*
1911 – *South Sea Tales*
1912 – *The House of Pride*
1912 – *A Son of the Sun*
1912 – *Smoke Bellew*
1913 – *The Night-Born*
1913 – *The Abysmal Brute*
1913 – *John Barleycorn*
1913 – *The Valley of the Moon*
1914 – *The Strength of the Strong*
1914 – *The Mutiny of the Elsinore*
1915 – *The Scarlet Plague*
1915 – *The Star Rover*
1916 – *The Little Lady of the Big House*

TRABALHOS PÓSTUMOS

1916 – *The Acorn Planter*
1916 – *The Turtles of Tasman*
1917 – *The Human Drift*
1917 – *Jerry of the Islands*
1917 – *Michael Brother of Jerry*
1918 – *The Red One*
1918 – *Hearts of Three*
1919 – *On the Makaloa Mat*
1922 – *Dutch Courage*
1962 – *The Assassination Bureau Ltd.*

O povo do Abismo foi impresso na cidade de São Paulo em novembro de 2020 pela Gráfica Paym para a Editora Fundação Perseu Abramo. A tiragem foi de 2.500 exemplares. O texto foi composto em Minion no corpo 11,8/15,65. A capa foi impressa em papel Cartão Supremo 250g; o miolo foi impresso em pólen soft 80g.